社長争奪

世襲・派閥・策謀

有森 隆
Arimori Takashi

さくら舎

はじめに

「会社」というものは、やっかいなものである。つねに派閥が存在し、経営トップをだれにするかで揉める。社長派、反社長派の不満がたまって、いつ爆発するかわからない活火山みたいなものなのだ。ときどき噴火する。「内紛」「お家騒動」「権力闘争」として世間の耳目を集める。

本書では8社のダークサイドな社内抗争の「実話」と「秘話」を取り上げた。騒動の要因を4つに分類した。

第1は創業家との軋轢。パナソニック（松下電器産業）では、会長の松下正治や松下幸之助の妻・娘と、創業家の影響を排除したい経営陣が激しい抗争を繰り広げた。長い期間、松下の社長の最大の仕事は、幸之助の孫の正幸への世襲の要求を体を張って阻止することだった。

ダイエーは、創業者である会長の中内㓛と社長の鳥羽董が最終局面で激突した。鳥羽は「中内の首に鈴をつけろ」という主力銀行の意向を代弁していた。

第2は合併後遺症。みずほフィナンシャルグループは、富士銀行、第一勧業銀行、日本興業銀行の旧3行の合併が内紛の火種となった。富士銀出身の社長の前田晃伸を追い落として、興銀出身の佐藤康博が後継の座を射止め、長期政権をつづけている。

三越伊勢丹ホールディングスは三越と伊勢丹の合併が内紛の震源地となった。両社とも社長解任・クーデターのDNAを持った会社だから、何が起こっても不思議はない。三越出身の会長・石塚邦雄が伊勢丹出身の社長・大西洋に退任を勧告した。

第3は路線対立。NECは経営の主導権をめぐって会長の関本忠弘と院政打破を掲げる社長の西垣浩司が血みどろの抗争を演じた。関本はC&C教の教祖の小林宏治を倒して実権を握ったが、歴史はくり返すのたとえどおり、今度は自分が打倒された。

野村ホールディングスは米投資銀行買収の失敗で、会長の古賀信行が社長の渡部賢一に引導を渡した。渡部は財務省・金融庁に喧嘩を売って自滅した。

第4は事業承継のトラブル。大塚家具は事業承継をめぐり、父親で創業者・会長の大塚勝久と長女で社長の大塚久美子のあいだで骨肉の争いが起きた。

クックパッドは創業者の佐野陽光と事業を承継した投資家の穐田誉輝が経営の方向性をめぐり対立した。

会社にはかならず派閥ができる。社員が3人いれば、2つの派閥ができるのが常だ。会社における派閥は、大別すればフォーマル（公的）なものと、インフォーマル（非公式）なものに分けることができる。フォーマルとは、会社の組織を単位とした派閥。大企業では経営企画室が巣窟となるケースがある。経営企画室長は社長の側近で、経営トップの登竜門となっている。営業部門、製造部門でも、地域別、商品別に派閥ができる。労働組合閥は絆が強い。

インフォーマルな派閥は出身大学などの学閥、地縁閥、血縁閥、ゴルフなどの趣味閥、幹部社員のプライベートの人脈による派閥がある。

フォーマルとインフォーマルが複雑に絡みあって人脈は形成される。部門を越えて仕事を依頼するときは、人脈を使ったほうがうまくいくことが多々ある。

幹部社員は濃淡の差はあっても、どこかの派閥の色がついているものだ。

経営首脳の対立が起こると派閥の出番となる。親亀こけると、子亀・孫亀みなこけるからだ。ボスのために体を張る社員が出てくる。秘密警察さながらに社員の動向を探る。怪文書が飛び交い、相手陣営のスキャンダルがマスコミにリークされる。女性スキャンダルとカネがらみの話が最も効果的だ。

かくして、内紛はエスカレートして泥沼化する。相手が倒れるまで戦いは止まない。

勝てば官軍、負ければ賊軍。粛清人事と論功行賞人事が同時並行的におこなわれる。しばらく時がたてば何ごともなかったかのように元の日常に戻るけれども。

派閥と権力闘争があるかぎり、社内抗争はかならず噴火する。これは企業の「業」といえる。

会社がこのような危機に直面したとき、先人たちはどう対処したのか。本書が他山の石として、役に立てれば幸いである。敬称は略させていただいた。

有森　隆

目次◆社長争奪――世襲・派閥・策謀

はじめに　1

第1章　大塚家具――創業家父娘がトップ争いで激突

崖っぷちに立たされた2代目社長・久美子　16
大型店の業績が大幅に落ち込む　17
「隠れ負債」が117億円余　18
貸し会議室大手TKPと提携の狙い　20
100億円超の現預金が18億円に激減　22
大型店舗戦略で黄金期を迎えた90～2000年代　24
経済学部卒のキャリアウーマン　26
父は社長の椅子を長女に譲った　28
父の経営路線を否定する娘を解任　30
資産管理会社で家族の諍いが起きていた　31
父・母・長男vs.長女・弟妹の裏事情　32
勝久の独断専行に社外役員から改善要求　34
勝久解任、久美子が社長ポストを奪還　36
父娘がプロキシーファイトで激突　38

61%の支持を得た久美子が勝利 40
「監視カメラをつけるのはやめてください」 41
勝久を追い詰めた社外取締役の〝女軍師〟 42
舞台はききょう企画の経営権争いへ 43
久美子側が背負った17億円の借金 44
久美子の大塚家具、勝久の匠大塚は存続できるのか 45
ポイント▼資産管理会社のあり方 47

第2章 NEC——会長vs.社長のドロ沼戦争

国内トップからリストラ頼みへ凋落 48
エジソンを唸らせた男がつくった国際合弁会社 50
「コンピュータと通信の融合」を提唱した小林宏治 51
「コンピュータからの撤退」を決めた松下の失敗 54
電話交換機メーカーからエレクトロニクス企業へ 55
末席専務の関本忠弘を社長に大抜擢 57
「PC-98」シリーズでパソコン市場を席巻 60
「小林vs.関本戦争」勃発 61
トップの権力争いに翻弄される社内 63
関本追い落としのクーデター未遂事件 64

「下請けが財界総理になるのはおこがましい」 66
不祥事で引責辞任した関本が院政 67
〝関本不要論〟の後継社長・西垣浩司 69
「関本 vs. 西垣戦争」勃発 70
街宣車事件「NECは関本を解任せよ」 71
西垣が突然社長を辞任 72
黒幕・四元義隆とNEC 73
会社ゴロを使った代理抗争 76
立ち枯れのはじまり 77
ポイント▼院政は人も活力も潰す 78

第3章 三越伊勢丹――くり返される宿痾（しゅくあ）の社長解任劇

クーデターで解任された「ミスター百貨店」・大西洋 80
労組・社外取締役も含めた社長解任包囲網 81
乱れ飛んだ怪文書 83
反大西勢力と労組を組ませた爆弾発言 85
吸収合併後も残っていたボーナス格差 86
「伊勢丹メンズ館」の成功 88
経営統合の立て役者・武藤信一 89

道半ばで実力者が急死　91
共同統治という名の無責任体制　92
営業系・大西と管理部門・高田の対立　94
管理部門・杉江がクーデターで社長就任　97
粛清人事で新宿本店長もクビ　99
35年前のクーデター、三越・岡田解任事件　100
秘密警察、女帝が跋扈する恐怖政治　102
水面下の多数派工作と切り崩し　103
「もう書かないでくれ。私がクビになる!!」　105
財界慶應閥の源流　106
慶應閥がたらい回しにした三越社長のポスト　108
創業家・小菅家による伊勢丹支配　109
秀和の伊勢丹株買い占め騒動　111
伊勢丹から創業者一族が消えた　113
8年ぶりの赤字転落　115
ポイント▼共同統治は無責任体制になる　117

第4章　野村證券――会社は〝あざとい〟社長で迷走する

次期トップを競う共同ＣＯＯの２人　119

金融庁と全面戦争となった増資インサイダー事件 122
組織を守った元ＭＯＦ担会長・古賀信行 124
総会屋利益供与事件の大激震 127
第一勧銀がからめとられた〝呪縛〟 129
副社長、専務全員クビを断行したリリーフ社長・鈴木政志 131
歴代モーレツ社長が築いた〝ノルマ証券〟 133
国際派社長・氏家純一のもとで失われたバイタリティ 135
後継社長は時代が選ぶ 136
リスク管理力を買われた財務出身社長・渡部賢一 138
世界的投資銀行への変身という幻 141
「リーマン買収後、野村はガタガタになった」 142
欧米の金融マフィアに嵌められた 144
組合トップもつとめた営業出身社長・永井浩二 146
「会社を根底からつくり直す」と決意表明 147
セーフティーネットがない巨大金融機関の行方 149
ポイント▼会社は社長で決まる 151

第5章 クックパッド――ガバナンスに足をすくわれた創業社長

結婚産業の会長に婚外子４人のイメージダウン 152

経営権争いの後にきた業績不振　153
慶應SFC出身のベンチャー起業家・佐野陽光　154
ネットバブルに背を向け新ビジネスを模索　156
料理レシピ投稿サイトの課金モデル　158
カカクコム買収で成功したエンジェル投資家・穐田誉輝　159
東証マザーズから1部上場へ　160
佐野から穐田へ社長交代　162
「クックパッドは一発屋芸人だ」　164
国内外のM&Aで時価総額11・7倍に　165
佐野が社長復帰を求めて取締役総入れ替えを提案　166
ゴリ押しの創業者を社外取締役が解任　169
少数株主は佐野を支持しなかった　171
総会後、まさかの穐田解任劇に株価急落　172
経営迷走で失望売りの連鎖　174
穐田が買収したオウチーノは株価急上昇　175
クックパッド在籍中の〝疑惑〟　176
クラシル、デリッシュキッチンに食われる　178
ポイント▼身の丈に合わないガバナンスは破滅のもと　180

第6章　みずほFG——旧3行入り乱れた果てなき派閥抗争

社外取締役が決めたトップ人事　182
銀行人事のルールを崩した人選　184
ポスト佐藤康博の3人の後継者　186
「負のレガシー払拭にメドがついた」　188
第一勧銀・西之原を葬るための9人総退陣劇　189
「2バンク・3トップ制」でトロイカ体制維持　192
大規模システム障害は派閥抗争の産物　193
「富士に負けるな、弱みを見せてはならない」　195
棚ぼた社長・前田晃伸が権力者へ変貌　198
「2・20事件」で第一勧銀・工藤が敗れた　200
興銀・齋藤の「路チュー写真」事件はリークか　202
「トップが6人では意思決定者がわからない」　203
金融庁主導で進んだ旧体制解体人事　204
興銀・佐藤が新体制のトップに就く　206
金融庁と組んだ「興銀一強体制」づくり　207
「Oneみずほ」を機に富士銀勢を一掃　209
暴力団組員に230件、2億円融資が発覚　210

オリコのヤクザローンは第一勧銀の案件 212
他行の取引先には手を出すな 214
一勧・塚本FG会長をスケープゴートにして幕引き 215
つねに「腹切り要員」を用意する周到さ 217
ガバナンス強化策の実態は旧行人事 218
みずほFGの目指す姿は「脱・銀行依存」 220
商業銀行から投資銀行へ転換 221
みずほ・佐藤の野望 224
ポイント▼「合併しても融合せず」の現実 226

第7章 パナソニック――創業家の世襲が断たれるとき

代表権を失った御曹司・松下正幸 228
歴代社長の最大の課題は「世襲阻止」 229
敗戦ですべてを失った松下幸之助 230
肉親の縁に恵まれず閨閥が頼り 232
井植三兄弟との訣別 233
「責任を取るのはお前ではないか」 235
大量生産・大量販売の「水道哲学」 236
婿養子・正治に託した事業と血の継承 237

幸之助に社長失格の烙印を押された正治 238
エアコン事業部長から社長に大抜擢の3代目・山下俊彦 240
トップ人事案を正治がひっくり返す 242
「若返りによる社長交代」の真意 243
「正治さんの思いどおりにはさせません。あなたの孫も能力次第」 244
「正治に50億円を渡して引退させてくれ」 246
30歳年下の「世田谷夫人」と4人の婚外子 247
世襲には断固反対を貫く 248
未完の「山下革命」を引き継いだ4代目・谷井昭雄 250
正治に退任を直談判 252
「ナショナルリース事件」を利用して追い落とし 254
5代目・森下洋一を操る正治の院政 256
役員たちの面前で中山素平を電撃解任 257
大政奉還までのカウントダウン 259
瀬戸際で封印された世襲経営 261
6代目・中村邦夫の「破壊と創造」改革 262
「神様」の呪縛が終生解けなかった2代目・正治 264
ポイント▼資本と経営を分離せよ 265

第8章　ダイエー——創業者が引き際に失敗し会社消滅

ダイエー王国の総本山「神戸三宮店」　267
「ダイエー」の店名は生き残った　268
阪神大震災直後の救援作戦　270
「街のあかりを消したらあかん」　271
地獄を見たフィリピン戦線の飢餓体験　274
中内の反骨エネルギーの原点　275
「女と麻薬以外は何でも売った」神戸の闇屋　277
「主婦の店ダイエー」を開業　279
価格破壊に挑み松下電器と「30年戦争」　280
幸之助「水道哲学」vs.中内「安売り哲学」　282
中内兄弟、骨肉の争い　284
アクセルの功、ブレーキの力　286
熾烈な「出店戦争」を繰り広げ全国制覇　287
奈落の底から奇跡の復活「V革作戦」　289
V革の功労者を追放し、自らが復権　291
バブルに踊り、500億円の巨額赤字に転落　292
長男の大失敗を不問に付した世襲人事　294

上場来初の経常赤字、有利子負債1兆円　296
中内辞任、42年目のトップ交代の意味　298
リクルート株の売却をめぐり、中内と鳥羽が対立　299
インサイダー疑惑を利用して鳥羽を追い落とし　301
自らが放逐したV革幹部を呼び戻す　303
崩れ去った王位継承のシナリオ　305
剛腕の副社長を中内封じ込め役に起用　306
5200億円の金融支援を受け銀行の管理下に　308
経済産業省vs.主力銀行＝金融庁の代理戦争　309
最大の不良資産は次男・正の福岡事業　311
ホークス球団株1円譲渡事件　312
ソフトバンクへ身売りされたホークス　315
国策によって決まったダイエー解体　317
「中内さんは『敵』をつくるひと」　319
「流通王」の夢のあと　322
ポイント▼賞味期限切れを自覚したとき、引退できるか　325

参考資料　331

社長争奪

——世襲・派閥・策謀

第1章　大塚家具――創業家父娘がトップ争いで激突

崖っぷちに立たされた2代目社長・久美子

ＩＤＣ大塚家具。

創業者の父の大塚勝久（おおつかかつひさ）と娘の大塚久美子（くみこ）の骨肉の争いから3年――。

大塚家具の２０１７年12月期決算の売上高は前年比11・３％減の４１０億円、本業の儲けを示す営業損益は51億円の赤字（前年は45億円の赤字）、最終損益は72億円の赤字（同45億円の赤字）だった。

営業損益は期初に計画していた5億円の黒字どころか、２０１７年7月に下方修正した営業赤字（43億円の赤字）をさらに下回り、過去最大の営業赤字を記録した。最終赤字は2年連続で赤字幅も拡大した。

「お家騒動」の末に経営権を奪取した社長の大塚久美子は、崖っぷちに立たされた。

久美子は２００９年3月に社長に就任。父で創業者である大塚勝久と、接客の仕方など経営方針をめぐって対立した。２０１４年7月に一度解任されたが、15年1月に、すぐさま社長に復帰した。

15年12月期は経営権をめぐる混乱の「おわび」の名目で実施したセールの効果で、売上高は５８０億円と、その前の年に比べて4・5％増加した。最終利益は前年比24％減の3億円。減益ながらも、黒字をかろうじて保った。

しかし、その後は坂道を滑り落ちる。16年同期は45億円の赤字、17年同期が72億円の赤字。赤字が一気に膨らんでいった。

２０１８年2月8日、東京都江東区有明の大塚家具本社で開かれた決算説明会で、久美子は悔しさを滲ませながら、苦戦する業績について、「インターネット通販の浸透で大型店の売れ行きに影響がおよんだ」と分析したうえで、「経営権をめぐる対立の後遺症があること」をしぶしぶ認めた。

流通業界には、「ニトリやイケアみたいに低価格路線に方針を変更する」「会員制でなくなるということは、従来の大塚家具のサービスもなくなるということだ」といった風説が広がっていた。

久美子は父親の勝久が築き上げた会員制のビジネスモデルを放棄し、顧客が入りやすい雰囲気のオープンな店づくりを目指し、店舗の小型化を進めてきた。しかし、方針転換が実効を上げる前に、同業他社が流すネガティブキャンペーンに動揺し、営業方針を朝令暮改する結果を招来。業績の急激な悪化の前に、立ちすくんでしまったのだ。

大型店の業績が大幅に落ち込む

久美子の改革路線は、早くも行き詰まってしまった。

不振の原因は有明本社ショールーム、大阪南港、横浜みなとみらいなど、売り場面積が1万平米を超える大型店の低迷にある。

新設住宅着工件数は高度経済成長時代の１９７３年には１９０万件あったが、２０１７年は96万件と半減した。家具市場のパイそのものが縮んでいる最中に、大塚家具は〝お家騒動〟にうつつを抜かしていたのだから、惨憺たる結果になることは、当然、予想された。そして、きっちり予想どおりになった。いや、予想以上に業績は悪化の一途（いっと）をたどった。

店舗売り上げは、感謝フェアを実施する特別な月以外は前年同月の実績割れがつづく。２０１７年10月にいたっては、全20店のそれが前年同月比28％減。本拠地の関東では32％もの落ち込みだった。新宿、銀座といった繁華街の店舗売り上げは小幅減にとどまったが、大型店の落ち込みが激しかった。

大型店は結婚式やマイホーム購入などの際に、大塚家具のファンの顧客がまとめ買いする需要で成長してきた。だが、嫁入り道具として箪笥（たんす）や鏡台をとりそろえる習慣はすたれ、新婚夫婦が新たに購入するのはテーブルとかベッドの単品になった。しかも、インターネット通販の普及で、店舗でのまとめ買いは見られなくなった。

社長の久美子は、大型店主義からの脱却を考えていた。有明本社や大阪南港などの大型店で売り場面積を減らし、その一方で３０００～７０００平米級の店舗を増やす計画を掲げた。

大塚家具最大の旗艦店である有明本社ショールームは、オープン時の売り場面積は３万平米を超えていた。縮小に縮小を重ね、２万１８７平米に減床（げんしょう）。大阪南港は2万５７１０平米から1万６７５０平米へ。横浜みなとみらいは1万９５００平米から1万６４９平米へ、それぞれ縮小された。

「隠れ負債」が117億円余

具体的な数字で示してみよう。大塚家具の経営課題は大きく分けて3つある。

まず、賃借料の圧縮である。新宿ショールーム（売り場面積1万２２９７平米）や銀座本店（同７００７平米）のように都心の一等地や、郊外でも駅前など利便性の高い場所に、多数店舗を構えている。同社が支払う賃借料は、年間94億円（２０１７年12月期）に達する。年間売上高（４１０億円）の23％を占め、経営を圧迫してきた。

〈こうした高コスト体質から脱却するため、家主との交渉により大型店の売り場面積の縮小を進めている。２０１７年12月期に店舗規模の適正化に伴う損失を引当金として計上したこともあり、２０１８年の賃料は78億円まで圧縮する見込みだ〉（注１）

２０１７年12月期には減損損失、事業構造改善引当金繰入額などで32億円の特別損失を計上しており、当期損失が72億円に膨らんだ一因となった。

２つ目は資金繰りである。現金・預金の残高は、父親の勝久が実権を握っていた14年12月期末は１１５億円あった。久美子社長の時代になると、どんどん減っていった。15年同月末には１０９億円あったものが、16年同期末には38億円に激減した。

そして、17年12月末には18億円と、とうとう20億円を割った。大塚家具の平均月商は34億円。現金商売の小売業の上場企業で、現金・預金が月商の半分しかないのは異常である。

このままでは資金ショートを引き起こしかねない事態なのだ。

３つ目は隠れ負債の問題である。民間信用調査会社・東京商工リサーチの大塚家具の経営分析レポートによると、

〈大塚家具は無借金経営で知られる。これだけ現預金が急減しても、無借金を維持している。それを可能にしているのが店舗不動産のリースだ。

一部はオペレーティング・リース取引で、解約不能の物件に係わる未経過リース料を２０１６年12月期は１１７億９６８５万円計上している。これがオフバランス化されているため、貸借対照表は無借金になっているのだ。

大塚家具の担当者によると、この未経過リース料の大半は大型店舗などの「賃料」という。ただ、解約不能の契約で、思い切った減床や統廃合が進まない要因になっている〉（注２）

オペレーティング・リースを説明しよう。リース物件の所有権は貸手（リース会社）にあり、借手（ユーザー。この場合は大塚家具）は、リース期間中、リース料を費用（損金）として計上できる。借手は設備投資の負担なしで物件を使用できるメリットがある。

ただし、解約が難しい契約となっているので、リース残高は実質的には負債となる。とはいっても、リース物件はリース会社の資産なので、借手の貸借対照表には計上されない。これがオフバランス化。「簿外取引」ともいう。

しかし、経営が破綻（はたん）したときには、リース債権は一気に負債になるので、「隠れ負債」なのである。あの山一證券が営業の継続を断念したのは、巨額の海外での「簿外取引」が発覚したからである。

大塚家具には貸借対照表に載らない「隠れ負債」が117億円余あるということだ。

経営再建のためには賃借料を圧縮し、現金・預金を増やし、オペレーティング・リース取引の負担を軽減する必要に迫られている。

貸し会議室大手ＴＫＰと提携の狙い

大塚家具は２０１７年11月６日、貸し会議室運営のティーケーピー（ＴＫＰ）と資本業務提携すると発表した。第三者割当でＴＫＰに自己株式を譲渡する。

ＴＫＰは11月21日付で大塚家具が持つ自己株式１２９万株を１株８１５円で買い取り、発行済み株式の６・８１％を保有する第３位の大株主となった。筆頭株主は日本トラスティ・サービス信託銀行（信託口）の８・９８％、２位は創業家の資産管理会社、ききょう企画の６・８３％である（17年12月末現在）。

自己株の譲渡で大塚家具は10億５１３５万円（手取り概算額）を手に入れた。この資金は商品の仕入れや賃借料支払いなどの運転資金に充てられた。

〈「もう大型店至上主義は通用しませんから、ＴＫＰと連携することで、店舗の無駄がなくなる。店舗と会議室をうまく連携して相乗効果を上げたい」〉（注３）

日本経済新聞社と日経ＢＰ社が共同で運営するウェブサイト『ＮＩＫＫＥＩ　ＳＴＹＬＥ』は、「苦境の大塚家具『かぐや姫』社長に光はさすか」で、社長の久美子がＴＫＰとの資本提携について、こう語ったと報じた。店舗の空いたスペースを会議室として活用するという〝錬金術〟だ。

大塚家具がＴＫＰと組んだ狙いははっきりしている。賃借料の削減である。高コストの体質から脱却するため、大型店の減床を進めている。だが、オペレーティング・リース取引のため、契約期間が終わるまで賃料を引き下げられない物件もある。そこで余剰スペースをＴＫＰに転貸して収入を確保。賃借料の負担を、相対的に抑えるという思惑だ。

ＴＫＰは２０１７年３月27日、東証マザーズに上場したばかりのベンチャー企業だ。社長の河野貴輝（かわのたかてる）は慶應義塾大学商学部を卒業して伊藤忠商事に入社。為替（かわせ）や債券のディーラーを経験し、日本オンライン証券（現・カブドットコム証券）の設立にもたずさわった。その後、起業して２００５年にＴＫＰを設立した。

貸し会議室運営は、すき間（ニッチ）を狙ったビジネスだ。物件は原則保有せず、借りた部屋を会議室に改装して転貸するというビジネスモデルだ。もともと競争相手のいない分野だった。だから、短期間で最大手にのしあがり、全国１８００ヵ所超の貸し会議室を運営している。

ＴＫＰ社長の河野は「私は大塚家具のファン。社長室の家具はすべて大塚家具で購入した。大塚家具に再興してもらいたいという思いがある」と語る。河野のほうから資本提携を持ちかけたと、明らかにしている。

だが、河野を知る新興企業のオーナー社長は「大塚家具のファンだから支援する、などという美談仕立てのディールではないはず。大塚家具の経営に乗り出すつもりなのでは……」と見ている。大塚家具の乗っ取りも辞さず、ということなのか。

ＴＫＰはさっそく、大塚家具のイベントホールの運営に乗り出した。新宿ショールームは1万３６０２平米から1万２２９７平米に減床したが、ＴＫＰは最上階で催事場の運営を請け負った。床面積は２１００平米で、大塚家具はこれまで期間限定の販売会などで活用してきた。今後はＴＫＰを通じて、このスペースを借りたい企業や団体を募集する。

仙台ショールーム（宮城県仙台市）は1万１２９１平米から７４８３平米に大幅減床している。ＴＫＰは7～8階の合計で延べ床面積、４０００平米を改装して複数の会議室やホールを設ける。

大塚家具は駅前の好立地に大型店が多い。空いているスペースをＴＫＰが会議室やイベントホールとして貸し出せば、需要は多いはずだ。ＴＫＰには、好立地の、しかも有名な物件を新たに確保できるという大きなメリットがある。

１００億円超の現預金が18億円に激減

大塚家具の喫緊(きっきん)の経営課題は資金繰りである。

〈大塚家具は２０１７年第３四半期で総額43億円のコミットメントライン契約（借り入れ枠）を4社と締結していた。この4社のコミットメントライン契約を解除し、別の金融機関1社と10億円枠を設定した〉（前出注2）

これは、かなり深刻な問題である。じつはコミットメントラインには財務制限条項がついており、赤字がつづけばこれに抵触することになる。4社、43億円のコミットメントライン契約を解除した（いや、解約された）理由はこれではないか。

別の金融機関に10億円の借入枠を確保できたからよかったが、それでも借入枠は33億円も狭（せば）まった。

大塚家具の金脈は投資有価証券だ。16年12月期に55億円の投資有価証券があったが、17年同期は27億円に減り、その一方、投資有価証券売却益を11億円計上した。

キャッシュ・フロー計算書によると、投資有価証券の売却による収入は28億円あった。これだけの現金を手にしたということである。さらにＴＫＰに譲渡した自己株の処分による収入が10億円。これらは運転資金に充当しているから、株を売っても現預金（蓄え）は増えなかった。

現預金は、15年12月期末には１０９億円あった。後述するように、お家騒動に勝利するため、社長の久美子は１株80円の高配当を公約し、15年、16年に実施した。17年12月期は40円に減額したとはいえ、配当金の支払総額は３年で大きく膨らんだ。15年12月期と16年同期はそれぞれ14億円台、17年期は７億円台で、３期合計で36億円台に達した。

決算期を２つまたいで現預金が91億円も減ったのは、株主の支持を取りつけるために大盤振る舞いをしたからである。ＴＫＰからの資金調達（10億円）がなければ、資金が底をつきかねない状態だったことになる。そして、今後も厳しい資金繰りがつづく。

社長の大塚久美子は２０１８年２月８日の決算説明会で「黒字化を達成するのが自分の使命」と述べた。２０１８年12月期の売上高は、前年同期比11・２％増の４５６億円、営業利益は２億円の黒字、最終損益も13億円の黒字に転換するという強気の計画を立てている。黒字化の切り札が、ＴＫＰと共同で取り組む、余剰スペースを貸し会議室に転用するコスト削減策というのでは心もとない。

強気の計画に早くも赤信号が灯（とも）った。18年１～３月期の最終損益は、前年同期の８億円の赤字から１億円の黒字に転換した。不動産や有価証券の売却で、かろうじて黒字を確保した。

しかし、売上高は10・7%減の91億円と低迷がつづいている。本業の儲けを示す営業損益は14億円の赤字だ。増収・増益の計画は出足から躓(つまず)いた。

これまで久美子の公約はことごとく実現しておらず、株式市場(マーケット)は黒字転換にも懐疑的だ。

大型店舗戦略で黄金期を迎えた90~2000年代

大塚勝久は桐簞笥(たんす)職人の叩き上げだ。

大塚家具は1928(昭和3)年、桐簞笥三大産地のひとつである埼玉県春日部(かすかべ)市で、桐簞笥職人の大塚千代三が桐簞笥工房を立ち上げたのがルーツである。

勝久は1943(昭和18)年11月、春日部市に生まれた。幼少の頃から父・千代三の仕事を手伝い、調達・販売、資金調達・経理・税務までの業務を、中学生のときにはひととおり経験したと語っている。本当なのだろうか? 家業を手伝いながら、1963年に埼玉県立春日部高校定時制を卒業した。

父が廃業するというので1969年3月に独立した。イトコの娘にあたる千代子と結婚して間もなくのことだった。父が春日部につくった工房をもとに、社員24名で株式会社大塚家具センターを設立、翌月、春日部駅西口に春日部店を開設した。

創業当時から問屋などの中間業者を通さず、直接取引できる家具メーカーをひとつひとつ探していった。大規模な倉庫をつくり大量に仕入れることで、商品の低価格化を実現した。1978年7月に商号を大塚家具に変更した。

1980年6月、株式を店頭公開したことが転機となった。1980年代に欧州・米国の家具業界を視察し、家具の直接輸入を本格的に開始した。

1985年、商品別の売り場から、顧客のライフスタイルやライフステージに沿った生活提案型の売り場に変えた。商品別に担当者がいる他の家具センターとは異なり、家具・カーテン・照明などインテリアを構成する全要素を1人の担当者が販売するスタイルを取り入れた。

1993年、「IDC大塚家具日比谷ショールーム」を皮切りに、全店舗で会員制を導入した。表示した値札から、顧客の耳元で「では、これだけ値引きしましょう」と言って割り引くスタイルが一般的だった家具販売業界に、大塚勝久は常識破りともいえる「(値引き済みの)低価格」を堂々と表示して殴(なぐ)り込みをかけた。

この手法に業界が反発したことはいうまでもない。そこで、「会員になった顧客のみに値引き済みの価格を提示する」方式に変え、反発を抑えたといわれている。会員制の導入は、当初は苦肉の策だったわけだ。

同社のホームページには、会員制の導入について、〈定価表示を慣行とする業界との摩擦を回避し、「実売価格表示・値引き販売」を実現。実売価格表示は、お客様の大きな支持を得た一方、値崩れを嫌う一部の国内メーカーが当社への出荷を停止。それらに代わる主力商品として欧米からの輸入品を本格的に導入した〉(注4)と書かれている。

会員制導入とともに「IDC」の商標を使用しはじめた。「インターナショナルデザインセンター」(International Design Center)の頭文字を取って「IDC」を商標とした。

小売りだけでなく、ホテルや病院などの内装のトータルコーディネーターとしても実績を積んでいった。

1990年代の大店法(だいてんほう)(大規模小売店舗法)の規制緩和(かんわ)で、大型店の出店に拍車がかかった。

1996年、有明本社ショールームをオープンし、翌年には大阪南港、1998年には名古屋を開場した。

有明本社ショールームは日本最大の売り場面積で、「品揃えは世界一」を標榜(ひょうぼう)していた。3万平米を超える店舗面積のフロアには4万点以上の家具を取り揃えた。南港ショールームも2万5710平米で西日本一を誇っていた。1999年、三越の新宿南館跡に新宿ショールームを開設した。いずれの店舗も圧倒的な品揃えをセールスポイントにした。

昇竜の勢いだった。大型店を展開する店舗戦略で、2000年には、それまで家具専門店でトップだった島忠（しまちゅう）（東証1部）を抜いて首位に躍り出た。1990年代後半から2000年代前半が、大塚家具の黄金時代だった。

その後は、大型店至上主義のツケを払うことになる。

経済学部卒のキャリアウーマン

お家騒動の主役、大塚久美子は1968（昭和43）年2月、勝久の長女に生まれた。勝久が独立する前年である。久美子はウェブサイト『NIKKEI　STYLE』に連載されたインタビューで半生を語っている。

〈独立と同時に父が店舗と倉庫を建てまして、私たち家族は、その一角にある住居スペースで暮らしていました。（中略）

夏休みや冬休みといっても、なかなか留守にできません。「旅行に行きたい」といえば、地方にある取引先の工場に連れて行かれた。「初詣（はつもうで）に行こう」といわれてついて行ったらお店の初売りだった〉（注5）

1979年から千代田区九段北に本社が移り、小学6年のとき千代田区立麴町小学校に転校。同じ九段北にある白百合学園中学校・高等学校理系コースをへて、一橋大学経済学部に進学した。一橋に行こうと思ったのは、高校時代に読んだ本がきっかけだった。

〈当時、母が子供のためにと定期購読していた雑誌のひとつに、経済学者のジョン・メイナード・ケインズの特集が載っていたんです。それですっかりハマってしまいました〉（同注５）

塩野谷祐一ゼミでケインズの「確率論」をテーマにした卒業論文を作成。１９９１年に一橋大学を卒業した。就職先は経済学部出身ということもあり、最初から金融機関に絞っていた。当時としては珍しい女性の総合職を採用していた富士銀行（現・みずほ銀行）に入行した。支店に配属され、２年間融資業務を担当した。バブル崩壊後で、融資というよりは回収がメインの仕事だった。

〈じつは私、とてもおっちょこちょいなので、日常的にけっこうやらかしてもいたんです（笑）。融資に必要な書類を誤記入してしまい、周りに迷惑をかけてしまったりですとか。そうすると、自分のミスなのに、フロントの担当者にお客様のところへ謝りに行ってもらわないといけない。そんなこんなで、上司にはけっこう迷惑をかけたと思います〉（同注５）

１９９３年から国際広報を担当した。大塚家具はその頃、大店法改正の追い風に乗り、全国に店舗を拡大しようとしていた。バブル期に計画された建物は次々と完成するが、肝心要の借り手のテナントがいなかったから家賃が下がった。大きな売り場を必要とする家具センターにとって、またとないチャンスが到来した。

関東以外では初となる大阪への出店計画が持ち上がっていた。急激に社員が増え、組織・管理体制の構築が急務となっていた。銀行の人事部に久美子は呼ばれ、「父親の会社に入ってはどうか」と説得された。勝久が人事の責任者に依頼したのだろう。

〈親子が同じ会社で働く厳しさは想像できましたから、躊躇する気持ちがなかったわけではありませんが、その時は「期限付きだし、なんとかなるだろう」と思っていました。自分が必要とされるなら、その期待に応えたい気持ちもあり、お引き受けしたわけです〉（同注５）

１９９４年、家業の大塚家具に入社した。勝久は人材育成などの内部体制づくりを久美子に任せた。家族経営の限界が、すでに見えていた。いつまでも創業者のカリスマ性だけで組織を引っ張っていけるはずがなかった。

１９９６年、久美子は取締役に就任。組織として成長していけるような仕組みづくりや人材育成、教育などの人づくりに取り組んだ。経営企画の仕事を中心に営業管理や経理、広報の責任者を兼務しながら、会社の弱い部分を強化していった。

〈（仕組みができたので）自分としてはやれることをやった。このあたりが潮時だろう〉（同注５）と思い、「２００４年に取締役を退任した」といっている。

だが、こんな証言が他方にある。久美子はやる気満々だったが、「勝久が長男の勝之を後継者にしたことに腹を立てて辞めた」（大塚家具の関係者）。

父は社長の椅子を長女に譲った

久美子がやりたかったのは富士銀行時代に担当したＩＲ（投資家向け広報）だった。２００５年、東京都千代田区に広報・ＩＲコンサルタント会社、クオリア・コンサルティングを立ち上げ、代表取締役に就いた。

２００６年からは筑波大学法科大学院に通った。２００７年、産業再生機構出身の大西正一郎と松岡真宏が設立した経営支援・Ｍ＆Ａ（企業の合併・買収）アドバイザリー企業、フロンティア・マネジメントの執行役員に転身した。

そうこうしているうちに大塚家具が不祥事を起こした。２００６年2月におこなった自社株取得がインサイダー取引にあたるとして、２００７年5月、証券取引等監視委員会から３０４４万円の課徴金納付の命令を受けた。

インサイダー取引事件が、お家騒動の遠い震源地である。後継者とされていた長男の大塚勝之が２００８年３月、取締役を辞任した。

〈当初はコンサルタントとして、その処理を手伝っていたわけですが、その流れで、結局、社長として戻ることになりました〉（前出注５）

久美子は「大塚家具に戻るつもりはなかった」といっているが、勝久によると「コンサルタント会社の経営がうまくいかず、なんとか戻れないかと頼まれていた」ということになる。

真相は本人にしかわからない。

２００８年９月の世界的金融危機を引き起こしたリーマン・ショックが追い打ちをかけた。大塚家具は経営が悪化し、リーマン・ショック直後の２００８年12月期に５億円の最終赤字に転落した。リーマン・ショック前の２００７年同期は売上高７２７億円、最終利益は27億円をあげていた。ところが、赤字になった翌年の２００９年12月期の売り上げは５７９億円と２割落ち込み、14億円の最終赤字を計上する破目(はめ)におちいった。

インサイダー取引とリーマン・ショックのダブルパンチを食らい、創業者の勝久は社長の椅子をコンサルタントとして事後の敗戦処理にあたっていた長女の久美子に譲る。「創業40周年を機に、社長を退任する」というのが大義名分(たいぎめいぶん)だった。２００９年３月の株主総会で久美子が取締役に復帰。総会後の取締役会で社長に就任し、勝久は会長に退いた。

勝久は久美子を起用した理由について、ダイヤモンド・オンラインのインタビューで、こう語っている。

〈経営会議などでは異論があれば遠慮なく意見を言っていた。今でも思い出すのは、九州地区初出店となる１９９９年の「小倉(こくら)ショールーム」の開設をめぐる議論だ。

「九州地区への初出店であれば、小倉ではなくまずは博多をめざすべきだ」と久美子が説くのに対して私は、「それは十分分かっている。小倉よりも博多がよいのは言うまでもない。しかし、初出店で、より難しい場所で成功すれば好条件の勧誘が必ず出てくるものなのだ」と諭したのである。

本人が納得していたのかどうかはともかく、異論をぶつけてくるのは私への応援であり、私への「諫言役」を担ってくれているものだと頼もしく感じた。

そこで「それほどやりたいのならばやらせてみよう。なにしろ長女で、5人姉弟の一番上だし、長男は営業部門で頑張っているから大丈夫だろう」と考え、２００９年、社長を譲ると決めた〉（注6）

これが、骨肉の争いの出発点となった。

父の経営路線を否定する娘を解任

社長に就いた久美子は業績を急回復させるために、父親が確立した経営手法を次々に変えていった。既存店では会員制を見直した。会員制は勝久の経営の一丁目一番地である。

大塚家具の特徴は、会員に家具の「まとめ買い」をうながすところにある。来店客に名前や住居を書いてもらい、会員登録したうえで、広いショールームを従業員が案内する。

会員制は他社にないもので、会員になってもらった客に高価格帯の家具を「他社よりは絶対に安い」というセールストークを駆使して売り込むことに成功した。ホテルは高価格家具の上得意先だった。最盛期には1人あたりの客単価が30万円を超えていた。

久美子は「消費者の購入スタイルは単品買いに変わった」「名前や住所を聞くやり方に客は抵抗を感じている」と判断した。「(1人でも)入りやすく、見やすい、気楽に入れる店づくり」を目指した。店舗はカジュアルな雰囲気にし、客に付きまとうような接客を控えるようにした。声をかけられたら接遇する販売手法に変えた。

この改革は10年以上減りつづけてきた入店者数をプラスに転じさせるなど、一定の効果はあった。２０１１年12月期の最終利益は2億円の黒字に転換。12年同期6億円、13年同期も8億円の黒字と増益基調がつづいた。

ところが、２０１４年4月、消費税が5％から8％に上がった。消費増税前の駆け込み需要の反動で、家具の販売が落ち込んだ。久美子の会員制の見直しを、「自身が築いてきた経営路線の否定」と受け止めた勝久は、この時点で久美子の追い落としを決断する。

２０１４年7月23日。大塚家具の取締役会で社長の大塚久美子を解任。創業者である会長の大塚勝久が社長を兼務した。２００９年から社長をつとめていた久美子は取締役に降格となった。

久美子の社長解任について、同社は「家具業界は消費増税の反動で厳しい状況がつづいており、創業者のもとで機動的な経営判断を目指す」と説明した。

業績が低迷する小売業で、経営の第一線から退いていた創業者が社長に復帰して、立て直しを進めることはよくある。勝久の社長復帰もその典型と見なされ、全国紙もベタ記事の扱い。大きな話題にはならなかった。

ところが、久美子の解任は意外な展開を見せることになる。

資産管理会社で家族の諍(いさか)いが起きていた

「スクープ　大塚家具、経営大揺れ　父に解任された娘が反旗」

「週刊東洋経済」は２０１５年1月、大塚家具のお家騒動を大々的に報じた。

メディアの単独取材に応じた久美子は、同誌に「勝久を含む経営陣を一新するよう『株主提案』を検討している」ことを明らかにした。

父、勝久に対する宣戦布告である。ここから、父と娘の骨肉の争いの火蓋（ひぶた）が、本格的に切られることになる。

父娘の対立には前哨戦（ぜんしょう）があった。

大塚家具の株式は、勝久が発行済み株式の18・04％を保有する筆頭株主。2位は一族の資産管理会社、ききょう企画で9・75％を握る。ききょう企画の株主には、久美子の母の千代子と久美子ら5人の兄弟姉妹が顔を揃えていた。

「週刊東洋経済」は、こう書く。

〈実はききょう企画では、2014年1月、取締役で長男の勝之氏、監査役で母の大塚千代子氏が解任されている。一方、ききょう企画側に残ったのは、5人兄弟姉妹のうち、長女の久美子氏のほか、久美子氏の弟・妹である。大塚雅之（まさゆき）氏と大塚舞子（まいこ）氏が取締役に、佐野（さの）（旧姓大塚）智子（ともこ）氏が監査役に就任した。父の勝久氏はもともと久美子氏のやり方には反対の立場。つまり「父・母・長男」vs.「長女を含むその他兄弟姉妹」の構図だ〉（注7）

2014年7月の大塚家具の取締役会で、父の勝久が社長の久美子を解任し、みずから社長に返り咲いたのは、この〝久美子の乱〟に激怒したから、というのが真相である。

父・母・長男vs.長女・弟妹の裏事情

勝久と妻の千代子とのあいだには5人の子供がいた。長女が久美子で、長男が1つ年下の勝之である。

勝之は名古屋芸術大学美術学部を卒業後、大塚家具に入社。本店ショールーム店長をへて取締役になった。

勝久夫妻、とりわけ千代子には「勝之に家業を継がせたい」との悲願があったという。

しかし、大学で彫刻を学んだ芸術家タイプの勝之は経営に向いていなかった。さらにインサイダー取引問題が勃発（ぼっぱつ）。2008年3月、勝之は取締役常務執行役員・ブランド事業部長を辞任して、大塚家具を去った。

勝久がやむなく後継者として白羽の矢を立てたのが長女の久美子だった。大塚家具に呼び戻された久美子は2009年3月、社長に就任したことは前に述べたとおりである。

長男の勝之は、「現代ビジネス」のインタビューでこう語っている。

〈交代が前提だったというのはありません。姉と妹が会長の家に来て、早く交代しろとプレッシャーをかけていたのは知っています。姉からすれば、長男の私がいなくなったのだから、次は私でしょうと思ったのでしょう。姉は自分で作ったコンサルティング会社がうまくいかないので、大塚家具の社長にして欲しいと両親に頼んでいたそうです。

（中略）姉が繰り返し「代わるっていったじゃない」ともめていたのは事実です。母が不思議に思って「お父さん、そんな約束したの」と問いただすと、「そんな事言っていない」と言っていたそうです〉（注8）

ところが、長男に男の子が生まれたことから、勝久・千代子夫妻は独身の久美子を外し、「直系の孫に家業を継がせたい」と考えはじめる。

2011年1月に勝之を呼び戻した。取締役専務に昇格させた勝之を次の社長に就けるために、2014年7月、久美子を解任し、勝久が会長と社長を兼務したわけだ。これに鼻っ柱の強い久美子が猛反発。社外取締役の支援を得て巻き返しに出た。これが親子ゲンカの核心だと報じられた。

お家騒動で、父・勝久、母・千代子の側に立ったのは長男の勝之のみ。弟と妹は久美子についた。次女で法律を学んだ大塚舞子は姉の久美子を支持し、一族の資産管理会社、ききょう企画の社長に就任した。

三女の芸術学部を出た佐野智子は、のちに勝久から「クーデターを起こした」と名指しされる取締役上席執行役員商品流通本部長、佐野春生の妻だ。末弟の次男の雅之は建築を専攻し、大塚家具執行役員（総務部担当）だった。

大塚ファミリーが真っ二つに割れた。弟や妹が久美子陣営に入った理由は、共働きの両親に代わり、長女が次女以下の面倒をみてきたため、「姉を育ての親」と感じているからだとされる。両親が長男を連れ戻し、後継者にするために長女を追い出そうとしていることに同情。感情的に反発したからともいわれている。

久美子はききょう企画の持つ9・75％の議決権を握った。ききょう企画が株主提案の主体になり得る。久美子が第2位の大株主として、会長兼社長で父の勝久を含む現経営体制を一新する「株主提案」を検討しているとぶち上げたのは、こういう背景があったからだ。

勝久の独断専行に社外役員から改善要求

「大塚勝久会長兼社長に対する社外役員の要望事項」

「現代ビジネス」にこの文書が公開された。

文書の日付は2015年1月15日。社外取締役3人、社外監査役3人の計6人からの「共通の要望事項」として6項目が書かれている。銀行出身でジャスダック上場会社、ホウライの会長をつとめていた中尾秀光、一橋大学大学院教授の阿久津聡、弁護士の長沢美智子の3人が取締役。三井住友銀行出身の豊住博、弁護士の松本真輔、公認会計士の西山都の3人が監査役だった。

要望書には、こう書かれていた。

①現経営体制による経営方針の速やかな策定・取締役会付議

②コンプライアンス体制の強化（適切な人事を含む）
③ＩＲ体制の強化（適切な開示・株主に対する適切な対応）
④予算・事業計画の適時の策定・取締役会付議
⑤経営体制の合理性の確保・取締役会における適切な説明（不動産取引を含む）
⑥取締役会において健全な議論を行えるようにしていただきたい

いずれも、しごく当たり前の要望である。なぜ社外役員が、こんな要望を出さねばならなかったのか。

２０１４年７月、社長の久美子が勝久主導で解任されたことを忘れてはいけない。それ以降、社長を兼務した勝久流の経営がはじまり、社内は混乱を極めたことを知っておいていただきたい。これが要望書が提出される前段となった。


「現代ビジネス」は、そのバックグラウンドを、次のように要約する。

〈真っ先に起こったのが「粛清人事」。社長解任後に久美子派と目された幹部が軒並み更迭されたのだという。16人いた店長のうち10人が交代し、すべて会長の「イエスマン」になった。（中略）

次に、広告宣伝費を7億円も積み増したが、これは久美子氏が社長在任中に反対していたこと。消費税増税後の落ち込みが激しい中で、「広告をもっと打てば顧客が来る」という父（の主張）に抵抗していたが、社長解任で一気に増額に踏み切った。

さらに、勝久氏の生まれ故郷である埼玉・春日部で５０００坪に及ぶ土地を取締役会で深い議論も行なわずに勝久氏が取得してしまう。

（中略）広告宣伝で思ったほど客数は増えなかった。２０１４年12月決算は4億９６００万円の営業赤字に転落。前の期は8億４３００万円の黒字だったうえ、久美子氏が社長だった7月までは黒字を維持しており、「下期の広告費が利益を圧迫したのは明らか」（証券アナリスト）な結果となった〉（注9）

そんな勝久の独断専行に待ったをかけたのが、社外役員6名による「改善要求6ヵ条」であった。

〈この要望書を勝久氏に手渡した最年長の中尾氏から、これと同時に取締役辞任の届け出があった〉（同注9）という。

社外取締役の中尾秀光の辞任が、久美子が勝久から社長の座を奪還する決め手となった。三井銀行（現・三井住友銀行）出身の中尾は、勝久から社外取締役に招かれた人物。当然、勝久側についていた。

勝久の経営指南役だった中尾を、久美子サイドが退任に追い込んだとされている。中尾を追い落として取締役が7人となったことで、取締役会の勢力地図は一変した。

勝久解任、久美子が社長ポストを奪還

やられたら、やり返す。父から解任された娘が父を解任する番がきた。

社外役員の要望書提出から2週間後の２０１５年1月28日、大塚家具の取締役会が開かれた。このとき、取締役会は久美子派が多数派を形成していた。社長の勝久を解職、取締役の久美子の社長復帰を求める緊急動議が提出され、賛成4対反対3で可決した。

久美子が社長に復帰した。解任から半年で社長に復帰するという、異例の人事である。

勝久にかろうじて会長の肩書は残った。大塚家具は「経営管理体制を強化する」とだけ説明した。

2月13日、大塚家具の決算取締役会で、3月の株主総会に向けた新取締役選任案が決まった。久美子主導による、勝久と兄・勝之を外した経営体制一新の会社提案である。勝久にクビの宣告が下った。

2月25日、19時。東京・千代田区の大手町ファーストスクエアで「大塚家具の新経営体制構築を目指した株主提案に関する記者会見」が開かれた。一連のお家騒動後、勝久は初めて公の場に姿を現した。勝久は久美子主導の会社提案に対抗して、久美子を外した新取締役選任案を株主提案として提出していた。

会見は異様なものだった。冒頭、勝久と長男の専務、勝之ら株主提案の役員候補６人が登壇したのにつづき、部長クラス８人が並ぶ。司会者から、「部長８人は、大塚家具の危機的な状況を憂慮し、自らの意思で、久美子社長の速やかな退任と、勝久会長の復帰を望んでいます」との説明があった。

勝久はこの緊急会見で、自身が社長を解任された1月28日の取締役会の舞台裏をぶちまけた。

「三女の旦那の取締役の佐野（春生）氏が解任に回ったからだ。決議は４対３だったので、佐野の１票で、解任となった。三女の家庭に目をかけてきたので、なぜ賛成したのかわからない。クーデターだと思っているが、社員はテロだといっている」

同席した長男の勝之も「身内に裏切られた」とこれに呼応した。

佐野は２０１４年７月に久美子が社長を解任された際は勝久側だった。それが今回は久美子側についた。寝返ったわけだ。

取締役会の構成メンバーを色分けしてみる。勝久派は、勝久と専務・営業本部長をつとめる長男の勝之、営業副本部長有明本社ショールーム店長の渡辺健一（わたなべけんいち）の３人。久美子派は、久美子と商品流通本部長である三女の娘婿、佐野春生、それに社外取締役の阿久津聡と長沢美智子の４名。

中尾を追い落としたことで、取締役会での力関係が逆転した。これで、久美子が社長ポストを奪還する道が開けたのだ。

勝久は「週刊朝日」に寄稿した手記で、中尾追い落としについてこう綴（つづ）った。

〈久美子は昨年12月26日、私の経営方針に理解を示し、大塚家具の事業にも精通していた社外取締役Ａ氏に対し、善管（ぜんかん）注意義務（業務を委託された人に期待される注意義務）違反などを理由に株主代表訴訟（そしょう）を提起するよう、ききょう企画を使って請求してきたのです。

「私（勝久）が取締役会でパワハラや暴言行為をしたり、売り上げにむすびつかない広告宣伝費を使ったことを止めなかった」というものでした。

（中略）仮にそのような理由で善管注意義務違反を問うのであれば、なぜA氏だけなのか。要するに、私に理解を示す社外取締役を排除することが目的だったのです。

事実無根とはいえ、A氏の自宅に7億円を超える巨額の個人賠償（ばいしょう）を求める内容証明郵便が届き、A氏が善管注意義務違反を犯したかのような情報が一部メディアに流れたことなどもあり、ご家族含め、ご心痛でA氏は大塚家具を去りました。本当に申し訳なく思っています。

こうして、久美子は取締役会の構成メンバーを8名から7名にしたのち、自分が登用した知人の社外取締役2名とともに、三女の夫である取締役と自身を含む計4名の賛成を取り付け、賛成4・反対3で、1月28日に緊急動議を通し、私の解任という「クーデター」にこぎつけたのです〉（注10）

社外取締役の中尾秀光を追い落とすために、〝謀略〟めいたことがおこなわれたことを示唆（しさ）する内容になっている。

父娘がプロキシーファイトで激突

この2月25日の緊急会見では、報道陣から父娘の衝突（しょうとつ）についての質問が相次いだ。

「久美子氏を社長に選んだのは失敗だった。悪い子供をつくった。残念だ」

一度は自分の後継者に久美子を選択した勝久は、そう言って悔やんだ。そして、久美子を解任するために、プロキシーファイト（委任状争奪戦）を開始すると表明した。

プロキシーファイトとは株主が株主総会で自らの株主提案を可決させるために、他の株主の委任状を、経営側と争奪する多数派工作のことだ。

新取締役選任をめぐって、勝久の株主提案と会社提案が激突することになった。勝久による株主提案が通れば、久美子は再び解任となる。会社提案が通れば、勝久が追われる。

久美子も動いた。同日、大塚家具は２０１５年12月期の年間配当を80円（その前の期は40円）と2倍にする株主還元策を打ち出した。勝久の反撃に株主が動揺したりしないよう、株主をつなぎ止めるための増配であることはいうまでもない。

翌2月26日の東京株式市場で、大塚家具の株価が急騰（きゅうとう）した。取引開始とともに買い注文が集まり、値幅制限いっぱいのストップ高に当たる前日比３００円（27％）高の１４０５円で取引を終えた。売買高は前日比22倍の１０３万株に達し、昨年来高値を更新した。それまで株価は１０００円台に張りついたままだったが、一気に暴騰（ぼうとう）した。

期末配当の増配が好感されたことと、両者が株主総会に向けて多数派工作をつづければ、流通している株式が減り、株価は上昇するとの思惑から買いが入ったのだ。

2月26日、今度は社長の久美子が、お家騒動以来、初の記者会見を開いた。勝久が久美子の社長解任を求める株主提案をしたことを受け、「(経営側の立場を理解してもらうために）すでに大株主に接触している」ことを明らかにした。接触した株主から実際に賛同を得たかどうかについては「回答は差し控える」として明らかにしなかった。

勝久側は3月6日、1株当たり配当を前期比3倍の１２０円に引き上げる増配策を打ち出した。株主の支持を獲得するため、会社計画（倍増の80円）を上回る金額を提示したわけだ。ただ、これはリップサービスにすぎない。だって、勝久は経営トップではない。増配を決める権限を持っていない。

父と娘の骨肉の争いは連日、メディアを賑（にぎ）わした。ワイドショーは競って取り上げ、劇場型父娘（おやこ）ゲンカは、国民の好奇の目にさらされた。

61%の支持を得た久美子が勝利

大塚家具の定時株主総会は２０１５年3月27日午前10時、東京・有明の大塚家具本社で開かれた。例年の出席者は20人程度だが、10倍の２００人もの株主が出席。株主総会は午後1時10分過ぎまでの長丁場となった。

議案は会社提案が4件。注目は第2号議案の「取締役10名選任の件」である。総会後に提出された臨時報告書によると、大塚久美子が61・０７%の賛成を得たのをはじめ、10名全員に61%の支持が集まり、会社側の提案どおり可決された。

一方、勝久による株主提案は2件。第5号議案が勝久側の「取締役10名選任の件」。大塚勝久が36・２２%の賛成、10名全員が36%の得票率にとどまり、過半数には達せず否決された。勝久の提案には、フランスベッド（東証1部上場、現・フランスベッドホールディングス）などの長年の取引先や、従業員持ち株会の半数が賛成票を投じた。

勝久陣営は、大塚勝久が持ち株比率18・０４%で筆頭株主、勝久の実弟、大塚春雄は2・６９%、勝久の妻、大塚千代子は1・９１%を持っており22・６４%。対して久美子陣営は資産管理会社、ききょう企画が9・７５%で2位の株主である。

プロキシーファイトで会社側が勝利したことになる。創業者で、筆頭株主である勝久の経営方針より、コーポレート・ガバナンス（株主主権の企業統治）を重視し、経営改革を訴える久美子に株主は期待をかけたということだ。勝久の完敗であった。

勝てば官軍。大塚家具は総会後の取締役会で、久美子社長を再任し、会長の勝久は同日付で取締役を退任した、と発表した。

「監視カメラをつけるのはやめてください」

株主総会の席上、会長の勝久は「クーデターによって、１月28日に社長の座を奪われた大塚です」と自己紹介した。

勝久の妻である千代子も発言を求め、娘の久美子を痛烈に批判した。

〈大塚千代子です。母親です。きょうはおわびに参りました。社員が２つに分かれているというが、まったく違います。（２月25日の勝久会長の会見で）後ろに立っていた社員たちは、必死に会長にお願いして、そうなりました。業績も、久美子社長がやってからよくなったというが、受注と納品でタイムラグが大きい。２０１４年７月の取締役会では、久美子社長に辞任をお願いしたが、（久美子社長が自分自身を）「解任しろ」と騒いで、解任になりましたね。それですぐに（投資ファンドの）米ブランデス・インベストメント・パートナーズに電話しましたね。それはいけない。

あなたは聞く耳をまったく持たなかった。社員さんのお言葉を聞いてくださいませ。社員さんをいじめないでください。監視カメラを多くのところにつけるのはやめてください。迷惑です。従業員持ち株会も久美子社長の支持ではありません。株主様、私は一番中立の立場です。一族といわれるが、そんなつもりではやっていません。どちらがちゃんとできるか、よく確かめてください。こんなことをいうのは無念です。今の体制でできるとは思いません〉（注11）

米投資ファンドのブランデス・インベストメント・パートナーズ・エル・ピーは２０１５年１月14日時点で大塚家具の株式を10・７７％保有していることが明らかになった。母親によると、久美子が援軍を頼んだということだ。ブランデスは久美子を支持した。ききょう企画とブランデスを合わせた20・５２％が久美子陣営のコア票となった。

お家騒動の生々しい姿を株主＝世間に曝け出す、前代未聞の株主総会となった。

勝久を追い詰めた社外取締役の〝女軍師〟

卓越した商売人である創業者の大塚勝久が敗れた原因ははっきりしている。大塚家具が株式公開企業、「開かれた会社である」という認識が希薄だったことだ。久美子が錦(にしき)の御旗(みはた)に掲げた「ガバナンス」が意味するところを理解していたかどうか疑わしい。

ガバナンスは企業統治と訳されているが、経営者の暴走などに歯止めをかけ、不正行為を防ぎ、収益力を向上させて企業価値を高めるための仕組みである。社外取締役や社外監査役を置くことが、その第一歩となる。東証１部・２部に上場している企業は、２０１５年６月から独立性の高い社外取締役を２人以上置くことが義務づけられた。

大塚家具のお家騒動の陰の主役は、社外取締役だったといっても過言ではない。勝久は社外取締役に敗れた。これがコトの真相である。

この株主総会で承認された新たな取締役は、社外取締役一色となった。10人の取締役のうち６人が社外取締役である。社内は勝久から「クーデターを起こした」と名指しされた三女の婿(むこ)の佐野春生。退任した長男の勝之に代わって久美子側についた次男の雅之執行役員（総務部担当）が取締役に昇格。これに生え抜きの業務管理部長山田(やまだ)和男(かずお)の３人。久美子が加わり４人である。

社外取締役は、久美子が社長に復帰する舞台回しをした東京丸の内法律事務所パートナーの長沢美智子と、久美子の母校、一橋大学大学院国際企業戦略研究科教授の阿久津聡が続投した。

ほかには三菱商事のＭ＆Ａ部門出身で戦略コンサルタントの緒方節子、日本興業銀行出身で野村アセットマネジメント元常務の渡邉太門、中央信託銀行（現・三井住友信託銀行）出身で東京三菱証券（現・三菱ＵＦＪモルガン・スタンレー証券）など外資系証券会社でマネージングディレクターをつとめた朝永久(ともながく)見雄(みお)、元三越常務の宮本恵司の４人である。続投した２人を含めて社外取締役は６人となった。

久美子が唱えるガバナンス体制は、家具の小売業の経営陣というより、投資ファンドそのものだった。大塚家具はジャスダック上場にあたり、２人以上の社外取締役を起用することは義務づけられてはいない。にもかかわらず、取締役の半数を超える６人の社外取締役を揃えたのは、勝久の逆襲を阻止するための体制だった。しかし、小売りのプロ、売るノウハウを持っている人は少なかった。

父の影響力を削ぐ処方箋も作成された。第三者割当増資で勝久の持ち株比率を引き下げる。久美子が投資ファンドと組み、ＭＢＯ（経営者が参加する買収）で上場企業でなくなるというウルトラＣが最後の切り札として用意されていた。

久美子をＭ＆Ａに通暁したブレーンとして支えていたのが長沢美智子である。２０１４年に放送されたＮＨＫ大河ドラマ「軍師官兵衛」になぞらえて、彼女は〝女軍師〟と呼ばれた。次々と先手を打ち、久美子側の勝利を揺るぎないものにした。勝久は後手後手に回って、追い詰められ、完敗したのである。

舞台はききょう企画の経営権争いへ

株主総会で娘の久美子が父の勝久をねじ伏せた。それでも一件落着とはいかなかった。父娘対立は、大塚家具の資産管理会社、ききょう企画の経営権争いに移った。

久美子はききょう企画の経営権を握り、ここを足がかりに大塚家具の社長に帰り咲いた。ききょう企画の経営権が勝久側に移れば勝久の復権は可能、というシナリオが描けるかもしれない。

プロキシーファイトを繰り広げている最中の２０１５年2月25日、「ききょう企画が保有する大塚家具の株式を久美子が違法に支配した」として、勝久は15億円の返還を求める民事訴訟を東京地裁に起こした。

勝久は２００８年4月、ききょう企画に、自分が保有する大塚家具１３０万株を譲渡する見返りに、ききょう企画の社債15億円分を引き受けた。だが、５年の期限を過ぎても社債は償還されなかった。「久美子らとの信頼関係が失われたため提訴に踏み切った」と勝久は説明した。

ききょう企画（久美子側）は「大塚家具の事業承継と相続対策が目的であり、社債の償還の延期は合意されていた」と主張した。

東京地裁は2016年4月11日、勝久の請求どおり15億円の支払いを命じた。

勝久は、この問題について、手記で触れている。

〈ききょう企画は、もともとは長男が株式の半分を持っていました。久美子はそれを兄弟姉妹に分配してほしいと懇願し、長男は二つ返事で応じたのです。その後、妻と長男を14年1月、役員から排除し、実質支配できるようにしました。

私が、ききょう企画に譲渡した130万株の見返りに引き受けた同企画の社債15億円も償還期限がきても（現金を）返してくれない。その上、差し押さえを免れるために13年10月に久美子は、ききょう企画が持つ189万株（約20億円）の大塚家具株式を自身に譲渡する契約を締結し、取引の実態を伴わない偽装をしていました〉（前出注10）

久美子側が背負った17億円の借金

敗訴した久美子側の選択肢は3つあった。代物弁済で大塚家具株式、130万株を勝久に返す。そうすれば持ち株比率が変化して、勝久が経営権を取り戻すことになるから、これは絶対に避けたい。

2つ目は、ききょう企画が保有株を大塚家具に売却して現金をつくる。大塚家具が自社株買いをするということだ。大塚家具は2月12日に100万株、18億円を上限とする自社株取得を決議した。

3つ目は、ききょう企画が大塚家具株式を担保にカネを借りることだ。ききょう企画は筆頭株主にとどまることができるが、その代わり借金を背負うことになる。

久美子が採ったのは３つ目。借金をして社債分の現金（キャッシュ）を返すことを選択した。久美子側は、ききょう企画が保有する大塚家具１８９万株を担保に銀行から借り入れ、４月13日、勝久に利息を含む17億円を支払った。これを受けて、勝久は「久美子が、ききょう企画が保有する大塚家具株式を自分名義にしたことを無効にするよう求めた」訴えを、４月15日に取り下げた。

法廷での父娘の対決は、父親の勝利で終結した。

ききょう企画は17億円の借金を新たに抱え込むことになった。

ききょう企画は大塚家具の配当金を原資として事業活動をおこなっている。大塚家具の15年12月期の配当金は１株80円。高額配当はプロキシーファイトの産物で、通常は１株40円である。ききょう企画が受け取る配当金は７５６０万円あった。しかし、ききょう企画の株主（兄弟、姉妹）は一枚岩ではない。配当金を全額、借金の返済に充てるわけにはいかない。

最も望ましいのは、株価を上げて、ききょう企画名義の大塚家具株式の一部を高値で売却し、借金を完済することだ。株価が高ければ、借金は消え、売る株数も少なくてすむから過半の株式が残る。こうするためにも、久美子は大塚家具の業績を伸ばして結果を出さなければならない。

大塚家具が無配に転落でもすれば、久美子や兄弟、姉妹はピンチに瀕（ひん）するのは必定（ひつじょう）だ。社債償還訴訟での敗訴は、大きな痛手となった。

久美子の大塚家具、勝久の匠大塚は存続できるのか

大塚勝久が大塚家具に戻ることはなかった。保有していた大塚家具の株式を売却して、自分が創業した会社から完全に身を引いた。

そして、２０１５年７月、匠（たくみ）大塚株式会社を資本金３０００万円で設立した。会長が勝久、社長が長男

の勝之である。大塚家具の株式売却で得た20億円と、社債償還裁判で久美子側に勝訴して得た17億円（15億円＋利子の2億円）を合わせた37億円がスタートアップ資金となった。

２０１６年４月、東京都中央区の東京日本橋タワー25階に東京日本橋ショールームを開設。同年６月、故郷の埼玉県春日部市に春日部本店を開業した。大塚家具と競合しないよう、高・中級家具を販売する路線を取った。匠大塚はもっぱらホテル向けの家具やオフィスの応接家具など、コントラクト（特別注文家具）と呼ばれる商品や百貨店への納入に力を注いでいる。

対する大塚家具は、ソファなど特定の商品に特化した専門店や、地方百貨店との提携店など小型店を増やし、大型店は閉鎖・縮小する方向だ。中古家具の売り場も拡大した。「大塚家具は中古家具屋になり下がった」との悪評を、じっと甘受している。

振り返ってみると、この10年近く、経営路線をめぐり、父と娘の対立がつづいた。

この間に低価格路線をとるニトリホールディングスやイケア・ジャパンが家具市場を席巻した。大塚家具が逆立ちしても及ばないほどの大差をつけられた。

大塚家具は２０１８年５月27日、創業の地、埼玉県春日部市の店舗を閉鎖した。

はたして大塚家具は存続できるのだろうか。

父親が意地で立ち上げた匠大塚に明日はあるのだろうか。

へたをすると両者が共倒れ。喧嘩両成敗となりそうな雲行きなのである。

ポイント▼資産管理会社のあり方

大塚家具は創業者による事業継承の典型的な失敗例となった。
大塚勝久は事業継承の失敗をどう見ているのか。ダイヤモンド・オンラインで「ここで誤った」と赤裸々（せきらら）に語っている。
〈将来的には大塚家が大塚家具の経営から身を引き、いわゆる「資本と経営の分離」の体制をつくることが望ましいと考えていた。実際、そのための準備も始めていた。
　普通ならば「長男が跡を取るのだろう」ということで、長男には資産管理会社の株の半分を持たせていた。しかし、資本と経営の分離を考えれば、こうした状態がよいわけではない。実際、他の子どもたちから異論が出てきたので株を均等に分けることにした。長男は不満だったかもしれないが、将来の事業経営を考えれば均等に持つことは大塚家や大塚家具にとって最良の方策なのだと納得してもらった。（中略）
　しかし、均等に分けたことが、後に私や長男の解任につながるものになるとはなんとも皮肉だ〉（前出注6）
大塚家具のお家騒動の実態は、大塚家の資産管理会社の経営権をめぐる争いであった。「大塚商店」の跡目争いである。
　株式を公開した時点で、大塚家具は大塚家の持ち物ではなくなっていた。その本質に目を向けることなく、企業の経営と家族の役割（責任分担）をはっきりさせずにその場しのぎをしてきたことが、混乱に拍車をかけた。

第２章　ＮＥＣ——会長vs.社長のドロ沼戦争

国内トップからリストラ頼みへ凋落

日本電気（ＮＥＣ、Nippon Electric Company Limited の略）はかつて、半導体で世界を席巻した。パソコンは国内シェア首位を誇った。しかし、パソコンや携帯電話事業で敗走を重ね、パソコンやケータイを本体から分離するリストラをくり返したあげく、看板事業がなくなり、立ち枯れの危機に瀕している。

ＮＥＣは２０１８年1月30日、２０２０年度までの中期経営計画を発表した。成長戦略より人員削減などの構造改革に重点が置かれた。２０１６年４月に策定した中期計画を見直し、３０００人のリストラを実施する。

ＮＥＣが人員削減に踏み切るのは、２００１年から4度目となる。２００１年に４０００人、２００２年に２０００人削り、２０１２年には1万人を削減した。

２０１２年のときは「社内のモチベーションが低下した」と社長の新野隆が吐露している。ハードウエアの技術者をソフトウエアへ配置転換することで乗り切ろうとしたが、ハードとソフトは水と油。社内が混乱しただけだった。

痛い思いをしてきたのに、さらに３０００人のリストラを打ち出すのは、人を減らしても収益が改善しないためだ。現在のＮＥＣはリストラ頼みの経営なのだ。

今世紀に入ってからのＮＥＣは、縮小に次ぐ縮小の歴史だった。１９９０年代後半からインターネット新時代の到来を告げるＩＴ（情報技術）ブームに沸き立っていたが、２０００年代初頭にＩＴバブルが崩壊した。

ＮＥＣの２００１年３月期の売上高は5兆４０９７億円、営業利益１８５１億円だった。ＩＴバブルの崩壊で、２００２年３月期は最終損益が３１２０億円の赤字に転落した。

リストラをくり返し、規模を縮小した結果、２０１８年３月期（国際会計基準）の売上収益は2兆８４４４億円と01年実績に比べてほぼ半減、営業利益は６３８億円と3分の1に減少した。

19年3月期はリストラ費用４００億円を計上するため、営業利益は21・7％減の５００億円、純利益は45・5％減の２５０億円に落ち込む見通し。４００億円のリストラ費用の内訳は、総務などの間接部門や通信機器事業などを対象とした希望退職で３００億円。岩手県一関（いちのせき）市と茨城県筑西（ちくせい）市の2工場閉鎖で１００億円を見込んでいる。

この間、事業を切り売りしてきた。

かつて世界一を誇った半導体事業を引き継いだＮＥＣエレクトロニクスは２０１０年、旧ルネサステクノロジと経営統合してルネサスエレクトロニクスとなった。２０１７年には保有株のほとんどを売却して撤退した。

「ＰＣ－98」シリーズで国内首位を走ってきたパソコンも２０１１年、中国のレノボに持ち分の大半を売却。ＮＴＴドコモ向けに強く２００５年初頭まで国内首位だった携帯電話も、２０１０年にカシオ、日立製作所と合弁のＮＥＣカシオモバイルコミュニケーションズに移行。２０１４年、日立とカシオの持ち株をＮＥＣが買い取り、ＮＥＣは完全子会社のＮＥＣモバイルコミュニケーションズとした後、16年に解散した。インターネット黎明期からプロバイダー事業で成長をはかったビッグローブは２０１４年に、投資ファンドである日本産業パートナーズに売却した。

２０１８年６月には、車載用リチウムイオン電池市場でパナソニックに次ぐ売り上げを誇っていた日産自動車との合弁会社、オートモーティブエナジーサプライと、リチウムイオン電池の電極を製造する子会社を中国系ファンド、ＧＳＲキャピタルに売却案も。さらに、家庭用小型蓄電池事業の終了を決めた。

儲かる事業は何ひとつ見つからない。

今後はセキュリティー事業で海外市場を開拓し、成長の柱にする計画としているが、ＮＥＣはどこに向かおうとしているのか、まったく見えてこない。

くり返されるリストラの果てにＮＥＣは立ち枯れの状態。この窮状をどう打開するのか、手立てがないのだ。

立ち枯れをもたらしたのは、血で血を洗う権力抗争だった。

その原点をたどる。

エジソンを唸らせた男がつくった国際合弁会社

ＮＥＣは日本初の国際合弁会社である。１８９９（明治32）年７月、岩垂邦彦と米電話会社ＡＴ＆Ｔの製造部門だったウエスタン・エレクトリック（ＷＥ）社との合弁会社として誕生した。

岩垂は１８５７（安政４）年、豊前国豊津（現・福岡県京都郡みやこ町）に小倉藩士の家に生まれた。工部大学電信科（現・東京大学工学部）を卒業後、工部省（のちの逓信省、現・総務省）の電気技師となる。渡米し、〝発明王〟トーマス・エジソンの会社（現・ゼネラル・エレクトリック＝ＧＥ）に入社する。

電波論争でエジソンが直流を主張したのに対し、岩垂は交流を支持して、エジソンを唸らせた男として有名になった。帰国後、大阪電灯（関西電力の前身）の技師長をへて独立。ＧＥの日本国内の販売代理権を得て、岩垂電気商会を興した。

１８９８年、ＷＥ社が沖電機工場（現・沖電気工業、ＯＫＩ）に合弁会社の設立を申し入れた。ＷＥ社の日本での代理人であった岩垂は、沖電機の創業者、沖牙太郎の申し出により仲介者として交渉にあたったが、条件が合わず破談となった。

沖が技術の国産主義にこだわったのが決裂した理由とされる。

これを受け、岩垂がみずから日本電気合資会社を設立。この会社が日米合弁事業の日本側の受け皿となり、日本電気株式会社が発足した。

日本電気ができたとき、会社の社是を「Better Products, Better Service」とした。Better Productsはこの当時でも考えついた人がいただろうが、Better Serviceは先進的である。

岩垂は取締役専務に就任した。ＮＥＣは戦前、社長職はなく、専務がトップだった。

戦前は、電話交換機などの通信機器の製造がおもな事業だった。太平洋戦争で日米関係が悪化したため、１９４３（昭和18）年、住友財閥が外国資本を肩代わりし、ＮＥＣは住友グループの傘下に入った。現在でもＮＥＣは住友グループの中核企業の1社だ。

戦後は、通信関係や真空管などの電子部品から、家電・無線通信機部門へ進出していった。

１９６４年、ＮＥＣは国際化の時代に突入し、「Ｃ＆Ｃ」の時代を迎える。

「コンピュータと通信の融合」を提唱した小林宏治

１９７７年、コンピュータと通信分野が技術面でも事業領域でもまったく違うものと考えられていた時代に、NEC会長だった小林宏治（こばやしこうじ）は、米ジョージア州アトランタ市で開催された国際総合通信展「インテルコム77」の基調講演で、「C&C（コンピュータと通信の融合）」を初めて提唱した。

小林宏治は自著で、このときのことを述懐している。

〈各国の郵政大臣、総裁、通信機器メーカー社長などとともにキーノート・スピーカーとして招待された。基調講演で私は通信とコンピュータの融合の必然性と、技術的にはすでにそれが可能なことを発表した。私以外、こういうことを論点にした人はいなかった〉（注1）

小林はこうも書いている。

〈私の主唱する〝C&C〟は、1970年代後半の国際的な電気通信やコンピュータのシンポジウムやフォーラムの場で次第に具体的になっていった〉（同注1）

NECグループの歴史を語るとき、その事業哲学ともいえる「C&C」を抜きには語れない。C&CとはComputers & Communications、コンピュータと通信（＝コミュニケーション）との融合を意味する。

爾来（じらい）、NECはこのC&Cを本社とグループあげての技術戦略、事業戦略の中心に据（す）えてきた。電電ファミリーとして電話交換機メーカーのイメージが強かったNECは、情報・通信の総合電機メーカーへと変貌（へんぼう）を遂げる。

電電ファミリーとは、電電公社（特殊法人日本電信電話公社、現・NTT）に通信機器を納入する親密企業の総称である。NEC、日立製作所、富士通、沖電気工業が中核企業で、NECが長兄であった。

小林は1907（明治40）年、山梨県大月市初狩（はつかり）町の生まれ。1929年、東京帝国大工学部電気工学科卒。同年、NECに入社する。

小林は第一次世界大戦後の金融恐慌（きょうこう）の真っただ中に東大を出て、エンジニアとして日本電気に入った。経営不振で同期入社組が次々と転職するなか、彼は踏みとどまった。通信装置の実用化研究に取り組み、

〈以後50年間、技術、製造、販売、マーケティングなど、ほとんどすべてのことをやりました〉（同注1）と語っている。

〈私は若いころ、海軍からの注文で水中聴音機のマイクロフォンを作っていた。これは非常に難しい仕事で、熟練工でなければできない。一個作り上げるのに1カ月もかかった〉（同注1）。

戦時中、苦しい経験もした。入社当初の世界的な不況、日中戦争、太平洋戦争をへて、１９４５（昭和20）年、日本は米国に完敗を喫（きっ）する。

〈会社としても、私個人としても、まったく新しい状況に投げ出されてしまった。戦後の戦争責任の追及などで、多くのトップ・マネジメントは追放されてしまった。私たちは何の準備もなく、荒廃し切った会社の再建に取り組まざるを得なかった。戦後の混乱は言葉に尽くしがたいものだった。１９５１年9月、講和条約調印後、ようやく日本人は自分を取り戻して、再び働こうという気持になった。私も会社の再建に取り組むことができるようになった〉（同注1）

従業員に希望を持たせなければならない。小林は全従業員に向けて「東洋一の工場にしよう！」と呼びかけた。

当時を思い出して小林は周囲にこう述べている。

「安定した企業は不安定。不安定な企業には安定がある。不安定だからこそ、発展の余地がある」

一つのパラドックス（逆説）だが、当時の小林はこう言うことによって自分自身を鼓舞（こぶ）したのだろう。

〈戦争後、日本電気の経営責任者は占領軍の命令で大部分が追放され、私も二段階飛びで役員になった。この時、「日本電気を世界一の会社にしよう」と思った。けれど、なにしろ食べものも、なにもない。工場は荒れ果てたまま。世界一などといえば、皆、吹き出します。真面目に受け取りません。そこで、「日本電気は昔から日本一だから、今度は東洋一の会社になろう」と宣言した。「世界一」と言ったのは

1955（昭和30）年になってからです〉（同注1）

小林は経営者であると同時に、アジテーター（煽動者）でもあった。

本書では野村證券の戦後に触れているが、NECもまさに同じ。経営層がすっぽり抜け、その穴を小林などが埋めたのである。

1949年に取締役に昇格。常務、専務、副社長と昇進を重ね、1964年11月、小林はNECの社長に就任した。

「コンピュータからの撤退」を決めた松下の失敗

小林は前任の渡辺斌衡から「コンピュータ事業の成否は君の責任だよ」といい渡され、社長になった。NECは1955年頃からコンピュータの研究に着手。事業化を進めた。小林はいう。

「通信をやっていて技術革新を進めていけば、必ずコンピュータに行き着く」

小林が社長に就任する直前の1964年10月、松下電器産業（現・パナソニック）の創業者、松下幸之助は「コンピュータからの撤退」を宣言した。

いったん引退していた幸之助は、経営の第一線に復帰する。いまなお語り継がれている1964年の熱海会談である。松下電器の販売網は、不況と生産過剰のために瀕死の状態におちいっていた。会談では、販売・代理店から苦情・批判が相次いだ。幸之助が「血の小便が出るまで苦労されましたか」と反論したのが、この席である。（第7章参照）

幸之助は、熱海会談の後、ただちに営業本部長代行として陣頭指揮を執った。迅速な対応から幸之助の経営手腕は高い評価を受け、〝経営の神様〟として崇められるようになる。

このとき、幸之助は重要な決断をした。コンピュータからの撤退である。各メーカーが頭を悩ませていたのは、コンピュータの開発が金喰い虫であることだ。莫大な研究開発費の捻出に各社のトップは困惑していた。まだ、海のものとも山のものともわからないコンピュータに、どこまで資金を注ぎ込めばいいのか。

幸之助は「カネ喰い虫で、儲からない」という理由でコンピュータから撤退した。今日では、〝経営の神様〟が犯した最大の誤りと評されている。

〈幸之助の「決断」は、社内外にさまざまな反響を巻き起こした。英断と評価するものもあれば、松下の技術力のなさの証明だと酷評する向きもあった。

そのなかで、当時日本電気副社長だった小林宏治は、松下幸之助の「決断」を惜しみ、その真意をはかりかねていた。

「松下さんともあろう人が、この有力の未来部門に見切りをつけるとは、いかにも残念。分からない。コンピュータは今でこそソロバンが合わないが、しかし、これは必ず、家庭電器の分野にも不可欠なものになる。松下さんは一体、何を考えていなさるんだろうか」

松下電器のコンピュータからの撤退を知らされた小林は、こう言ってはさかんにクビをひねったという〉（注2）

電話交換機メーカーからエレクトロニクス企業へ

小林は、幸之助とは逆に、コンピュータが今後の社会・産業で重要な役割をになうまでに成長すると確信していた。小林は高度情報社会の到来を予測していた。

〈小林の功績は社長就任後、まず社内の徹底的な改革を行い、65年に完全事業部制を導入した。当時のＮＥＣの実態はいわゆる電電ファミリーの一社として、日本電信電話（現在のＮＴＴ）の製造部門同然であった。その電電公社依存のぬるま湯体質を転換しようと導入したのが、技術、製造、営業の三つの機能を併せ持たせた事業部制である。小林は事業部を会社の利益単位と位置付け、抜本的な意識改革を推進していったのである。さらに事業面でもコンピュータや半導体に積極的に進出。今日の発展の礎（いしずえ）を築いた〉（注3）

小林は半導体事業に力を入れた。このとき、韓国サムスンとの問題が横たわっていた。

電卓の生みの親であるシャープ元副社長の佐々木正（ささきただし）がこう語っている。

〈シャープと韓国サムスンの関係は長きにわたります。サムスンは商社から始まって、電器産業に進出したが、半導体の開発で行き詰まった。それで、李健熙（イゴンヒ）さん（現・会長）がわざわざ訪ねてこられた。1970年ごろのことです。

当時、日韓定期閣僚会議が始まり、両国間で提携の機運が高まっていました。ところが、日本電気の小林（宏治・元会長）は、「韓国は技術を盗んでいく」と警戒感（けいかいかん）をあらわにしていた。困った李さんが、「何とか小林さんを説得してほしい」と。そこで駐日韓国大使と小林さん、李さん、私とで食事をする機会を作ったんです。その後、私以外の3人でゴルフに行ったら、小林さん機嫌直しちゃったんだ（笑）。

それ以降、李さんが（私＝佐々木を）頼りにしてこられるんです。半導体の開発にしても、「佐々木さん、辞めてこっちに来ませんか。韓国籍にならんか」とまで言う（笑）。じゃあ、僕がシャープを説得するから、頭を下げて技術を教えてくださいと言ってくれ、と。数年後、4ビットマイコンの製造技術でシャープと提携をしました〉（注4）

李健熙は現在も会長だが、病床（びょうしょう）にある。経営の実権は長男の李在鎔（イジェヨン）副会長に移ったが、朴槿恵（パククネ）・前大統領の失脚につながった贈収賄（ぞうしゅうわい）スキャンダルで逮捕され、高裁で執行猶予（ゆうよ）付きの有罪判決を受けた。李健熙は会長を辞めたくても辞められない状態なのである。

佐々木は「伝説のエンジニア」と評されるほど、大所高所から物事を考えるオープンマインドの人だったが、経営には疎い。サムスンの李健熙は腕ききのビジネスマンだ。役者は数段上手。佐々木をおだてあげ、シャープの重要な技術をサムスン電子は手に入れた。長期にわたってシャープに技術を提供させつづけた。

サムスン電子は、その技術で半導体を安くつくり、規模を拡大した。その結果、シャープの液晶事業、半導体事業は国際的な競争力を失い、経営悪化の大きな原因となった。〝技術の神様〟佐々木は、「国賊」の批判を浴びた。

小林の危惧は的中した。日本の半導体事業はサムスンに敗れた。

国内はコンピューターメーカーが乱立。世界的に米ＩＢＭの寡占化が強まりつつあった。１９７０年、通商産業省（現・経済産業省）はＩＢＭに対抗すべく、電電ファミリーを３つのグループに分けた。ＮＥＣ＝東芝、富士通＝日立製作所、三菱電機＝沖電気のグループができた。

１９７６年６月、小林は代表取締役会長兼経営最高責任者（ＣＥＯ）に就き、新社長に田中忠雄が就任した。

だが、「インテルコム77」でＣ＆Ｃ構想を発表した小林の功績は大きい。コンピュータと通信の融合を意味するこのＣ＆Ｃの概念が、ＮＥＣに新たな息吹を与えた。ＮＥＣは電電ファミリーの電話交換機メーカーからエレクトロニクスメーカーに変身することになる。そうした貢献から、いまでも小林はＮＥＣの「中興の祖」と讃えられることがある。

末席専務の関本忠弘を社長に大抜擢

圧倒的な成功を背景に小林は、アンタッチャブルな存在になった。会長の小林は人事権を握りキングメーカーとして君臨した。

筆者は小林に数回会ったことがある。有名人好きで、「ジョン・ガルブレイス教授と会った。エズラ・ヴォーゲルと語り合った」などが口癖だった。ガルブレイスは『不確実性の時代』の著者。この翻訳本は日本でも売れた。ヴォーゲルは『ジャパン・アズ・ナンバーワン』を書いている。２人との対談は、サイマル出版会の小林の自著にも収録されている。

小林は周囲がイメージをつくった経営者である。威厳を保つため、いや、権威づけに有名な学者を使った。自身も工学博士であることを、つねにまわりに意識させるような発言をしている。

自著の略歴には、１９３９年、東大から工学博士の学位。68年、米モンマス大学から名誉法学博士、71年、ブルックリン工科大学から名誉工学博士、80年、メキシコ・グアダラハラ自治大学から名誉博士の称号を受ける、となっている。

ＮＥＣの社長、会長に就任したほか、ＮＥＣの子会社の日本アビオトロニクス（現・日本アビオニクス）の会長をはじめ、多数の会社役員を兼ねていた。通信機械工業会（現・情報通信ネットワーク産業協会）など各種業界団体の役員、いろいろな学会長、政府審議会委員を歴任。ローマ・クラブ会員、国際機関のフェローとして活躍したとある。

国内褒章、勲章、海外からの勲章、功労賞も列記されている。日本では勲一等瑞宝章など。海外はペルーだったり、ヨルダンだったり、パラグアイ、エジプトやブラジルだったりした。

一つだけ小林の経営者としての功績を挙げるなら、時間軸と空間軸で経営を考えていたことだろう。世界企業になるという執念はすごかった。

コンピュータが分散処理に向かうことを予測し、工場の分散化を彼は考えた。１９４４年に熊本に工場をつくったのを手はじめに、ＮＥＣの１００％子会社を地方に数多く設立していった。技術と生産拠点を分散化したのは小林に先見の明があったからだろう。

〈ローマ・クラブというのは「人類の将来」を考えるために生まれた会で、イタリア人のペッチェイ氏が議長。私は日本支部の座長をやっていた〉（前出注１）

ペッチェイとも「日本電気の創立80周年にあたり、世界の著名人たちの対談シリーズ」で対談している。じつは、サイマル出版会刊行の小林の自著というのは、おもにこの対談シリーズを書籍化したものなのである。

１９８０年６月、会長の小林は20歳もの年の差がある末席専務の関本忠弘（せきもとただひろ）を一気に社長に大抜擢（だいばってき）した。社長の田中忠雄は取締役相談役に退いた。

当時の報道によると、小林は社長交代会見の席上、「抜群の行動力は頼もしい限り。彼こそＣ＆Ｃコンセプトをさらに成長、飛躍させる男だ」と手放しで褒（ほ）めた。「僕と同じように心臓が強い男」と評した秘蔵っ子を登用した。

関本忠弘は１９２６（大正15）年11月、兵庫県神戸市生まれ。実家は商売をやっていた。東京大学理学部物理学科を卒業、１９４８年、ＮＥＣに入社。中央研究所で研究に従事した。小林が社長に就任した翌年の１９６５年、米コムサット社へ出向、ＰＣＭ（パルス符号変換方式）デジタル衛星通信の研究に打ち込んだ。帰国後、小林に目をかけられた関本は、１９７４年に取締役に就任、常務、専務と昇進を重ね、１９８０年に社長に就任した。

〈（関本は）「小林さんはＣ＆Ｃの教祖で、私は使徒パウロ」と称して、Ｃ＆Ｃの普及のために全国を行脚（あんぎゃ）して歩いたことはよく知られている。まさにＣ＆Ｃの「伝道師」に徹したわけである〉（前出注３）

「ＰＣ－98」シリーズでパソコン市場を席巻

会員制情報誌「選択」を創刊した経営評論家の飯塚昭男（いいづかあきお）は、関本をこう活写している。

〈経営者の中で最も言葉に敏感なのは日本電気の関本忠弘氏だと思う。自ら「物理屋崩れ」と呼んでいるが、その部厚い口から、次々と名文句が飛び出してくる。いずれも鋭い感性に裏打ちされたものばかりだ。

「材料を制する者は世界を制す」

「時代の風を肩で知る」

「マジョリティは現在のために、マイノリティは将来のために」

　異相ともいえる顔付きからは、とても予想できないような文学的表現、詩的表現が多いのである。Ｃ＆Ｃ（情報と通信）という最先端分野でしのぎを削っていると、自然に感性が磨（みが）かれてくるのだろうか。最近、日本の重厚長大型産業は第３次産業によって再武装すべきだという意味で、関本氏は「２・５次産業化」という言葉を使っているが、筆者が関本語録の中で最も好きなのはやはり「時代の風を肩で知る」という表現だ〉（注５）

飯塚は「時代が面白くなればなるほど、経営者の時代感覚が問われる」と付言した。「時代感覚のない人間は、リーダーとして失格」とも述べている。

対外的には理想的な師弟関係に映っていた。だが、関本が社長として力をつけてくるにつれて、小林は嫉妬（しっと）するようになる。

〈関本の傑出（けっしゅつ）したパワーはＣ＆Ｃの伝道師だけにとどまらず、独自の経営方針の策定や自らのトップセールスといった点で開花していった。まず関本が執着（しゅうちゃく）したのは、ＮＴＴ依存体質からの脱却である。これは小林も手をつけた課題だが、関本が社長就任後もＮＥＣはまだＮＴＴからの膨大（ぼうだい）な通信機器の発注に頼る体質がはびこっており、同業他社から「日本電気ではなく日本電電」などと皮肉られていた。「このままではNECの成長はない」とみた関本は、パソコンなど情報機器を先兵に一段と民需拡大に乗り出していったのである。小林はコンピュータや半導体分野に進出した功労者であるが、通信、コンピュータ、半導体のいずれをも世界のトップレベルに引き上げたのはまぎれもなく関本である〉（前出注3）

1982（昭和57）年に発売されたパソコン「PC－9800」シリーズは、約15年にわたって日本のパソコン市場を席巻し、全盛期には「国民機」と呼ばれるようになった。1994年当時のエレクトロニクス3分野における世界ランキングだと、NECは通信機器で5位、コンピュータは4位、半導体は2位であった。

民需を拡大し、押しも押されもせぬ、日本を代表するエレクトロニクス企業へ脱皮した。

「小林vs.関本戦争」勃発

関本が社長に就いたとき、売上高は7000億円だった。会長を退いた1999年3月期には年商4兆7000億円の企業になっていた。三菱電機を抜き、東芝、日立製作所を追い越し、松下電器産業の背中が見えるところまできた。

関本は「世界のNECにしたのは、オレだ」と公言してはばからなかった。人は齢（よわい）を重ねると、嫉妬深くなる。男のそれは始末に負えない。

小林は関本に嫉妬した。種を蒔（ま）いたのは自分なのに、果実を口にしたのは関本なのである。腹の虫がおさまらなかったようだ。

関本にしてみれば、自分がNECの最高実力者なのに、人事権を手放さない小林に我慢（がまん）できなくなっていた。

師弟コンビは一転、憎悪剝き出しの敵対関係に変わった。

小林と関本の関係悪化はいくつも挙げられている。象徴的な事件がある。民営化した日本電信電話（ＮＴＴ）のトップ人事である。政財界を巻き込んで壮絶なバトルが繰り広げられた。

「日経ビジネス」は、特集「『中興の祖』の功罪　実権なき社長の悲劇」のケーススタディとして日本電気の「小林・関本抗争」を取り上げた。

〈日電の通信機部門の最大の得意先である日本電信電話（ＮＴＴ）のトップ人事に関本氏は応援団として登場し、真藤恒総裁（当時）批判を繰り返した。関本氏を小林氏が注意したが、自説を曲げなかった。この時は小林氏が真藤氏に会って詫びている〉（注６）

１９８５年４月、民営化したＮＴＴが誕生した。初代社長に電電公社の最後の総裁である真藤恒が就いた。

関本は技術陣トップである副総裁の北原安定を担いだ。北原を推していた元首相の田中角栄が失脚したため、関本は敗れたといわれている。北原は非電話事業を着々と実らせ、名前どおり、安定した経営のカジ取りができる能吏だった。とはいえ、真藤のようなカリスマ性には乏しかった。

首相の中曽根康弘と財界主流が推す真藤恒に決まった。真藤は石川島播磨重工業（現・ＩＨＩ）の元社長で、土光敏夫の愛弟子だった。

政治や財界活動が大好きな関本と、政治と距離を置く小林とのスタンスの違いが露になった。いったんこじれた関係は、両者が激しい気性の持ち主だけに、元には戻らない。

こんなこともあった。

〈関本氏が唱え、世間の注目を集めた「２・５次産業論」を小林氏が批判した。そもそもこの「２・５

次産業論」は、関本氏が産業の空洞化を回避するには第2次産業、第3次産業はソフトウエアで武装する必要がある、と説いたもの。86年頃から関本氏がことあるごとに強調し始めた。

　小林氏はインタビューで声を荒らげる。「2・5次産業なんてものはない。工業は工業、商業は商業であることは変わらない。その中身が変わるだけだ。C&Cに対抗する言葉を作ろうとしているのではないか。知ったかぶりのメッキはすぐにはげますよ。だから僕は彼に注意した」〉（同注6）

トップの権力争いに翻弄される社内

　筆者は関本にはかなりの回数、取材で会った。彼は高名な経営者なのに、会うのはわりあい簡単だった。NEC担当になった記者の値踏みをする意味で、15分から30分なら「会ってやる」（本人）。

　しかし、二度目に会うと必ずこう言った。

「取材に応じた（時間を取った）のだから、NEC製のFAXを（会社で）買ってくれ。もし、会社（新聞社）で大量に買ってくれるなら、君には幾度でも会うよ」

　笑いながら言うのだが目は笑っていない。本気なのだ。取材もギブ・アンド・テークだ、ということらしかった。

　筆者はわりあい、気に入られたほうだと思う。NEC製のFAXを1台も購入することなく取材に応じてもらった。だが、関本の秘書以上に関本にかしずく先輩の記者がいて、閉口した。実際、やりにくい社長であり会長だった。関本にかしずく記者は、〝書かない記者〟ばかりだった。

　関本は新聞社のトップや編集幹部に会うのが好きだった。編集幹部とどんな話をしたのかは聞いていない。FAXやコンピュータを売り込んだだけではないだろう。一部を除き、現場の記者には心を許さなかった経営者だと思う。

こんなこともあった。

1988年のことだ。山梨県の地方新聞社の記事入力システムをNECが受注した。しかし、納入期日までに完成しなかったのだ。

たかが地方新聞。NECにしてみれば大きなユーザーではないはずなのに、じつはそうではなかった。なんといっても山梨県は小林宏治の故郷。小林の地元での出来事だけに、ことは重大。NECはあわてて大量に人を投入し、ともかくこの記事システムを稼働させた。幹部のあわてぶりは尋常ではなかった、とNECの古参の元役員が教えてくれた。

このNECの元役員は証言する。「小林vs.関本の権力争いばかり気にして、幹部社員・役員のエネルギーが外に向かない。このままでは時代に取り残される、と若手社員は憂慮していた」

仕事で点数を稼ぐより、小林か関本にゴマをすったほうが出世が早かった。

関本追い落としのクーデター未遂事件

NECは、小林vs.関本の権力争いに決着をつけることが先決であった。

有力な後継者がいないことが、2人の争いを長引かせる一因となったのは、まぎれもない事実である。

前述の「日経ビジネス」によると、こうだ。

〈日電のトップ人事抗争が世間の目にさらされたのは昨年（引用者注：1988年）5月25日。この日開かれた決算役員会で決まった人事により小林会長が代表権を持つ取締役名誉会長に就任。その後を受け大内（淳義）副会長が会長に、中村兼三副社長が副会長に、同日付でそれぞれ昇格した。関本社長の上に3人の〝重し〟が置かれた。（中略）

中でも衝撃的だったのは、関本氏が出ない記者会見で小林名誉会長が「経営トップは大内会長、ついで中村副会長、関本社長の順だ」という序列を明言したこと。社長をナンバー４（引用者注：小林が頂点で大内、中村、関本の順という意味）の地位に格下げしたのだ〉（前出注６）

この人事はクーデターだった。

〈実はこの時、小林氏が意図したのは関本社長の解任だった。当初の小林案は関本社長を相談役に棚上げし、後任の社長に中村副社長を昇格させる内容。この案を察知した関本氏らが激怒。自らの辞任を切り札に巻き返しを図った。取締役会の２週間ほど前にクーデター寸前の出来事が日電〝奥の院〟で起きたのである。

しかし、この「関本降ろし」は、大内氏が「それは無理筋」と小林氏を説得したことと、「私は社長の器ではない」とする中村氏の辞退で撤回された。トップ４人による集団指導体制は妥協の産物だった。実力会長として長い間役員人事を意のままに行ってきた小林氏にとって、この人事は予期せぬ挫折だったに違いない〉（同注６）

小林が80歳を超えてもＮＥＣに君臨できたのは、人事権を握っていたからである。だが、小林が名誉会長になり、人事権が会長の大内淳義に移った瞬間に、勝負はあった。

関本は熟柿が落ちるのを待つだけだ。

小林は１９９０年６月、取締役を退任し、名誉会長相談役に退いた。〝天敵〟が去って、名実ともに関本時代がはじまる。

小林は１９９６年、89歳で亡くなった。権力の座に拘泥し、引き際を誤り、「中興の祖」の名声に傷がついた。

小林と関本の抗争は、ＮＥＣの争いの遺伝子となって残った。

「下請けが財界総理になるのはおこがましい」

ＮＥＣの新しい〝ドン〟となった関本忠弘は、１９９４年６月、14年間座りつづけた社長の椅子を、中央研究所時代からの腹心だった金子尚志に譲った。会長となった関本は、経済団体連合会（旧・経団連）副会長として財界活動に軸足を移していく。〝財界総理〟である経団連会長の椅子に執念を燃やした。

当時、トヨタ自動車、新日本製鐵、東京電力が経団連御三家と呼ばれていた。戦前の財閥支配の反省から、三菱、三井、住友の財閥系企業から経団連は会長を選ばない、というのが不文律となっていた。トヨタ自動車会長、豊田章一郎が、１９９４年５月、経団連の８代目会長に就いた。内規では２期４年が原則だから、１９９８年に次の経団連会長が決まる。

次期会長の有力候補と見られたのが新日本製鐵会長の今井敬と、ＮＥＣ会長の関本忠弘であった。双方の応援団による支持票集めは熾烈なものになった。

新日鐵は３人も経団連会長を出していたが、鉄鋼業界の地盤低下が激しいなか、いまさら「鉄は国家なり」ではあるまいとの声が出ていた。時代にマッチした業界から選ぶべきだとの意見もあった。

ＮＥＣはまだ会長を出したことはないが、半導体やコンピュータのリーディングカンパニー。時代にマッチした最先端企業だった。自動車と並ぶ基幹産業となった電機業界は関本を後押しした。

とはいっても、後任を選ぶのは、会長をつとめた長老たちだ。彼らにとって、ＮＥＣはいまでも、電電公社の下請け。その認識しかなかった。下請けが財界総理になるのはおこがましいというのが彼らのホンネだ。御三家の面々は関本が大嫌いだった。

だってそうだろう。ＮＴＴの民営化論議の際、新日鐵や東京電力などの財界主流は真藤恒を推した。関本は北原安定を支援して真っ向から対立した。そのときの遺恨が、尾を引いていた。

「関本は自分だけが目立てばいいというタイプと財界長老が語った」という新聞報道で勝負がついた。今井に軍配が上がったのだ。

この直後に関本は防衛庁疑獄事件に巻き込まれ、失脚した。「新日鐵の陰謀か」（当時の経団連副会長のひとり）との噂が飛び交ったほどだ。

不祥事で引責辞任した関本が院政

１９９８年10月23日、ＮＥＣの関本忠弘は「自分の判断で」（本人の弁）代表取締役会長を辞任、取締役相談役に退いた。あわせて、経団連評議員会議長も辞任した。新日鐵の今井敬が経団連会長になるのにともない、関本は経団連の副会長から評議員会議長に横滑りしていた。

今井敬の甥が今井尚哉首相秘書官である。今井尚哉秘書官の力が強まるなか、今井敬が首相の安倍晋三とメシを食べたりする機会が増えた。実際のところ、今井は経団連会長としては何も実績を残していないのに、だ。

ＮＥＣの子会社、ニコー電子による防衛庁（現・防衛省）への納入品をめぐる利益水増し事件で、東京地検の捜査はＮＥＣの経営中枢に近づきつつあった。子会社につづいて、ＮＥＣ本体の水増し請求疑惑に捜査のメスが入りはじめていた。

〈関本氏は「私には何の呼び出しもない」「（ニコー電子の水増し請求、減額問題について）神に誓って何の報告も受けていない」と事件へのかかわりを否定しているが、地検の捜査に危機感を抱いたに違いない。会長辞任とバーターで、地検の捜査を手打ちしたい、という自己保身の〝打算〟が見え隠れする。

（中略）

「私に経営責任があるとは思わない。会長を辞めるのは、世間をお騒がせしたことへの道義的、社会的なけじめだ」と述べた〉（注７）

関与したとされるＮＥＣの元幹部らは逮捕、起訴（きそ）された。「けじめ」辞任というのは建て前。捜査を逃れるための緊急避難であり、関本は〝院政〟を敷いて実権を手放すつもりはさらさらなかったというのが真相である。

しかし、業績悪化が直撃した。米パソコン子会社のパッカードベルＮＥＣのリストラにともなう特別損失や半導体事業の赤字拡大で、２００９年３月期の連結赤字は２９６６億円に達した。ＩＴバブル崩壊直後の２００２年３月期の３１２０億円（の赤字）に次ぐ巨額赤字だ。

１９９９年３月26日、関本の子飼いである社長の金子尚志が引責辞任した。パッカードベルＮＥＣは、関本がやたらと資金をつぎ込み、挙げ句の果てに敗退した負の遺産であった。金子は泥をかぶって処理したことで、男をあげた。

前出の経営評論家の飯塚昭男が、やや皮肉っぽく金子のことを書いている。

〈金子尚志氏は東大工学部出身。社長室と自宅にパソコンを置き、移動中はノート型パソコンを駆使する。前任の関本弘忠氏がＣ＆Ｃの伝道師なら、さしずめ金子社長はその延長上に咲くマルチメディアの布教師といえる〉（前出注５）

「マルチメディアがどこまで人間の創意工夫を刺激してくれるか。私はバラ色の夢を抱いています」金子は飯塚にこう語ったというが、金子は親分、関本の尻拭（しりぬぐ）いをさせられたわけだ。バラ色の夢を見たとしても、長くはなかったはずだ。

金子が後任社長に指名したのが、西垣浩司（にしがきこうじ）である。温厚な金子とは違い、西垣は若い頃から親分肌。押しが強く、歯に衣（きぬ）着せぬ物言いで知られていた。このときから、佐々木元（ささききはじめ）会長＝西垣浩司社長の〝改革〟コンビによる経営体制に移行した。

佐々木の父親は第22代日本銀行総裁の佐々木直（ただし）である。佐々木直は日銀副総裁のときに、昭和40年不況による山一證券の経営危機に直面。田中角栄（蔵相）の意向で、日銀は特別融資を実行。山一はいったんは救済された。この〝功績〟で日銀総裁になることができた。

ここから、関本と西垣の壮絶なバトルが勃発することになる。経営陣の抗争は新たな局面に突入した。

〝関本不要論〟の後継社長・西垣浩司

「青天の霹靂」

金子尚志による後継指名を、西垣浩司はこう表現した。下馬評にものぼらなかったのに、指名されたというサプライズ人事だったからではない。

西垣は関本のワンマン経営批判の急先鋒だった。関本の腹心の金子が、反関本の自分を指名するとは、考えてもみなかった。だから「青天の霹靂」なのだ。

〈「相談なんてしませんよ」——。ＮＥＣの新社長・西垣浩司はそっけなく言った。相談しない相手は先輩の関本忠弘である。関本は二〇年近く社長・会長を務めた実力者で、経済団体連合会会長の椅子を目ざしたこともある大物財界人。その関本は相談役に退いていたが、〝ＮＥＣのドン〟に変わりなく、院政を敷いている——と世間の目には映っていた。

が、ＮＥＣの内部事情は一変していた。現役の社長が、お義理にも相談することは何もない、という。それなら相談役は単なる飾り物にすぎない。西垣の露骨な〝関本不要論〟は、長い歳月にわたりＮＥＣを支配してきた旧体制にたたきつけられた断固たる絶縁状であった。一九九九年三月に起きた有名な〝事件〟である。栄光に輝く先輩を、新米社長が緒戦で制圧できたことから、過去の〝しがらみ〟の崩壊が進み、ＮＥＣは二一世紀路線に勇躍、突き進んでいった〉（注8）

西垣浩司は1938（昭和13）年6月、東京都の生まれ。麻布中・高校時代、タッチフットボール（アメリカンフットボールと似ているが、背中にタッチすれば、タックルと見なす特別ルール）に熱中、全国制覇を果たした。東京大学経済学部に入学後、関東の大学で７つ目となるアメフト部を東大に創設した。

１９６１年４月、大学卒業後、ＮＥＣに入社した。

剛腕ぶりを示すエピソードがある。

１９８０年代前半のＮＥＣは、金融機関向けのコンピュータ事業で他社に立ち遅れていた。メーンバンクである住友銀行にさえ、納入実績がない。１９８３年、情報処理金融システム事業部長に就いた西垣は、住銀のシステム部門の責任者である副頭取を熊本の先端半導体工場に招待するなど、住銀にＮＥＣの総合力を見せつけ、とうとうＮＣＲ（日本エヌ・シー・アール、前身は日本ナショナル金銭登録機）から住銀の勘定システムを奪い取った。これで西垣の〝やり手〟という評価が社内外で定着した。

「関本vs.西垣戦争」勃発

社長に就いた西垣は剛腕ぶりを遺憾なく発揮する。ハードからソフトへの路線転換をおこない、関本が育てた事業を次々切り捨てていった。

お荷物となっていた米パソコン子会社、パッカードベルＮＥＣや家電子会社ＮＥＣホームエレクトロニクスの清算、カンパニー制と執行役員制度の導入、日立製作所とのＤＲＡＭ事業の統合など矢継ぎ早に手を打った。ＤＲＡＭは半導体記憶素子のひとつで、パソコンだけでなく携帯電話や家電製品にも多く使われている。かつて世界トップに君臨した半導体事業の分社化は、大英断であった。

これに怒った関本が、メディア上で西垣批判を繰り広げた。関本と西垣のあいだで戦争が勃発した。「関本vs.西垣戦争」である。

防衛庁への装備納入品をめぐる水増し事件で会長を退いた関本の処遇は、喉に刺さった小骨のような厄介な問題だった。経営陣には関本が取締役にとどまり、〝院政〟を敷いていることに、強い不快感があった。だから西垣は、あえて、関本の首に鈴をつける役を買って出たのだ。当然、西垣には、西垣なりの計算、いや、打算があった。

街宣車事件「NECは関本を解任せよ」

〈二〇〇〇（平成一二）年一月二七日。東京・港区芝のＮＥＣ本社前に数台の街宣車が現れた。拡声器で、「関本は社内極秘文書の漏洩を部下に指示し、事件屋グループが発行するゴロ新聞に事実無根の記事を書かせた。ＮＥＣは関本の解任を断行せよ」と叫んだ。

その後、二カ月にわたって、ＮＥＣ本社と関本の自宅前で、街宣活動を執拗に繰り広げた。

街宣活動をしたのは、群馬県前橋市に本拠を置く「全国労働者共闘会議（全労共）」（今井邦雄議長）。世評では、労働団体を標榜しているが、実態は債権回収業だといわれていた。

標的にしたのは、〝ＮＥＣのドン〟。一八年間にわたって社長、会長の座に君臨した関本忠弘・取締役相談役だった。

「街宣事件」がＮＥＣの暗部を浮かび上がらせる契機となった。

同年五月一二日に開いた取締役会で、六月の株主総会で関本が取締役を退任する人事案を全員一致で議決した。

その直前に、社長の西垣浩司が街宣事件の社内外への影響について指摘し、関本に取締役を辞めるよう申し入れた。最終的には日本興業銀行名誉顧問の中山素平ら財界長老が乗り出して、渋る関本に引導を渡した〉（注9）

関本が相談役に退いたことで「関本と西垣の確執」にピリオドが打たれたはずだった。だが、「自己顕示欲のかたまり」（ＮＥＣの元役員）といわれる関本は、簡単には引き下がらなかった。

かつての部下から引きずりおろされた関本は、反撃に転じた。雑誌などの媒体で西垣体制の批判をつづけた。

西垣はこれでブチ切れてしまった。２００２年12月３日の取締役会で、関本を解任したのである。

関本が解任を知ったのは、パリへの出張のために成田空港に向かう車中のこと。自動車電話で解任を告げられた。寝耳に水の電撃解任だった。

ところが関本は、「これで堂々と（西垣体制を）批判できる」と、逆に闘志を燃やした。

関本は、参ったとはいわなかった。

西垣が突然社長を辞任

街宣車が現れてから3年後の２００3年1月20日、社長の西垣浩司が代表権のある副会長に退き、専務の金杉明信が3月28日付で社長に就任する人事が発表された。

社内に衝撃が広がった。ＮＥＣの役員でさえ新聞の報道で知ったほどだったといわれている。

新社長の金杉が就任会見で、「発表当日の午後、九州出張から急遽帰った佐々木元会長から社長就任を要請された。正直戸惑っており、今後の経営方針については考える時間が必要」と困惑を露にした。

西垣が座る「代表権付き副会長」は、ＮＥＣの１００年の歴史で、わずか2人という特殊なポストだ。元相談役の中村兼三が１９９０年6月までつとめていたことがある。

関本は、さっそく、この人事に嚙みついた。

〈西垣浩司社長の辞任表明は、けじめをつけた形になっていない。相談役か顧問になるのが筋だろう。それが「代表取締役副会長」では、肩書が変わっただけ。世間が納得するだろうか。今回の人事では組織の序列が何ら変わっていない。

ＮＥＣの関連会社が、街宣活動をした団体に裏金を渡したとの報道もある。国税まで動いている事件だから、今後どう展開するのか。さらに事件が広がりを見せるようなことになれば、下手するとＮＥＣは吹っ飛ぶよ。

そんな厳しい状況だから、今回のような人事ではダメなんだ。西垣社長は、そこが分かっていない。

僕は１９９８年に防衛庁問題が起きた時、会長職を退くことで自ら腹を切った。男は引き際が大切。西垣社長はきれいに身を引かないと、もう組織はもたないだろうね〉（注10）

黒幕・四元義隆とＮＥＣ

西垣の唐突の退任をもたらしたのは、あの「街宣事件」だった。関本の辞任と根っこは同じだ。

関本は、西垣といっさい口を利かなくなったきっかけについて、こう語っている。

〈彼が平成11年3月に（社長に）就任する直前、歴代総理のご意見番といわれた四元義隆氏を紹介しようとしたところ、西垣君が会うのは嫌だと言って来た。なんでもＮＥＣの関連会社で産廃処理「シンシア」の中西雄三社長の忠告というのだよ。西垣君に言わせると、中西社長とは〝刎頸の友〟ということだが、この頃から彼とギクシャクするようになった。以来、彼は一度も僕の部屋に来たことがないよ。伝え聞くところによると、西垣君は僕の傍にいると自分のやりたいことができないということだ〉（注11）

四元義隆は、戦前の右翼団体・血盟団のメンバーとして有名だ。

１９３２（昭和７）年、井上準之助前蔵相、三井財閥の総帥、團琢磨三井合名理事長が相次いで暗殺されるという血盟団事件が起こる。血盟団は日蓮宗僧侶・井上日召を指導者とし、国家革新のため「一人一殺」を唱えていた。

四元義隆は東京帝国大学法学部時代、憲法学者・上杉慎吉の国家主義団体・七生社に加わっていたが、１９３０年に陽明学者・安岡正篤の国家主義的研究会・金鶏学院に入り、井上日召と知り合い、血盟団に参加。牧野伸顕内大臣を暗殺する予定だった。

四元は１９３４年に懲役15年の実刑判決を受けたが、１９４０年に恩赦で出獄した。政治家・近衛文麿、鈴木貫太郎の秘書として活躍した。

戦後の１９５５年、実業家でフィクサーの田中清玄の後を継いで、三幸建設工業の社長に就任した。田中は代表的な黒幕のひとりだ。右翼出身の人たちとは違って、戦前は非合法時代の日本共産党の中央委員長をつとめていた。獄中で天皇主義者に転向。敗戦直後の１９４５年12月21日、生物学御研究所接見室に招かれ、昭和天皇に拝謁した。

田中は、安保闘争のとき、全学連（全日本学生自治会総連合）に資金を提供した。インドネシアやアブダビから石油を輸入、油田開発に関わった。まさに黒幕と呼ぶにふさわしい幅広い活動ぶりだった。山口組三代目、田岡一雄とも親しかった。

四元と田中に共通していることは、元首相の岸信介と右翼の巨魁、児玉誉士夫を嫌ったことだ。四元は児玉を利権右翼と毛嫌いし、自身は「一匹狼の非利権右翼」と称した。政治家との付き合いも反岸の顔ぶれが多い。吉田茂、池田勇人、佐藤栄作、中曽根康弘、そして細川護熙まで、戦後の歴代首相の指南役として、その人物像は伝説に包まれている。

中曽根康弘は首相在任中、週末になると東京・谷中の全生庵で座禅を組んだが、これは四元義隆のアドバイスによるものだといわれている。

そんな黒幕が、ＮＥＣの新社長の品定めのため、食事に招待したわけだ。

関本は別のインタビューで、かなり具体的に語っている。ここでは四元という固有名詞ではなく、「長老」となっている。

〈西垣君が新社長に内定した１９９９年2月末のことです。歴代首相の御意見番だった長老から僕と新社長を3月1日に「小川軒」で食事に招待したいという話がありました。僕は何度か、その長老に会って知っていたので、その招待をお受けし、西垣君に話しました。

すると、2日前の2月27日（土曜）に西垣君から（私の）自宅に挨拶に行きたいと言ってきました。私は喜んでワインで社長就任の乾杯をしたのですが、彼は悩んでいる様子で、

「どうしても、あの長老と会わねばいけませんか」

と言うのです。僕は、

「尊敬できる方だから、会っておいたほうがいいよ」

と言ったのです。

ところが、翌28日（日曜）、また西垣君から「自宅に伺いたい」と電話があった。午後5時すぎに雨の中、西垣君はレインコート姿で現れました。

「金子尚志・前社長に言われて中西さんに相談したら、『その長老は暴力団と関係が深い。頼み事をするとカネがかかる。会わないほうがいい』と言われた。絶対会わない」

と話し、誘いをキャンセルしようとしたのです。僕は、

「そんな解説はウソだ。おかしなことを言うなあ」

と答えましたが、無理に連れていくわけにもいきません。もうこの段階では、西垣君が仮病をつかうしかなかった〉（注12）

四元と会うのを断ったことから、関本と西垣の関係は断絶した。

関本はこうも語っている。

〈平成12年の1月から2月にかけて、全労共がNEC本社前に4、5台の街宣車を繰り出してやって来たんだ。僕の自宅前にも〝NEC関本解任〟と書いたダンボール箱をまとった若者が徘徊(はいかい)していたよ。それで、昨年（引用者注：2001年）4月、全労共を名誉毀損(きそん)で訴えたのですが、今年（同：2002年）8月に東京地裁は被告側に300万円の支払いを命じる判決を下している〉（前出注11）

全労共が控訴(こうそ)しなかったことで判決は確定した。この街宣事件が、西垣の唐突な退任の原因になったのだから、運命の皮肉というほかはない。

裁判の過程で「街宣事件」の〝真相〟が明らかになった。

会社ゴロを使った代理抗争

全労共による街宣攻撃がはじまる前の1999年6月、NEC関連会社のシンシア（中西雄三社長、旧社名は高和(こうわ)）は産廃処分場建設計画を推進していた。福島県原町(はらまち)市（現・南相馬(みなみそうま)市）の産廃処理業者「原町共栄クリーン」（以下、クリーン社）を買収した。

ところが、シンシアが1億円で買い取った株式は偽造だった。クリーン社を舞台に暴力団、右翼、エセ同和とされる人々が、10年来の暗闘を繰り広げていたという。NECの子会社は、まともとは対極にある産廃業者を買収してしまったのだ。

クリーン社の産廃処分場建設にあたり、地元のとりまとめを依頼した先が全労共だった。全労共はクリーン社に対する債権回収を口実に、クリーン社を買収したシンシアに乗り込む。当初はシンシアを攻撃する側だったが、途中でシンシア側に寝返り、関本攻撃の街宣活動をはじめたという経緯が明らかになった。

訴訟に関連する記録には、街宣の背景に「NECの内紛」がからんでいたことが明記されていた。今井全労共議長は「関本氏と西垣氏の確執が街宣の発端だった」と陳述している。

クリーン社の偽造株券事件や中西シンシア社長と西垣ＮＥＣ社長の癒着を報じた『国会新報』（竹内陽一主宰）についても、「関本氏が西垣氏と中西氏を攻撃するため、中傷記事を掲載させたと判断した」とまで、今井は述べている。『国会新報』の背後には関本がいると判断したことが、街宣行動をはじめる動機だったことを示唆した。竹内は東京電力に深く喰い込んでいたことでも知られていた。

今井の調書によれば、関本攻撃の材料・情報は、ＮＥＣ専務の鈴木俊一から直接得ていたというのである。クリーン社からは地元対策費の名目で、1億２５００万円の裏金が全労共に提供されていた。その金の出どころは、ＮＥＣ社長の西垣と30年来の親友であるシンシア社長の中西。つまり、クリーン社を迂回して、西垣のカネが活動資金として全労共に渡っていたのである。

この事実が発覚してしまい、西垣は社長を退くしかなかった。

西垣陣営は全労共、関本は『国会新報』を使って、相手に攻撃を仕掛けた。内部抗争はヘドロのような悪臭をまき散らした。

立ち枯れのはじまり

壮絶な権力抗争は「喧嘩両成敗」で決着した。相談役を解任され晩節を汚した関本忠弘は、２００７年11月、脳梗塞のため80歳で亡くなった。

副会長を棚上げされた西垣浩司は、すぐに特別顧問に退き、２００８年退社した。２０１１年3月、自宅の階段手すりにシーツを巻いて首吊り自殺するという非業の最期を遂げた。72歳だった。自殺の原因はわかっていない。

かつて世界中でコンピュータ、半導体、通信機を製造・販売し、世界のエレクトロニクスメーカーに成長したＮＥＣは、いまや、見る影もなく凋落の一途をたどっている。

リストラにリストラを重ね、儲かる事業がほとんどなくなってしまった。

ポイント▼院政は人も活力も潰す

魚は頭から腐る。組織も頭から腐る。その最たるものが「院政」である。

社長を辞めると会長に就く。さらに、相談役、顧問として残り、隠然たる影響力を行使しつづける。院政の力の源泉は人事権である。人事権を掌握する者が圧倒的に強いのは、院政がはじまった平安時代から現代まで、まったく変わらない。

会長に就いて初めて人事権を手にし、「わが世の春」を実感する経営者は少なくない。社長時代に何もできなかった経営者は、「よし、やるぞ」と、がぜん張り切る。

会長が人事権を楯にあれこれ口出ししてくるから、組織を動かすトップである社長はうるさくて仕方がない。投資決断や合弁事業からの撤退のタイミングが遅れたりすることも、よく起こる。目先の利く社長は会長に財界活動というオモチャを与える。全社をあげて、会長を経団連の副会長にする猟官運動をやるのは当たり前。

現場を握る社長が前任者の方針を否定することによって、成功への端緒を開く。否定をバネに力をつけてくると、前任社長である会長と鋭く対立する。ＮＥＣの内紛の構図は、ズバリ、これだ。〝中興の祖〟小林宏治会長と、力をつけてきた関本忠弘社長の対立。関本が中興の祖を追い出して勝利した。歴史はくり返す。実力会長の関本忠弘と、関本路線を否定する社長の西垣浩司が激突した。今度は、関本が追い出された。

　小林と関本の社長時代の実績は申し分ない。だが、会長になって人事権を握り、あれこれ介入したことで、組織は混乱した。

　２人とも引き際を誤り、晩節を汚（けが）した。トップの座に一度でも登った人間が、いつまでも経営の第一線に残ると組織は分断される。

　院政がはびこる組織からは、前任者を超えるような社長が育つことも、イノベーションが生まれることも絶対にない。

第3章　三越伊勢丹――くり返される宿痾の社長解任劇

クーデターで解任された「ミスター百貨店」・大西洋

「ミスター百貨店」の異名をとった三越伊勢丹ホールディングス（ＨＤ）社長の大西洋が、クーデターによって解任された。後任人事など、何も決まっていないなかで、〝新聞辞令〟で大西洋の退任だけが進むという異常な〝社長解任劇〟となった。

２０１７年3月6日の朝、百貨店業界、さらには大手アパレルなど百貨店の有力得意先は、それこそ蜂の巣をつついたような大騒ぎになった。

日本経済新聞朝刊の1面に「大西社長が辞任へ」の記事が掲載されたからだ。

報道を受け、後任社長が未定だったにもかかわらず、大西の退任だけが発表された。午前11時、「代表取締役の異動について、明日の取締役会で決議する予定」という内容だった。社長交代についての異例の予告である。一方で、後任社長については「未定」とした。

名門企業のお家騒動である。翌7日午前、東京都新宿区の三越伊勢丹ＨＤの本社の前には、新聞・テレビ・雑誌などの報道陣が詰めかけた。

本社8階の役員会議室で、社長の大西洋、会長の石塚邦雄と、槍田松瑩（三井物産元社長・会長）、井田義則（いすゞ自動車元社長・会長）、永易克典（三菱UFJフィナンシャル・グループ元社長、東京三菱UFJ銀行元頭取）の3人の社外取締役が集まり、「指名報酬委員会」が開かれた。同委員会は取締役、執行役員などの人事と報酬に関して審議することになっている。

ここでようやく、次期社長に専務執行役員の杉江俊彦の昇格が決まった。

その後開かれた取締役会で、大西はみずから辞表を提出。石塚も6月末の株主総会をもって退任を表明。「指名報酬委員会」の答申どおり、杉江の社長昇格が承認された。

杉江が経営陣を前に、最初に発した言葉は、「まずは事業の多角化よりも本業の立て直しに力を入れたい」。大西の経営方針からの訣別宣言だった。

ところが、後任が決まったにもかかわらず、社長交代の記者会見は開かれなかった。通常は新旧社長が揃って会見するものだが、「新体制がととのい次第、会見する」として、3月7日には開かれなかった。

異常な社長交代劇の真相を追及されて、杉江新社長が立ち往生することを恐れたからだ。

3月13日、次期社長に内定した杉江がやっと会見した。会場には大西や石塚の姿はなく、たったひとりで経営方針を説明する場となった。

それほど、異例ずくめの〝社長解任劇〟だったのである。

労組・社外取締役も含めた社長解任包囲網

「日経ビジネス」（2017年7月10日号）は、「社長解任――誰がクーデターを起こすのか」を特集した。

そのなかで、大西洋の社長解任劇の舞台裏が語られている。

事態が動き出したのは2017年3月4日だったという。そのくだりを引用する。

〈3月4日、三越伊勢丹ホールディングス本社で開かれた経営会議。大西洋社長（当時）は、いつもと違う微妙な雰囲気を感じたに違いない。

関係者によると、会議では海外のある新規事業が話し合われた。大西氏が自ら主導して進めようとしてきた案件だったが、石塚邦雄会長（現・特別顧問）や杉江俊彦専務執行役員（現・社長）が、いつになく強く反対した。

社長を支える経営戦略本部長の立場にあった杉江氏は、公式の場で大西氏と対立することを避けてきたが、この日は、特に強い態度だったという。

それでも大西氏は直後に起こる「解任劇」は想像さえできなかったはずだ。

その後、石塚氏は大西氏を一室に呼び出した。「私も引くので、あなたも辞めてくれ」。石塚氏が差し出した紙は、あとは名前と日付を書くだけ。周到に用意された辞表だった。この場で大西氏は、労働組合のほか、主要取引銀行から送り込まれている社外取締役も含めて「社長解任」の包囲網ができていることを知ったのだろう。辞表に力なくサインするしかなかった。

関係者によると、大西氏は「今後出社しなくていい」と告げられたようだ。出社は続けたものの、3日後の7日朝に開かれた取締役会で3月末の退任が決議された。後任に決まったのは伊勢丹出身で大西氏の4年後輩の杉江氏だった〉（注1）

加えて、会長の石塚と社長の大西の〝処分〟には、明らかに違いが見られた。大西は三越伊勢丹にとどまらず、いわば永久追放である。一方、石塚は会長は退いたが、特別顧問として会社に残った。石塚は経団連の副会長に就いて1年目。対外活動をつづけるために肩書が必要という、あまり説得力のない理由でこうなった。

「大西と刺し違えの行動に出て、引導（いんどう）を渡したことで、〝罪一等〟を減ぜられた」（大西に近かった三越伊勢丹の若手幹部）といった冷ややかな空気が流れていた。

乱れ飛んだ怪文書

「日経ビジネス」はこうつづける。

〈では、このクーデター劇の起点はいつだったのか。こんな証言がある。

16年秋、取引銀行と会っていた三越伊勢丹幹部は先方からこんな質問を受けた。「ところで、杉江さんはクーデターを起こすんですか？」――。

あまりの唐突さに「そんなことはないでしょう」と返事するしかなかったが、その幹部は「あの頃からすでに準備が進んでいたのではないか」と振り返る〉（前出注1）

2016年夏、三越伊勢丹の関係先に、社長の大西洋を誹謗中傷する怪文書がばらまかれた。やがて、これをマスコミが知ることとなる。そこには、大西の人格や経営者としての資質を否定する文言が綴られていた。

〈「（大西氏が）皆の反対を許さず、強行した免税店、サロン等の中小型店、思い付きと外部の食い物になっている投資の数々、実績は計画の半分以下は当たり前。2割に満たないものも多い」

「経営そっちのけで大物ぶって売名行為に没頭する社長に周囲の幹部は口を閉ざしているが、社外役員の大物経営者達も眉をひそめているそうだ。内容のない自著の本を（会社の）経費で配ったときは、末端の販売員まであきれ返ってしまった」

「あまりの状況に社長自身、自分でもどうしていいか分からずに病院通い。部下は同情どころか早く倒れることを願っている」〉（注2）

怪文書は「解任しなければ、会社が潰れる」と結ばれていた。怪文書の常套手段である女性スキャンダルもちりばめられていた。

怪文書を報じた「週刊現代」は、三越伊勢丹関係者の話をこう伝えている。

〈社内に出回った怪文書の中に〈ハーレムのように秘書を増やし〉と、大西さんがさも女好きであるかのようなことが書かれています。

しかも、大西さんは15年、東京・赤坂に新たに億ションを買い、平日はそこで過ごしているという話も聞こえてくる。それで、『そこで新しい女性と暮らすつもりではないか』と噂されているのです〉（同注2）

半年のあいだに、こうした怪文書が複数飛び交い、取引銀行や社外取締役の自宅に頻繁に届けられた。三越伊勢丹の幹部が取引銀行から「クーデターがあるのですか」と訊ねられたのは、怪文書が乱舞していたからにほかならない。社外取締役たちの判断に、怪文書が少なからず影響を与えたことは確かだ。

2トップの更迭劇は、メーンバンクの三菱東京UFJ銀行（現・三菱UFJ銀行）の意向を強く反映したもの、と金融界では受け止められている。同行はお目付役として元頭取の永易克典を社外取締役に送り込んでいる。社外取締役たちも社内の混乱を避けるために、業績不振の責任を取って、会長と社長が退任し、新体制で構造改革を進めたほうがよいと判断した。

いったい、だれが社長の大西を追い落とすために怪文書を送りつづけたのか。

内容から見て、発信源は経営統合以降、抑え込まれて反発していた旧三越出身の一派と見られていた。一方で、「旧三越、旧伊勢丹といった出身に関係なく、三越と伊勢丹の現役役員と労働組合が反大西で手を組んだ」ともいわれている。「旧伊勢丹内部の権力抗争の産物」（全国紙の流通担当記者）という、うがった見立てもある。

反大西勢力と労組を組ませた爆弾発言

社長を解任された大西洋は、前出の「日経ビジネス」のインタビューで、３月４日に会長の石塚に辞任を迫られ、その日にみずから決断した理由について、こう語っている。

〈直接の理由は、昨年（引用者注：２０１６年）の11月８日の中間決算発表時における不用意な発言と、２０１９年３月期の目標として設定していた５００億円という営業利益を２年後ろ倒しにしたことです。それについては責任を感じていました〉（前出注１）

16年11月８日の中間決算発表会見の席上で、大西は経営目標として掲げてきた「営業利益５００億円」の達成時期を２年先送りすると表明した。理由として、訪日外国人客による「爆買い」効果の減速などを挙げた。この結果、２０１７年３月期の連結売上高は前期比２・６％減の１兆２５３４億円、営業利益は27・７％減の２３９億円、純利益は43・５％減の１４９億円と大幅な減収・減益の決算となると、見通しを下方修正した。

この会見で、大西は致命的なミスを犯す。「閉店も選択肢」とした改革案を説明するなかで、対象になりうる４つの店名を具体的に挙げてしまったのだ。広島三越、松山三越、伊勢丹松戸店、伊勢丹府中店について、売り場面積の縮小や他社との提携などを検討していることを明らかにした。

大西は取締役会で機関決定していない店名を、軽率にもしゃべってしまった。「閉店を検討している」と深刻に受け止めた現場は混乱し、取引先から「商品の納入をやめる」と連絡を受けた店舗もあったほどだ。こと、雇用がからむ問題である。組合からも強い不満が噴出した。

大西が「不用意な発言」としているのが、このときの記者会見でのやりとりである。役員のあいだでも大西への不信感が広がり、反大西がひとつの流れとなる転換点となった。

大西はこう弁明している。

〈自分が責任を持ってやるしかないということで、多少焦りがあっての発言でした。働く人たちにとってみると、また閉まるんじゃないかという不安を感じさせてしまった。三越千葉店の閉店の話が出た後だったことも大きい。そこは反省しています〉（同注1）

社内の調整を経ないままでの爆弾発言。「大西包囲網」が形成される原因となった。

反大西派にとってみれば、労せずして得点が転がり込むオウンゴールであった。社内の不満が一気に強まり、大西を解任する好機が訪れた。

２０１７年1月に開かれた経営陣と労働組合の経営懇話会。会長の石塚や社長の大西が参加する定期的な会合だが、このとき、労組から「報道によって現場が混乱しています」と厳しい声が上がった。

会長の石塚は労組の訴えに危機感を持ち、労働組合委員長の飯沼寿也に会談を申し込んだ。２人は膝詰めで話しあったという。労組と反大西の経営陣ががっちりスクラムを組んで、３月４日のクーデターが敢行された。

伊勢丹出身の大西に引導を渡したのが、三越出身の石塚だったため、「大西が解任されたのは三越出身者との確執」との見方が浮上したが、ことはそう単純ではなかった。

伊勢丹側も一枚岩ではなかった。伊勢丹出身者が多い経営陣のなかにも、反大西派は少なくなかった。

吸収合併後も残っていたボーナス格差

クーデター劇では、たしかに、労働組合が大きな役割を果たした。２００８年4月の経営統合、三越伊勢丹ＨＤが発足してから10年になるが、三越と伊勢丹の社風の違いや、待遇に大きな差が生じたことから、両者の溝は深まりこそすれ、「社内の融和」などとはまったく異なる社内の光景が随所に見られていた。

経営統合は伊勢丹が三越を救済するためだったため、旧伊勢丹出身者が優遇された。役員も旧伊勢丹出身者のほうが圧倒的に多い。

旧伊勢丹と旧三越の組合も統合して、2010年に三越伊勢丹グループ労働組合に一本化されたが、ご多分に漏れず、主導権争いが勃発。委員長ポストをめぐり水面下で激しい対立があったとされる。

2つの組合は性格を異にする。伊勢丹は管理職が、その立場のまま組合委員長をつとめたが、三越は組合員から委員長が出た。組合員数が多い伊勢丹側が主導権争いでも勝利した。当然のことだが、旧伊勢丹出身（の管理職）が労組委員長をつとめる。

待遇面では旧伊勢丹組の賞与と旧三越組で3～4倍の格差があった時期もある。

カネの恨みは恐ろしい。旧三越側は「同じ仕事をしているのに、なぜこんな差が出るのか」と不満を募らせていった。一方、旧伊勢丹側は「働かない三越に足を引っ張られている」と恨みを口にした。

2011年4月、三越と伊勢丹の百貨店事業を統合し、合併新会社として三越伊勢丹が誕生した。伊勢丹が三越を吸収合併するのであれば、給与や人事を伊勢丹方式に一本化しなければならない。だが、怠惰な経営陣は、そうはしなかった。

両社の出身者をボーナスで格差をつけた。これが社内の融和どころか、対立を深める結果を招いた。伊勢丹出身、三越出身という背番号をなくす手っ取り早い方法は、待遇面での格差を解消することだ。だが、経営陣はこうした地道な努力を怠ってきた。

賞与が同一基準で支払われるようになったのは、なんと2016年夏からである。

経営統合後、店舗の閉鎖も不採算な地方店を多く抱える旧三越ばかりつづいた。三越千葉店と三越多摩センター店（東京都多摩市）が2017年3月に閉店することが決まった。

そして2016年11月8日に開かれた中間決算発表の記者会見で、大西は「松戸、府中、松山、広島あたりは、収益の改善案を検討している」と、具体的な店名を挙げてリストラの可能性に言及した。このうち、松山と広島は三越の地方店だ。突然、リストラ対象店と公表されたわけだから、内部に大きな衝撃が走った。地方店の社員は、「次は自分の店が閉鎖になるのではないか」と、恐怖に駆られた。

このままでは社内が混乱し、組合の団結が保てないと判断した労組委員長の飯沼寿也は石塚と会談し、大西の辞任を要求したことは前に述べた。

皮肉を含めて書く。大西解任の最大の功労者は労組だった。大西の辞任決定直後の3月7日、労組は組合員に対して「新経営体制を全面的に支持する」とのコメントを発信した。

3月13日、次期社長に内定した杉江は最初の記者会見で、「大西社長のそばにいて、いちばん欠けていたのは対話だった。これからは対話を重視したい」と語った。この記者会見の直前に労組と話し合ったことを明かし、労組との協調をアピールした。

大手百貨店のなかで、独り負けがつづく三越伊勢丹にとって、不採算な地方店のリストラは避けて通れない。社内融和のため、労組との対話を掲げる杉江に、大胆なリストラが断行できるのか。早くも懸念(けねん)する声が出ている。

「伊勢丹メンズ館」の成功

最後は〝裸の王様〟となり、三越伊勢丹HDを石もて追われた大西洋は、伊勢丹では傍流(ぼうりゅう)を歩いてきた。

1955(昭和30)年、東京都生まれ。1979年に慶應義塾大学商学部を卒業し、伊勢丹に入社した。紳士服の販売から百貨店のキャリアをスタート。プロジェクト開発、店舗開発の担当となり、この間、海外勤務(マレーシア)を経験した。

大西といえば、2003年に開業した伊勢丹新宿本店メンズ館を大成功に導いた立て役者として知られている。紳士服第一営業部長の時代のことである。メンズ館は、リニューアル前は「男の新館」という名前だった。社内的な地位は低く、投資計画も婦人服、婦人雑貨、食品の順番で、紳士服にはなかなかチャンスが回ってこない。

「男の新館」はいろいろと挑戦をした。当時で年間、1万足前後しかつくられていなかった「エドワード・グリーン」という高級靴を試験的に販売したところ、1週間で100足のオーダーがあった。こうした大西の地道な努力を、社長の武藤信一（むとうのぶかず）が認めて、「男の新館」のリニューアルが決まった。

「男の新館」時代の伊勢丹は、買い物客の75％は女性客だったが、リモデル（改装）した「メンズ館」は、男性が商品を選ぶ店づくりを目指した。売り場はブランド間の壁をなくし、環境と空間づくりにこだわった。

メンズ館はゾーニング（売り場を用途別に区画すること）、ブランド構成、陳列方法において、これまでの百貨店にみられない斬新（ざんしん）なものだった。これが集客力を高め、増床（ぞうしょう）なしで売り上げを20％もアップさせるという、成功の要因となった。

「伊勢丹に大西あり」と、業界に、大西の名前が知れ渡ることになる。

大西を高く評価したのが武藤信一である。武藤なかりせば、大西が伊勢丹のトップに就くことはなかった。

経営統合の立て役者・武藤信一

武藤信一は1945（昭和20）年、東京都生まれ。1968年、慶應義塾大学経済学部を卒業し、伊勢丹に入社した。慶應時代は、ケガでプレーできなくなるまでラグビーに打ち込んだ。

伊勢丹では、長らく仕入れ部門を歩み、国内外のファッション関係者に幅広い人脈を築く。一流デザイナーとの交流も密だった。若い頃のエピソードが残っている。取引先との飲み比べでオールドパーを1本空けて勝ち、有利な条件で契約を勝ち取ったというのだ。

ビジネスマンは、どの上司に引き立てられるかで会社人生が決まる。

武藤は元社長、小柴和正（こしばかずまさ）の秘蔵っ子である。

小柴は１９３１（昭和６）年生まれ。早稲田大学商学部卒。創業家の小菅（こすげ）家出身者以外で初めて伊勢丹社長に就き、１９９３年から２００１年まで社長をつとめた（伊勢丹のクーデターについては後述する）。

武藤との関係は、小柴が商品担当課長時代にさかのぼる。小柴と武藤は二人三脚で歩んできた。２００１年、社長の小柴から「社長をやってくれ」と指名され、武藤は伊勢丹の社長に就任した。

武藤の最大の仕事は、三越との経営統合である。２００７年に売上高で業界4位の三越と業界5位の伊勢丹が経営統合を決定。業界トップに立った。

三越と伊勢丹の経営統合を仕掛けたのは、三越のメーンバンクの三井住友銀行だった。三越の業績悪化に業（ごう）を煮やした三井住友銀行が、三越に対して「伊勢丹と組んで再生すべきだ」と迫ったという。三越の伊勢丹への実質的な売却である。伊勢丹のメーンバンクである三菱東京ＵＦＪ銀行は、この統合を受け入れた。

統合交渉では、学閥がものを言った。三越会長の中村胤夫（なかむらたねお）は、武藤の慶應の先輩である。三越社長の石塚邦雄は、武藤が卒業した開成高校の後輩だった。中村は１９３６（昭和11）年生まれで、慶應義塾大学法学部卒。石塚は１９４９（昭和24）年生まれの東京大学法学部卒。２００６年に三越社長に就任した。

ファッションの伊勢丹と伝統の三越。企業風土はまるっきり異なる。統合交渉の過程では、三越の石塚が「やはり風土が違うので統合は難しい」と、伊勢丹の武藤に申し入れるなど、融和の難しさは、当初から予想されていた。

これに対して、武藤は「違いがあるからこそ、相乗効果が生まれる」と説得し、統合にこぎつけた。

三越側が統合に難色を示したのは、伊勢丹に飲み込まれることを恐れたからだ。統合比率は伊勢丹株1に対して三越株0・34。三越は伊勢丹の3分1の評価しかなかった。それでも、三越の経営陣はメーンバンク三井住友銀行の意向に逆らうことはできなかった。

業績から顧客層、業界の地位まで、どれをとっても、伊勢丹はずっと三越の後塵(こうじん)を拝してきた。「腐っても鯛」。百貨店の盟主、三越を買収することなど、かつての伊勢丹では考えられなかったことだった。

2008年4月1日、共同持ち株会社、三越伊勢丹ホールディングスが発足した。連結売上高は前年度ベースで1兆5860億円。名実ともに日本最大の百貨店連合が誕生した。統合発表後、マスコミはこぞって、こう書き立てた。

「伊勢丹が三越を吸収」

近代百貨店の祖、三越のプライドを傷つけないようにとの配慮から、社名は三越を先にして、三越伊勢丹とした。持ち株会社の初代社長には三越社長の石塚が就いた。あくまで対等の統合であることを印象づけようとした。「印象操作」の百貨店バージョンといっていい。

経営の主導権は伊勢丹が握った。CEO（最高経営責任者）、COO（最高執行責任者）体制を敷き、武藤はHDの会長兼CEOに就き、全権を掌握(しょうあく)した。石塚の肩書は社長だが、ナンバー2のCOOだった。

道半ばで実力者が急死

経営統合を実現させた武藤は、後継体制づくりに取りかかる。伊勢丹社長の任期は6年がひとつの節目だ。2001年、伊勢丹の社長に就任した武藤は、本来なら後継者を決める指名委員会をへて、07年にバトンタッチするはずだった。だが、その年、伊勢丹は三越との経営統合を発表。08年には正式に統合した。三越との統合で交代が遅れた。統合後の体制づくりをするため、武藤はHDの会長に専念して、事業会社の経営は後継者に任せることにした。

ポスト武藤として二橋千裕（現・東急百貨店会長）と中込俊彦（杉江体制になり三越伊勢丹取締役専務執行役員海外事業本部長に就任。それまでは岩田屋三越の社長）、中陽次（前・三越伊勢丹常務執行役員、現・エイボン・プロダクツ社長）、そして大西洋の4人を挙げていた。

武藤は、大西を統合の切り札として効果的に使うことに決めた。2008年3月に経営統合する三越の常務執行役員として送り込み、2009年6月、大西を三越から戻して伊勢丹社長に抜擢した。

大西の社長起用はサプライズだった。

「ファッションの伊勢丹の主流は婦人服部門。紳士服部門の大西氏のトップの目はないと見られていた。武藤さんは、百貨店不況を乗り切るために、大西氏の百貨店の常識にとらわれない突破力に賭けたということでしょう。大本命と目されていた婦人服部門を率いる二橋千裕氏は、提携先の東急百貨店社長に転出しました」（百貨店業界の首脳）

武藤が持ち株会社HD会長、大西が中核事業会社伊勢丹の社長として、三越との統合を実りのあるものにしようと汗を流した。

ところが、武藤が急逝したことで、経営統合の歯車が狂った。2009年頃から武藤は体調を崩して出社する日数が減り、2010年1月6日、三越伊勢丹HD会長のまま64歳で亡くなった。統合作業の途上だったことから、武藤の死は経営に大きな影を落とした。

共同統治という名の無責任体制

最高実力者を失ったことで社内は大混乱におちいった。後任人事が発表されたのは、武藤が亡くなってから8日後のことだった。

主導権争いは熾烈で、三越と伊勢丹の妥協が成立したことで、人事はなんとかまとまったというのが実態だった。三越が巻き返しに出たことはいうまでもない。武藤が全権を掌握していたＣＥＯ職を廃止し、共同統治体制に移行することを主張した。

その結果、ＨＤは伊勢丹出身の橋本幹雄が新たに会長になり、三越出身の石塚が社長を続投した。橋本は１９４５（昭和20）年生まれの慶應義塾大学卒。経理畑出身で、伊勢丹会長をつとめていた。

共同統治体制といえば聞こえがいいが、だれが主導権を握っているのか不明確な、いわば無責任体制である。対外的には、買収されたはずの三越の石塚がＨＤの社長として実権を握ったように映った。石塚政権の誕生とみる向きもあった。

妥協の産物である暫定体制の無責任さは、前に述べたボーナス格差に如実にあらわれている。

三越と伊勢丹の百貨店事業を統合する前に、伊勢丹の経営陣は三越側に（三越にとってみれば）不利な条件を飲ませておかなければならなかった。これが経営のセオリーである。これをしっかりやっておけば、三越側社員が不満をずっといいつづける根拠は失われたはずだ。

ところが、経営トップが腹をくくって取り組むべき力仕事をやらなかった。武藤信一なら、断行しただろうといわれている。だが、共同統治体制のもとでは、三越側の恨みを買うような力仕事をやる（伊勢丹側の）トップは存在しなかった。

伊勢丹が実質的に買収した統合である以上、伊勢丹のルールにしたがい、営業に精通した人物がトップになる体制が必要不可欠だった。ところが、最高実力者の急逝という非常事態のため、三越の石塚がＨＤ社長を続投した。石塚が出身母体の三越側に荒療治を迫る決断など、最初からできるわけがなかった。

こんなこともあった。２０１１年5月、ＪＲ大阪駅の駅ビルにＪＲ大阪三越伊勢丹百貨店が出店した。この店舗は、もともと三越が２００５年に閉店した大阪・北浜にあった旧大阪店の後継店舗として出店を決めていたものだ。

　経営統合で主導権を握った伊勢丹は、関東と関西では小売りの風土が違うと懸念しており、「大阪から撤退すべきだ」というのがホンネだった。だが融和を優先して、三越に配慮して出店を容認してしまった。忖度の百貨店版といえよう。

　三越出身の石塚にとって、一度撤退した大阪への再出店は悲願だった。ところが、迎え撃つ阪急阪神百貨店、大丸、高島屋の関西百貨店連合に、闘う前に自滅していたのである。

「失敗の原因は、東京流の売り方が、大阪では受け入れられなかったためといわれているが、それだけではない。関西の百貨店連合が、高級ブランドのテナントに、三越伊勢丹への出店を控えるよう求めたことが大きかった。高島屋が新宿に出店したとき、伊勢丹から徹底的にやられたことを、もっと強烈にやり返した。新宿の仇を梅田で討ったわけです」（百貨店業界の首脳）

　開店からわずか4年後の２０１５年、ＪＲ大阪三越伊勢丹は百貨店の看板を下ろした。石塚にとって進退を賭した大勝負だったはずである。そして、その勝負に敗れた。２０１２年、三越伊勢丹ＨＤの社長の椅子を追われて、会長に祭り上げられることとなる。

営業系・大西と管理部門・高田の対立

伊勢丹側はＨＤの会長に経理畑の橋本幹雄を、ナンバー2として専務執行役員の高田信哉を送り込んだ。高田は１９５１（昭和26）年生まれで慶應義塾大学卒。橋本幹雄の後輩だ。

　伊勢丹には営業系と管理畑の2大派閥がある。店舗で顧客や取引先・ブランド関係者と接する営業系と、本社で店舗の売り上げやコストに目を光らせながら株主や銀行との交渉窓口をつとめる管理部門が対立する構図がつづいていた。

営業と管理部門が水と油なのは、どの企業でも見られることで、格別、珍しいことではない。伊勢丹は、営業系をトップに据えるのが慣例で、管理部門の出身者は裏方として支える役回りだったが、これが崩れた。

経営企画畑の高田がＨＤの経営戦略本部長に就き、中核事業会社である伊勢丹社長の大西洋を監督する立場となった。大西は営業系の輝ける星であった。

高田は北海道の百貨店、丸井今井の再建で手腕を発揮した実力者だ。三越と伊勢丹はともに慶應閥が幅を利かせているが、伊勢丹はもともと体育会色が強い。武藤信一はラクビーに明け暮れ、高田は柔道部の猛者だった。社内人脈も広く、武藤亡き後は、〝陰の実力者〟と呼ばれていた。

一方、大西は年も若く、傍流の紳士服出身のため、主流の婦人服部門に基盤があるわけがなかった。

「日経ビジネス」は、大西と高田の確執をこう伝えている。

〈09年に事業会社・伊勢丹の社長となった大西氏。間もなく対立が鮮明になるのが、持ち株会社で管理系を代表していた高田信哉氏だ。

店舗改装など積極的な投資を主張する大西氏と、それを抑えようとする高田・経営戦略本部長との対立は、当時を知る関係者にとって日常的な光景だったという。

大西氏が社長に就く際も、「高田氏は最後まで反対していた」（三越伊勢丹の元幹部）。この争いも高田氏が監査役に退いたことで決着したとみられているが、社内の誰もが一目を置く実力者である高田氏は、現役の経営陣にも影響力を残していたとされる〉（前出注1）

武藤が亡くなった後の新体制の待ったなしの大仕事は、三越と伊勢丹の百貨店事業の統合だった。２０１１年４月、合併新会社として三越伊勢丹が発足した。伊勢丹社長の大西が、三越伊勢丹の初代社長に就いた。

三越出身の石塚が、悲願としていた大阪への再挑戦で惨敗(ざんぱい)を喫(きっ)し、三越伊勢丹HD社長の座を追われた。2012年2月、石塚は会長に祭り上げられ、社長に三越伊勢丹社長の大西が就いた。大西がHDと事業会社のトップを兼務することになる。これで営業系による本格政権が誕生するはずだった。

HDの伊勢丹側の布陣が、管理部門から営業系の本格的な長期政権体制へ移行したことにともない、大西の〝天敵〟高田は常勤監査役に退いた。

高田の後任として、12年6月に常務執行役員経営戦略本部長になったのが杉江俊彦である。

杉江は1961（昭和36）年生まれで、慶應義塾大学法学部卒。食器などを扱うリビング部門からスタートした。企画畑が長く、食品フロアの転換を成功させたことで知られている。

客観的に見れば、杉江は管理畑の高田の後継者なのである。杉江は数値管理を重視する理論派で、営業現場やアパレルなどの取引先での知名度は低かった。今回のクーデターで杉江がHD社長に就任すると決まった際は、「杉江Ｗｈｏ!?」と叫んだ有力アパレルの会長がいたほどだ。


大西洋は名門百貨店・三越伊勢丹グループを率いるトップになった。だが、武藤信一という実力者の後ろ盾を失った大西は、徐々に孤立無援の状態に追いやられる。

武藤から事業会社の社長になるよう指名を受けたときのことを、大西は「日経ビジネス」誌上で、こう述懐している。

〈8年前（引用者注：2009年）の6月ごろです。武藤に呼ばれて、社長をやってくれと就任1週間前に言われた。社内外でも私が社長になると思っていた人は皆無だったと思います。会議室で3時間半、1対1で話しました。ほとんど武藤がしゃべっていました。そのとき初めて武藤の思いや、当時、武藤をむしばんでいた病気のことなど、本音で話してもらったと思っています。あの３時間半が私の原点です。

武藤自身も、当時の私にすでに社長の力があると思って指名したわけではないと思います。武藤自身がまだ持ち株会社などに残りながらと思っていたはずでしょう。武藤はその後、夏に病院に入り、残念ながら翌年の初めに亡くなりました〉（同注１）

社長を解任された大西は、「指名してもらった武藤には、志半ばで結果が出せなかったということについて申し訳ない」と思い、「お墓へ行って報告してきた」と語っている。

完全に一人立ちする前に、武藤が亡くなり、非力（と自覚し）ながら経営に立ち向かわざるを得なくなり、そして潰えた大西の無念さが、この発言には滲み出ている。

管理部門・杉江がクーデターで社長就任

三越伊勢丹ＨＤのトップには、三越、そして伊勢丹の営業系と管理部門という、方向性から考え方まで異なる３つの派閥を束ねる能力が求められる。武藤には、それができた。武藤は管理部門の実力者だった高田をうまく使った。しかし、大西は高田の、いわば後継者である杉江を使いこなすことができなかったばかりか、最終的には反逆される憂き目に遭う。

もともと武藤から引き立てられてトップに昇り詰めたため、大西は、腹心を身近に置いて体制を固める道を選ばなかった。選べなかった。取締役と執行役員の多くは〝武藤人事〟のままだった。

これではいけないと悟った大西は、〝自前〟の役員を起用することにした。管理部門の実力者、高田は２０１６年に常任監査役を退いている。〝自前〟の体制をつくるには、高田の後継者である杉江俊彦を更迭して、腹心を経営戦略本部長に据えることが急務だった。

「日経ビジネス」をもう一度、引く。

〈大西氏が事実上解任された3月4日は、もともと経営幹部人事の内示が予定されていたが、大西氏に知らされないまま突然キャンセルされた。クーデターの「前兆」といえる。人事案は大西氏が主導して作ったものだった。これが実現していれば、杉江氏は要職である経営戦略本部長を退くことになっていたのだ。

だが、その杉江氏が、大西氏の失脚後、一転して社長に昇格するという「逆転劇」が起こった。大西氏の解任は、社内外の様々な力が合流したことで実現したのは確かだが、社外からは目立たぬ存在だった杉江氏が今回の政変の主役だったことは間違いない〉（前出注1）

伊勢丹側の管理部門と営業の権力闘争が、ここで再度、繰り広げられたということだ。

前出の「週刊現代」は、大西洋の怪文書を撒いた〝犯人〟に関して、大西の知人の見方を伝えている。

〈怪文書には、ある大物OBの関与があったと、大西さんは考えているようです。そのOBと大西さんはかつて上司と部下の関係で、大西さんはかなり絞られた。大西さんはその恨みがあったのか、大西政権時代には、そのOBは要職から外され、そのまま退職となった。二人の間には遺恨がありました〉（前出注2）

その大物OBの実名は「週刊現代」では書かれていない。

「日経ビジネス」はもっと踏み込んでいる。

〈元幹部は「一連の騒動の後、結局は高田氏などの望むような体制になったのではないか」と証言する〉（前出注1）

杉江俊彦新社長の背後に、実力者の高田信哉が控える〝管理部門政権〟という実像が浮かび上がってくる。

粛清人事で新宿本店長もクビ

勝てば官軍、負ければ賊軍。

政権奪取後、大西派に対する粛清の嵐が吹き荒れた。大西派の２人の役員、伊勢丹新宿本店長の鷹野正明と情報戦略本部長の中村守孝が粛清人事によって役員をクビになり、２０１７年３月末で会社を去った。

鷹野は、大西が伊勢丹立川店の店長時代につくった資料を、〝バイブル〟として全部持つという、大西の側近ナンバーワン。そんな人物が、三越伊勢丹の稼ぎ頭である伊勢丹新宿本店の店長であることを、反大西派は許せなかったのだろう。伊勢丹新宿本店は売上高日本一の百貨店である。新宿本店の店長は、百貨店人なら一度はやってみたい花形ポストなのだ。

会長の石塚邦雄の後任には、三越出身の赤松憲が就いた。

１９５２（昭和27）年の生まれで慶應義塾大学経済学部卒。１９７５年に三越入社。おもに業務・管理畑を歩み、伊勢丹と統合した２００８年に三越取締役に就任。２０１６年に退任し、台湾の子会社、新光三越の副会長に転じていた。石塚が会長を退任するのにともない、三越側の代表としてＨＤ会長に就いた。すでに第一線から退いているかたちの人物だったが、石塚にとって使い勝手がよかったのだろう。突然、ＨＤの会長として舞い戻ってきた。

社外取締役が求めているのは「社長への権限の一本化」である。共同統治という無責任体制の弊害を改め、経営責任を明確化することだ。そのため、石塚の後任会長を置くことはないと見られていた。だが、蓋を開けてみたら、三越出身者への禅譲だった。

新政権への期待は、急速に萎んでいった。

三越伊勢丹を去った前社長の大西洋は、２０１８年６月、日本空港ビルデングの副社長に就任した。日本空港ビルデングが新規事業を目的に設立する子会社、羽田未来総合研究所の社長も兼務する。大西は２

017年から日本空港ビルデングの特別顧問をつとめていた。

35年前のクーデター、三越・岡田解任事件

三越伊勢丹の社長解任劇は、いまにはじまったことではない。三越と伊勢丹とも、クーデターの歴史がある。

有名なのは、1982（昭和57）年の三越の「岡田解任事件」だ。

拙著『日本企業モラルハザード史』で三越社長の岡田茂（おかだしげる）解任事件を書いているので、冒頭部分を引用する。

〈三越の取締役会は八二（昭和五十七）年九月二十二日午前十一時から、東京・日本橋の本店で十七人の取締役全員が出席して開かれた。

取締役会は緊迫した雰囲気の中、いつもながらのペースで表面上は淡々と進んだ。議長の社長・岡田茂は、五十七年度中間決算（三―八月期）の業績報告、商法改正に伴う取締役規程改定の件、上半期社員賞与の件など五件をこなした。

そして、かたわらの専務の杉田忠義を見やって、無造作に指示した。

「六番目のその他の件は君から説明したまえ」

事務的な事項は社長に代わって、岡田の〝忠犬〟とまでいわれた杉田が報告するのは、いつもの手順だった。

起立した杉田は緊張した表情で発言した。

「岡田社長の社長と代表取締役の解任を提案いたします。賛成の方はご起立して下さい」

子飼いと信じ切っていた杉田の造反に愕然（がくぜん）として言葉を失った岡田を尻目（しりめ）に、十三人の取締役が一斉

に立ち上がった。

宮崎喜三郎、伊藤義雄取締役は座っていた。それを見て、社外重役の小山五郎・三井銀行相談役（当時）が一喝した。

「君達、何をしているのか！」

二人は左右を見ながら渋々立ち上がった。

「お前までもか」

岡田は二人を睨みつけた。

「君はもう社長じゃない」

すかさず、小山が切り返した。

「ウウ……」。岡田はうなった。その直後に、顔面蒼白になった岡田は語気強く反問した。

「なぜだ!!」

杉田は容赦ない言葉を浴びせた。

「理由を申し上げる必要はありません。これで取締役会は閉会します」

午前十一時三十五分、杉田は閉会を宣言した。

十六対ゼロ。

十年間、三越を支配してきたワンマン社長の岡田が一瞬にして奈落の底に突き落とされた〝クーデター事件〟の顛末だ〉（注3）

三越の〝天皇〟と呼ばれた岡田が発した「なぜだ！」は、この年の流行語となった。

秘密警察、女帝が跋扈する恐怖政治

ベランメエ口調で、十八番の歌は「網走番外地」。

岡田茂は越後屋呉服店以来、300年の伝統を誇る老舗百貨店・三越では、まったく異色の存在だった。

1914（大正3）年生まれ。父親は三越とは関係の深い商業デザインの草分けである岡田三郎助。慶應義塾大学文学部を卒業して三越に入社。宣伝畑が長く、アイデアマンとして鳴らした。

岡田が脚光を浴びるのは1968年の東京・銀座店長時代である。

三越にとって画期的ともいえるヌード写真展の開催や案内嬢の制服に超ミニスカートを採用するなどのアイデアが、ことごとく当たった。ヤング路線を定着させ、売り上げを増やした。

岡田路線は、大丸を抜いて、百貨店売り上げ日本一に直結した。

1972年4月、岡田は57歳の若さで社長に就任した。健康を害して会長に退くことになった社長の松田伊三雄は、正統派の常務・坂倉芳明（のちに西武百貨店社長をへて三越社長に返り咲く）か、それとも異色の岡田か、の後継者の人選に迷った末に、岡田のバイタリティに賭けたといわれている。

社長に就任した岡田は人事権を掌握すると、恐怖政治を敷いた。岡田に嫌われた常務が平取締役に降格されるといった役員人事は珍しくなかった。反岡田の動向に目を光らせる取締役の宮崎喜三郎は岡田のゲーペーウー（秘密警察）として恐れられた。

こうした動きに反発して、ライバルの坂倉が西武百貨店に去ったのをはじめ、西武百貨店、西友、東武百貨店、ダイエーなど同業他社へ脱走した幹部は数十人にのぼった。

極めつきは、愛人、竹久みちとの公私混同だった。竹久の会社であるアクセサリー輸入会社、オリエント交易などのために多大の便宜をはかった。竹久は三越の人事にも介入するようになり、三越の「女帝」と恐れられた。

「女帝」の存在が世間に知れ渡ったのは、１９８２年８月10日に発表された「文藝春秋」９月号からだった。大下英治の「女帝・竹久みちの野望と金脈」である。この記事が反響を呼び、岡田の解任を後押しした。ある社員は、竹久が三越を荒稼ぎの場としていたさまを、こう証言している。

〈「われわれ社員は、彼女のことを、彼女の前ではセンセイと呼んでいます。万が一、センセイの機嫌を損じると、即左遷ですからね。面接ではセンセイが気に入るように、つい多めの数字を提出してしまう。輸入しても捌けもしないアクセサリーも、あとのことを考えないでどんどん輸入するように言うんです。センセイは、目を細めて喜びます。それでも欲が深いのか、こちらが多めのつもりなのに、『まだまだ意欲が足りないようね』とからんでくる。すると、そばから側近グループが『もっと増やすように』とはっぱをかける。それから実際にフランス、イタリア、イギリス、ドイツ、香港と全世界に買い付けに行くわけですが、予定額より少なく買ってこようものなら、センセイは怒り狂う。例によって岡田社長に言いつけ、仙台あたりの支店に飛ばされかねません。したがって、また予定額を超えて買い付けてしまう。あとで在庫の山になることを考えると、空恐ろしくなってしまいます」〉（注４）

「女帝」の跋扈にニセ秘宝展が追い打ちをかけた。同年８月29日、本店で開催していた「古代ペルシャ秘宝展」（開催期間は24日～30日）に出品された展示即売品がニセ物ばかり、と新聞報道で判明したため、社会的批判が高まり、イメージダウンから売り上げが激減した。

水面下の多数派工作と切り崩し

大揺れの三越では、反岡田派役員の工作が水面下ではじまった。中心人物は代表権を持つ３人の取締役のうち、常務の藤井正道だった。

〈ニセ秘宝展が報道される前、藤井は同じ常務の斉藤親平を伴って、社外重役の小山の許を訪れた。

「このままではうちの会社は潰れそうだ。助けてほしい。私は最後まで岡田派である素振りをするが、そのつもりで私を信じてほしい。もし、岡田退陣が実現したら、社長になってほしい」

藤井の社長就任の要請に対して小山は「それはできない」と断った。

ニセ秘宝展のスキャンダルが表に出た後、今度は専務の杉田忠義が小山を訪れた。

「今度という今度は腹を据えてやってきた。小山さんの側に立って動くから、受け入れてほしい」

岡田の忠臣、杉田の懇願（こんがん）を聞いた小山は「分かった。君をもう一度信じよう」と言った。

退陣勧告という形で最初に岡田の首に鈴をつけたのは小山だった。三越は三井グループの中核をなす会社である。不祥事をこのまま見過ごすわけにはいかなかった。

九月七日、小山は岡田のもとを訪れた。ニセ秘宝展での三越の対応のまずさや、社会的責任感の欠如を感じ、改めて忠告におもむいたのだ。

自発的な辞任を期待した小山に、岡田はベランメエ口調ではねつけた。

「余計な口を出すな。テメエなんか、こわくもないぞ」

小山はもはや取締役会で退任を迫るしかないとハラを固めた。三井グループ二十四社の社長会「二木会」は岡田の社長退陣を求める声明を発表し小山を支援した〉（前出注3）

水面下では、岡田直系とみられる役員を除いて、親岡田派の切り崩しを進めていた。しかし、表立った多数派工作はしなかった。岡田が社内に張りめぐらせていた情報網を恐れたからだ。これまでにもクーデターの計画が練（ね）られながら、それが事前に岡田に漏れ、叩き潰された苦い経験があるからだ。

一方、岡田も小山が社長解任を求める緊急動議を出すことを想定して、多数派工作を進めた。

岡田の締めつけに、反岡田派の役員は面従腹背（めんじゅうふくはい）よろしく、岡田に忠誠を尽くすよう装った。岡田は過半数を握れると票読みした。しかし、頼みとする専務の杉田や岡田が抜擢した若手のホープの藤井が反岡田派に寝返っていたとは気づかなかった。

反岡田派と連携していた小山にも、過半数を制することができるかどうかは読めなかった。「性根のある何人かは僕の言動に奮い立つだろう。僕だけだったらダメだね。三越を見捨てざるを得ない」と9月21日夜、自宅前に詰めかけた記者たちに、小山はこう心境を吐露している。

〈その夜、岡田は三越の社内に泊まり込んだ。

そして、翌二十二日の早朝、小山など社外重役を除く全員を招集した。そして、三、四回取締役会のリハーサルをした。その時は、専務の杉田以下、岡田の指示通りおとなしく動いた。岡田は社内重役を率いて取締役会に臨んだ。

しかし、リハーサルの甲斐なく、満場一致で解任された。

ワンマン社長、岡田は文字通り「裸の王様」だったのである〉（前出注3）

「もう書かないでくれ。私がクビになる‼」

初めて公にすることだが、三越の〝岡田天皇〟の解任劇を筆者は間近で見聞きしていた。当時、日本経済新聞の証券部記者だった筆者は、百貨店業界を担当していた。

自慢めいた話になるが、三越の商品在庫が、オリエント交易がらみで異常に膨らんでいることを最初に告発したのが筆者だった。「会社研究」という、当時あった大きなコラムで取り上げた。

反響はすさまじかった。いちばん反応したのは〝岡田天皇〟の統治下にあった三越である。

記事に対するバッシングの意味なのだろう。三越は日経への広告出稿を3ヵ月間（だったと記憶する）停止する、と通告してきた。

日経の広告局は大あわてだったが、当時の証券部長は鈴木隆。アフリカ・ウガンダの第3代大統領で1

970年代に独裁者となったイディ・アミン・ダダにちなんで〝アミン〟と呼ばれた、こちらも強烈な個性を持った新聞記者（経済部出身）だった。

鈴木は三越の広告出稿停止措置に猛反発し、「もっと書け」との指示を筆者に出した。在庫の急膨張がなぜ起こったのかに焦点を当てた記事を連続して書いた。

すると、ある晩、夜の11時頃だった。経理担当役員として筆者の取材を何度も受けていた常務の藤井正道が、泣きながら電話をしてきた。

「もう書かないでくれ。（これ以上書かれたら）私がクビになる!!」と泣きじゃくった。

社長の岡田から激しく叱責されたのだろう。

三越の〝岡田天皇〟の独裁ぶりに、数字という武器を使って切り込んだ、最初の経済ジャーナリストが筆者だった。残念ながら、このときの記事は手元に残っていない。

広報担当の責任者のTと筆者は親しくしていた。Tは業界の有名人。その後、映画会社に転職し、漫画の主人公になり、それが、その会社で映画化されたりした。もう亡くなったが、ずっと良好な関係にあった。

財界慶應閥の源流

岡田解任のクーデター事件では、慶應閥の先輩・後輩の固い絆が組織を硬直させ、ワンマンを生みやすい体質をつくったと指摘された。そのため、慶應閥の解体が必要と力説されたが、三越は岡田以降も、歴代社長は慶應出身者の回り持ち。慶應閥は温存された。

慶應学閥の祖は福澤諭吉の甥の中上川彦次郎である。慶應で学んだ中上川は、福澤に学資を出してもらい英国に留学。ロンドンで工部卿・井上馨の知己を得る。

その井上馨が、中上川を三井にスカウトした。西郷隆盛から「三井の番頭さん」と揶揄されるほど、三井とのつながりが深かった井上は、人を見いだす才があった。

中上川を三菱が出資する山陽鉄道から引き抜き、三井銀行の再建を託した。１８９１（明治24）年に37歳の若さで三井銀行理事に就任した中上川は実権を握り、三井改革に辣腕を振るった。

中上川は、政府の御用商人であった三井の企業形態を工業中心へと、大きく転換をはかった。そして、鐘淵紡績（のちのカネボウ）、芝浦製作所（のちの東芝）、富岡製糸所、王子製紙を次々と手中におさめた。

しかし、工業部門は不振をきわめた。三井家から中上川批判が起こり、後ろ盾となっていた井上も中上川の性急な工業化に不満を募らせていたため、中上川は急速に発言力を失っていった。１９０１（明治34）年、失脚同然の境遇のなか、47歳で世を去った。

工業化路線は志半ばで挫折したが、中上川の最大の功績は、若い人材を積極的に登用したことだ。子飼いの奉公人が中心だった経営体制を刷新した。１８９１年から96年までのあいだに彼が採用した20人のうち19人が、福澤門下の慶應義塾出身者であった。

瀕死の王子製紙を日本一の大会社によみがえらせた製紙王の藤原銀次郎、藤山コンツェルンを率いた砂糖王の藤山雷太、鐘紡王国の武藤山治、阪急・東宝の創業者の小林一三、三井財閥の総帥となる三井銀行の池田成彬、近代百貨店三越の祖である日比翁助……。いずれも明治後期から大正、昭和初期にかけて活躍する大実業家を、中上川は三井銀行に次々と採用した。

これが三井に慶應閥が生まれるきっかけになった。中上川のライバルで、三井物産を創業した益田孝は、のちのちまで、これを「中上川の慶應閥偏重だ」と指弾し、嫌悪した。

慶應閥がたらい回しにした三越社長のポスト

なかでも、慶應閥という言葉は三越からはじまるといわれるほどで、三越は慶應出身者が多かった。

その原因は三越の生い立ちにさかのぼる——。

三井の発祥は、江戸時代の１６７３（延宝（えんぽう）１）年に三井高利（みついたかとし）が呉服店として営業をはじめた越後屋呉服店である。維新の激動で、得意先であった武家が没落し、越後屋呉服店の業績が悪化。中上川が三井呉服店の再建のために副支配人として日比翁助を送り込んだ。

しかし、呉服店は三井家のお荷物となり、三井呉服店（１８９３年に越後屋呉服店から改名）を切り離すことになった。

１９０４（明治37）年、三井家が出資している合名会社三井呉服店が解散し、株式会社三越呉服店が設立された。三井の「三」と越後屋の「越」をとって三越と命名した。

１９２８（昭和３）年に三越と社名を変更したが、三井家は出資に加わらず、役員も出さなかった。新会社には日比翁助、朝吹英二（あさぶきえいじ）、高橋義雄、池田成彬ら、中上川によって採用された慶應ＯＢの三井銀行関係者が出資した。専務に日比翁助が就任した。三越に社長職はなく、専務が実質的な社長であった。

「米国に行はるるデパートメントストアの一部を実現可致候（いたすべく）事」

１９０５年1月、三越呉服店は主要新聞に1ページの広告を掲載し、日本初のデパートメントストアを宣言した。わが国の百貨店の歴史は、ここからはじまる。

日比翁助は、それまでの座売り方式から陳列方式に変えた。経理も大福帳から複式簿記に変更した。日本初のエスカレーターの設置、「今日は帝劇、明日は三越」にみられるような巧みな広告と販売促進によって、三越は新興の金持ちの顧客を呼び込むことに成功した。日比は、日本における近代百貨店の祖となった。

当時、呉服店は丁稚奉公の小僧を多数雇用していたが、日比は慶應出身の高等教育を受けた新人を積極的に採用した。慶應義塾出身者の出資で設立された三越は、役員、社員までオール慶應で固めたのだから、社内に慶應閥が形成されないほうがおかしかった。

慶應閥の弊害がもろに出たのが、岡田茂解任の「クーデター事件」である。これは、つまるところ、慶應閥の正統派と異端児（岡田茂）の権力闘争であった。慶應閥が自壊作用を起こしたのだ。

これ以降、三越の経営はおかしくなっていく。

三越を蝕む慶應閥の解体が唱えられたが、慶應閥内での政権のたらい回しはつづいた。焼け跡から復活を果たし、〝中興の祖〟といわれた岩瀬英一郎をはじめ、松田伊三雄、岡田茂、市原晃、坂倉芳明、津田尚二、井上和雄、中村胤夫まで歴代社長はすべて慶應出身者だった。

三越が脱慶應閥に一歩踏み出したのは２００５年５月。株主総会で石塚邦雄が社長に就任した。石塚は東京大学法学部卒。慶應以外の出身者が三越の社長になるのは、三越１００年の歴史で初めてのことだと話題になった。

石塚が三越呉服店からはじまる三越の歴史の幕引きをした。三越の伊勢丹への実質的な身売りである。背中を押したのは、メーンバンクの三井住友銀行。前身の三井銀行の首脳は、岡田解任を主導した。三井住友銀行は三越との縁を切った。伊勢丹に買収された三越は、一転して三菱グループに組み込まれた。

創業家・小菅家による伊勢丹支配

伊勢丹の社長交代は、三越のようにドラマチックではなかった。

１９９３年5月10日、創業家の4代目である社長の小菅国安は、突然、社長を辞任した。辞任といっても実質的には解任だった。創業以来１０７年に及ぶ小菅家による伊勢丹支配は終止符を打った。

小菅国安は１９４５（昭和20）年生まれ。慶應義塾大学経済学部を卒業後、米国のデニソン大学、シラキュース大の大学院に留学。卒業後、三菱銀行に入行した。同行に7年間勤務した後、１９７９年、伊勢丹に取締役として入社。１９８４年に父親の先代小菅丹治が亡くなると、入社5年後に38歳で、3代目社長に就任した。

伊勢丹当主（社長）は代々、小菅丹治を名乗る。3代目当主の丹治は１９６０年に伊勢丹の2代目社長に就任後、ファッションに強い伊勢丹の基礎をつくったが、保守的で冒険を嫌った。

国安の経営者としての第一歩は「いまある伊勢丹のすべてを否定する」ことからはじまった。

小菅語録はすこぶる威勢がいい。

拙著『創業家物語』から引用する。

〈「一〇年後は本店だってどうなっているかわからない。だから、こんな坪一億円もするところでチマチマとしたことをやっていてどうなりますか。もっと世界に目を向けて、ドカーンと四国ぐらいの土地を買って思い切ったことをやるべきですよ」

「いい伝統は残しながら悪いところは変えていく、と言うが、それではダメなんです。百パーセント変えるんだ。すべて壊す」

まるで小泉純一郎元首相のように「古い伊勢丹をぶっ壊す」と叫んだのである。だが、国安がぶち壊した最大のものは、三菱銀行との信頼関係だった〉（注5）

伊勢丹と三菱銀行の関係は、伊勢丹初代社長の小菅丹治（2代目当主）の百貨店創業時にまでさかのぼる。伊勢丹の前身は、初代当主の小菅丹治が１８８６（明治19）年に神田旅籠町で創業した伊勢屋丹治呉服店。百貨店・伊勢丹の創業者は、2代目当主の小菅丹治だ。旧名は高橋儀平。小田原の呉服店の番頭をしているとき、その商才を見込まれて、初代丹治の婿養子となり2代目丹治を襲名した。呉服店を新宿に移転し、1924（大正13）年に百貨店に衣替えした。

前年の関東大震災で呉服店の店舗を焼失、転業まで考えたほどのピンチに、融資を引き受けたのが当時の川崎銀行だった。2代目丹治は、このとき数十回も銀行に通って頭を下げたという。2代目丹治は渋沢栄一の薫陶を受け、「右手に算盤、左手に論語」を経営の基本に置いた。

恩返しを忘れなかった。1927年、金融恐慌で預金を引き出す客に取り囲まれた川崎銀行に、伊勢丹のトレードマークの赤い風呂敷に現金を包んだ会計係がやってきて叫んだ。

「伊勢丹が預金します」

社長の丹治の指示だった。それを見た顧客が安心して引き揚げたため、川崎銀行は危機を脱したとの逸話が残っている。

川崎銀行の融資がなければ、呉服店は存続できず、百貨店の伊勢丹も生まれなかったことを、2代目丹治はひとときも忘れなかったのである。

川崎銀行は、戦時中の1943（昭和18）年に三菱銀行に吸収されたが、伊勢丹とのウイン・ウインの関係は三菱銀行に引き継がれた。三菱グループが、お中元、お歳暮を伊勢丹から贈るのはそのためだ。

秀和の伊勢丹株買い占め騒動

その三菱銀行との関係をぶち壊す挙に出たのが、4代目当主の小菅国安（伊勢丹の3代目社長）である。1987年に取引のなかった三和銀行と株式を持ち合い、三和銀行を転換社債の受託全融機関に加えた。国安が三和銀行に接近したのは、自分が立てた事業計画に三菱銀行が口を挟むことに反発したからだといわれている。

4代目は、浅はかにも、三菱銀行と三和銀行を競わせることで主導権を握ろうとした。

しかし、これが完全に裏目に出た。三菱銀行は激怒し、両者の関係は悪化した。その渦中に持ち上がったのが、不動産会社秀和による伊勢丹株式の買い占めだった。

秀和のオーナー・小林茂は米国で、「ショーグン（将軍）」と呼ばれていた。バブルの時代、日本企業による「米国買い」の先鞭をつけたのが秀和だった。１９８６年8月、ロサンゼルス最大のオフィスビル「アーコプラザ」（52階建てのビル2棟）を6億２０００万ドルで買収した。当時の為替レートで円に換算すると９６０億円。超ビッグな買い物だったが、小林は現金（キャッシュ）で払った。

小林は本当に欲しいと思った不動産は、一切値切らず、キャッシュで手に入れた。さらに1ヵ月後、今度はニューヨーク・マンハッタンの中心街にあるＡＢＣの本社ビル（40階建て）を1億７０００万ドル（２７０億円）で買収した。

気前の良い買い方をする小林につけられた渾名が「ショーグン」。全米でヒットしたテレビドラマ『ＳＨＯＧＵＮ』に由来する。

国内では新興仕手筋として兜町にお目見得した。長崎屋、いなげや、忠実屋など流通銘柄を買い占めて、一躍、注目された。証券市場は、秀和による買い占めは「ダイエーの中内切が黒幕」と噂した。秀和が買い占めた流通株を担保に、ダイエーは１１００億円を融資した。返済期限になっても返済がなかったため、中内は担保権を行使して忠実屋とマルエツの株式を手に入れ、労せずして2社を傘下におさめた。

秀和は、百貨店では伊勢丹と松坂屋の株式を買い占めた。秀和の小林は、正月のあいさつに来た松坂屋社長の斎藤喜幸に買い占めた株を手放すと持ちかけ、それをきっかけに松坂屋株は生損保各社や銀行、松坂屋の関連会社など、24社に引き取られた。

伊勢丹から創業者一族が消えた

秀和による伊勢丹株式の買い占めは、国安の名門意識が災いして、こじれにこじれた。松坂屋のように国安が小林のもとに出向いて頭を下げさえしていれば、伊勢丹株は買い戻すことができた。国安が社長を辞めることもなかっただろう。世間知らずの伊勢丹の若社長は、秀和を「たかが〝地上げ屋風情〟が」と見下していた。

〈そもそも秀和が伊勢丹株を買い占めることになったきっかけは、小林が仲人を務めた結婚式に国安が出席を断ってきたからだという。

「（欠席の）理由というのが、僕が彼の会社の株を買っていたからだという。結婚式ですから一緒に祝えばいいし、出席しなくてもわざわざ、そういう理由をいうことはないんですよ。まったく大人気ない話でしてね。失礼千万ですよ」と、小林自身が語ったと伝わっている。

だから、小林は伊勢丹株を買い増した。一九九〇年には五五六〇万株、発行済み株式の二五・三二％を買い集めた。秀和が筆頭株主になっても、国安は小林に会おうとせず、小林をひどく怒らせた。「（小林は）国安がクビになるまで株を持ち続けるだろう」と兜町で取り沙汰された。

見るに見かねた三菱銀行会長（当時）の伊夫伎一雄が国安に忠告したが、「余計なことを言わないでくれ」と反発した。国安は聞く耳をもたなかった。

さらに国安は株買い取りの仲介を三和銀行に依頼して、三菱銀行の不興を買った。国安と三和銀行幹部との（株買い取りに関する）融資の話し合いの席上で、国安の激烈な三菱銀行批判が飛び出した。なぜか、国安のこの話が三菱銀行サイドに漏れ、三菱銀行の首脳が激怒するというおまけまでついた〉（前出注5）

１３００億円といわれる伊勢丹株の買い戻し資金を確保するために、メーンバンクとの関係を早急に修復する必要があったのに、国安は修復不可能なところまで悪化させてしまった。

だが、真相は別のところにある。イトーヨーカ堂が、秀和が買い集めた伊勢丹株を引き取りたいと三菱銀行に打診してきたことから、事態は動く。三菱銀行会長の伊夫伎一雄が事態収拾に乗り出した。伊夫伎は伊勢丹株をイトーヨーカ堂に売却することも選択肢のひとつとして考えていたとされる。

イトーヨーカ堂への売却話が伝わると、社内は大騒ぎとなった。ヨーカ堂に株式が渡ったら伊勢丹がヨーカ堂の軍門に下ることになり、百貨店の勢力地図が激変する。国安は「ヨーカ堂に売るつもりはない」と弁明したが後の祭りだ。三菱銀行に抗する力はなかった。

以後、伊勢丹株の買い取りは、三菱銀行のシナリオどおりに進むことになる。国安は三菱銀行と大喧嘩したことが祟(たた)り、見捨てられた。

国安の能力では株の問題を解決できないことが明白となった。国安に味方する役員はいなくなった。伊勢丹株式を買い戻すには、秀和が目の敵(かたき)にしている国安の首を差し出すしかない。四面楚歌(しめんそか)のなか、４代目当主のおぼっちゃま社長は伊勢丹を追われたのである。

後任の社長には、武藤について書いた際に登場する小柴和正が就いた。創業家以外からの初の社長である。小柴は若い頃から、「切れ者」で評判だった。入社以来、営業畑を歩き、営業・商品政策の中心的存在で、「ファッションの伊勢丹」の強固な土台をつくったひとりである。国安は先代時代の古参幹部を次々と経営中枢(ちゅうすう)から外していった。このとき、小柴も総務の責任者へ棚上げされていた。

新社長の小柴は三菱銀行との関係を修復。三菱銀行と共同で秀和が保有している伊勢丹株の買い取りに動いた。若社長が辞めたことで、秀和との買い戻し交渉はスムーズに進んだ。

１９９３年12月、秀和が買い占めた伊勢丹株式は三菱グループ各社とアパレルなど取引先の41社が引き取った。買い戻し額は７６４億円。当初、買い戻しには１３００億円が必要といわれていたが、バブル崩壊で株価が半分になった。

国安憎しに凝り固まった秀和の小林は、売却するタイミングを逸して大損をした。その後、秀和は経営に行き詰まり、小林も表舞台から消えた。

一方、小菅国安は自滅した。国安の持ち株はわずか０・４％。三菱銀行の会長の伊夫伎が「あなたはオーナーじゃないんですよ。他人の資本をいっぱい預かっている立場なのだから、もっと謙虚にしないといけない」と諭したのも無理はない。創業家出身というだけで、オーナーを気取ったことで墓穴を掘った。

これで、伊勢丹から創業者一族はいなくなった。

8年ぶりの赤字転落

三越伊勢丹ＨＤは、三越、伊勢丹の双方から社長解任の遺伝子を受け継いだ。それでは、クーデターで誕生した杉江〝管理部門〟政権はどこへ向かおうとしているのだろうか。

三越伊勢丹ＨＤ社長の杉江俊彦は２０１７年11月7日、２０２１年３月期を最終年度とする3ヵ年の中期経営計画を発表した。数値目標として営業利益３５０億円を掲げた。前社長の大西が「営業利益５００億円」としていた中期目標から大きく後退した。

収益改善策として、不採算事業から撤退する。中小型店舗のエムアイプラザを5店舗閉鎖。高級スーパー「クイーンズ伊勢丹」をファンドに売却。婦人服の子会社マミーナも身売りだ。

人員削減については、退職金を最大５０００万円上乗せすることで、早期退職をうながす。

ところが、人員削減策の初年度は散々な結果に終わった。三越伊勢丹ＨＤの早期退職者の２０１７年度の応募者は１７３人にとどまった。２０１７年度から3年間で８００人～１２００人の応募を想定しているが、大幅に計画を下回ったことになる。これでは人件費の圧縮ができない。ダメ社員は会社にしがみつく典型例なのである。

成長戦略はというと、まったく見えてこない。ネット通販を強化するという。インターネットを通じて商品情報を発信し、「伊勢丹新宿本店の商品を地方の客にネット通販で買っていただく」（杉江社長）ことを目指す。かつて伊勢丹新宿本店で好調だった高価格の商品を地方の店舗で、そのまま販売したことがあったが、客層の違いからさっぱり売れなかった。

伊勢丹のなじみ客は、その華やかな店舗の雰囲気で買い物をすることに喜びを感じている。伊勢丹で安い商品を買おうとは思わないのではないか。ネット通販への本格進出は、「高い授業料を払うことになる」と危惧（きぐ）する向きが少なくない。

かつての百貨店の王者、三越伊勢丹HDは8年ぶりに赤字に転落した。2018年3月期連結決算の最終損益は9億6000万円の赤字（前期は149億円の黒字）だった。地方店や高級スーパー「クイーンズ伊勢丹」など収益力の下がった店を対象に減損損失を出したことや、早期退職を実施し退職金を積み増したことにより261億円の特別損失を計上したことが痛かった。

杉江社長は「不採算事業の処理に取り組み膿（うみ）を出した」と説明。2019年3月期には「黒字転換する」との見通しを示した。「中期経営計画の目標を1年前倒しし、2020年同期に営業利益350億円を達成する」とV字回復を目指す考えを示したが、前途は多難である。

売上高は前期比1・2％増の1兆2688億円。インバウンド消費が多い三越銀座店など一部店舗は順調だったものの、全店売上高は0・6％減と落ち込みに歯止めがかからない。なかでも郊外店や地方店の不振が際立った。伊勢丹府中店など郊外5店舗中2店が前期の売上高を下回った。名古屋三越など地方の10店でも、7店舗で売上高はダウン。広島三越、松山三越は最終赤字だった。

三越伊勢丹の旗艦店は伊勢丹新宿本店。年間２７４１億円（２０１８年３月期）を売り上げる、日本一の店舗だ。

伊勢丹ブランドがあまりに強すぎたため、いまだに勝ち組の意識が消えない。ブランドの魔力に甘え切ってしまったことが敗因の本質、といった厳しい指摘もある。

ポイント▼共同統治は無責任体制になる

日本の経営者のスタイルは2つに分かれる。トップダウン型と調整型だ。

トップダウン型は、組織に対して、トップの意思を直接反映させようとする。リーダーシップという言葉は同じ意味で使われることが多い。

しかし、トップダウン型は万能ではない。独裁者の部下は、長いものに巻かれるイエスマンであることを強要される。イエスマンにとりまかれたワンマン経営者に自己を抑制する力はない。ワンマン経営者は、ブレーキが利かないクルマを自分で運転し、事故るのだ。とかく〝裸の王様〟になりやすい。

対極にあるのが調整型である。組織内のさまざまな意見を聞いて、相違点をすり合わせ、合意形成に努め、全員が納得するような方向性を導き出す。合意形成が上手なリーダーの下では、大きな不平不満は生まれにくい。大企業のトップは、おしなべて調整型だ。

組織や社会の閉塞を打破するためには、トップダウン型の強いリーダーシップが求められる。だが、そうしたリーダーはなかなか出てこない。

三越と伊勢丹が統合した三越伊勢丹ホールディングスは、非常時にある。統合した会社が困難を克服して、高い競争力を生み出すためには、トップダウン型リーダーが率いていくしかない。トップが即座に判断し、命令を下す。

それなのにＣＥＯ（最高経営責任者）を廃止して、平時の体制である共同統治に移行した。愚の骨頂といわざるを得ない。その反省からだろう。２０１８年４月１日付でチーフオフィサー制を導入。ＣＥＯ職を復活させた。杉江俊彦は代表取締役社長執行役員（ＣＥＯ）兼ＣＤＴＯ（チーフ・デジタル・トランスフォーメーション・オフィサー）となり、責任と権限を持った。

肩書きは強化されたが、杉江新社長は、旧来の三越、伊勢丹という古色蒼然とした神輿に乗った調整型リーダーの典型のように映る。

第4章　野村證券——会社は〝あざとい〟社長で迷走する

次期トップを競う共同COOの2人

〝ノルマ証券〟と呼ばれた野村ホールディングスが昔の輝きを失って久しい。

阪急電鉄の芦屋（あしや）駅の駅員に聞いた話だが、早朝、駅舎のシャッターを上げると、2人のサラリーマンが飛び込んでくる。1人は住友銀行（現・三井住友フィナンシャルグループ傘下の三井住友銀行）のバンカー。支店次長クラスだったという。もう1人は野村證券の証券マン。課長だったそうだ。

芦屋駅への一番乗りを競い合った2人が所属する住友銀行、野村證券とも、内紛によって内向きの社風になった。住友銀行のスキャンダルは拙著『住友銀行暗黒史』に詳述した。野村證券に何が起こったのか。

会社の運命は社長で決まる。

野村は絵に描いたような失敗を、じつに見事に演じて見せてくれた。

野村ホールディングス（HD）は2018年4月1日、国内中核子会社の野村證券社長の森田敏夫（もりたとしお）と米州地域ヘッドの奥田健太郎（おくだけんたろう）が共同グループ最高執行責任者（Co－COO）に就任した。国内と海外にそれぞれＣＯＯを置くのは初めてだ。グループ最高経営責任者（ＣＥＯ）の永井浩二は続投した。

共同ＣＯＯは次期トップを見据えた人事である。永井は２０１２年８月、社長に就任してから丸６年になる。早ければ２０１９年春に交代するかもしれない。次期ＣＥＯ候補は森田と奥田の２人に絞られた。

次期社長レースでは森田が先行していた。時計の針を１年前に戻してみよう。

森田敏夫は２０１７年４月１日、野村證券の社長に就任した。社長の永井浩二は取締役会長に就き、野村ＨＤのグループＣＥＯとして、ひきつづきグループの経営をになうことになった。

永井は２０１２年８月から持ち株会社の野村ＨＤと中核証券会社の野村證券のトップを兼務していたが、証券は森田に後事を託した。森田の野村證券の社長就任はＨＤの次期社長の布石を打ったものと、証券界では受け止められた。

森田は１９８５（昭和60）年、同志社大学商学部を卒業後、野村證券に入社。池袋、岡山、福岡の支店長などを歴任し、営業店で実績を重ね、出世の階段を昇っていった。２０１２年からは永井新体制下で、野村ＨＤの営業ＣＥＯとしてリテール（小口営業部門）の改革を牽引してきた。個人の株式の短期売買による手数料収入に依存するのではなく、顧客の預かり資産をいかに効率的に運用するかに力点を置く営業スタイルへの転換を主導した。２０１６年にはＭ＆Ａの助言などをになう国内の投資銀行部門を統括し、個人・法人の双方で経験を積んだ。

永井と森田は、ともに労働組合の委員長をつとめるなど、顔を見ただけで相手が何を考えているかが、ほぼわかるツーカーの間柄といわれた。森田についた渾名は「機関車トーマス」。周囲に惑わされずに、ひたすら突き進むという意味だが、一方で融通が利かないという皮肉も込められている。

森田は野村證券の社長に就いたことで、ポスト永井の本命に躍り出た。

ところが、１年後の２０１８年４月の人事で、森田と奥田の共同ＣＯＯ体制に移行した。奥田が森田に並びかけてきた。

　奥田健太郎は１９８７（昭和62）年、慶應義塾大学経済学部を卒業、野村證券に入社。投資銀行部門が長く、２０１７年からニューヨーク駐在の米州地域ヘッド（最高責任者）をつとめている。

　野村ＨＤは米国での投資銀行業務を拡大、過去１年間で15人のバンカーを採用し、アドバイザリー業務を強化してきた。それが実り、２０１７年、日本企業のＭ＆Ａ助言業務で、野村ＨＤは６年ぶりに首位を奪還した。

　野村證券の親会社である野村ＨＤの２０１８年３月期の連結決算（米国会計基準）は、純利益が前期比８・５％減の２１９３億円で、２年ぶりに減益となった。２００６～07年の米国での住宅ローン担保証券（ＲＭＢＳ）の取引にからむ引当金を、３００億円計上したことによる。米国司法省は16年頃、野村アメリカの元社員らへの調査に着手。世界的な金融危機を招いたＲＭＢＳに関連した制裁金を科したり不当利得の返還を求めていた。

　海外の税引き前損益は７億円の赤字。２年ぶりの赤字となった。米国が赤字となり欧州も赤字。好調な国内事業とは対照的な結果となった。

　日本企業の国内外での資金調達やＭ＆Ａが活発になっており、投資銀行業務の重要性が、日に日に増している。国内市場は少子高齢化が進み、展望が拓（ひら）けない。海外でのＭ＆Ａを成功させるために、有利なファイナンス（資金調達）が必要不可欠となる。

「国内は森田、海外は奥田」の棲（す）み分けを明確にしたが、これは、最後まで２人を競わせるという、野村の伝統ともいえる人事である。

　近年の野村ＨＤのトップはつねに不祥事によって交代した。ポスト永井のバトンの受け渡しが円満裡におこなわれれば、バブル崩壊後、初めてのこととなる。

金融庁と全面戦争となった増資インサイダー事件

2012年7月31日、野村HDのグループ最高経営責任者（CEO）の渡部賢一とグループ最高執行責任者（COO）の柴田拓美が、同時に辞任した。

野村HDが金融庁・証券取引等監視委員会とのあいだで4ヵ月にわたり繰り広げてきた増資インサイダー取引をめぐる〝全面戦争〟は、野村が白旗を掲げて降伏した。

金融庁長官、畑中龍太郎は豪腕ぶりで知られていた。金融庁監督局長のときに、日本振興銀行に初のペイオフを発動した。ペイオフとは預金1000万円までの元本とその利息を保護するもの。日本振興銀行は2010年9月10日午後、東京地方裁判所に民事再生法の適用を申請し、経営破綻した。金融庁がペイオフという伝家の宝刀を抜くとは、金融関係者は思ってもみなかった。日本振興銀行が経営破綻しても、他の金融機関に与える影響は限定的と、畑中は冷静に判断した。

2011年8月に金融庁長官に就任してからは、野村HDによる増資インサイダー事件、みずほ銀行のシステム障害や暴力団組員への融資などで金融機関に厳しい行政処分を下してきた。

証券取引等監視委員会（日本版SEC）委員長の佐渡賢一は、東京地検特捜部検事として、リクルート事件、東京佐川急便事件などの捜査を陣頭指揮した。福岡高検検事長を最後に退官、2007年、証券取引等監視委員会委員長に就いた。佐渡は日本版SECの市場の番人の機能を強化し、果断に摘発に乗り出す闘う集団に変貌させた。

2012年4月25日、監視委は野村證券に対し、異例ともいえる特別検査に踏み切った。定期的におこなう一般検査をおえた直後、間髪を容れず特別検査に入った。野村證券が2010年に主幹事をつとめた国際石油開発帝石、みずほフィナンシャルグループ、東京電力の増資情報が事前に漏れたことについて徹底的に調べるためである。

全国紙は「野村 vs.監視委の全面戦争」と報じた。

監視委の佐渡賢一委員長が、この立ち入り検査の真意を「これは野村とうちの全面戦争ということだ。一歩も引くことはない。徹底的に戦う」と言い切ったから、こうした見出しが躍（おど）ったのだ。

保有株の売却や空（から）売りでインサイダー取引をおこなった中央三井アセット信託銀行（現・三井住友信託銀行）事件では、増資情報を漏らした野村證券側は、26歳の営業部の女性社員のクビを差し出しただけで終わらせようとした。

〈佐渡が野村にカンカンなのはそのためで、「野村は若い女の子に全部かぶせて逃げるつもりか。野村は構造的に全社がインサイダー体質になっていることに気づいていないのか」と周辺にこぼしていた〉（注1）

２０１２年3月6日。野村ＨＤは、傘下の野村證券の社長に副社長の永井浩二が4月1日付で昇格、社長を兼務していた渡部グループＣＥＯは、グループＣＥＯに専念すると発表した。

金融当局との関係がこじれたのは、この3月人事が発端（ほったん）だった。金融庁に、この人事は一切相談がなかった。メーンバンクや野村など大手証券会社は、首脳人事を金融庁に以心伝心で伝える（＝相談する）という暗黙のルールがあった。

〈インサイダーで引責となれば永井を差し出し、渡部・柴田は生き残る算段か、と金融庁には映った。「こちらは政治的リスクも負っているのに」と畑中龍太郎長官も不満を隠さない。かつてＭＯＦ担（大蔵省担当）だった古賀信行（こがのぶゆき）（ＨＤ）会長は「（渡部を甘やかした）あなたも同罪」と言われて困惑した〉（同注1）

「いま現在、辞任の考えはない」

社外弁護士らで構成された調査委員会が増資インサイダーの内部調査報告書を公表した。同報告書は、情報を漏らした機関投資家営業部について「収益の数値目標を達成するためには、手段を選ばない営業姿勢だった」と指摘。弁護士の中込秀樹は会見で「部を挙げて（不正を）やっていた」と述べた。事件発覚後も、ＨＤの経営陣が野村證券に対し事実の徹底的な究明をせず、事実確認すらしなかった経緯が、報告書には書かれていた。グループ内で野村證券は〝独立王国〟であり、ＨＤの統制（ガバナンス）がおよんでいない実態が明らかになった。

内部調査報告書の公表を受けて、渡部は6月29日、増資情報漏れの再発防止策を発表した。渡部は自社の社員が主要な役割を果たしていたことを正式に認め、自身の報酬6ヵ月間50％削減や、子会社の野村證券の投資家営業部の5日間業務自粛の社内処分を発表し、謝罪した。

組織を守った元ＭＯＦ担会長・古賀信行

グループＣＥＯの渡部賢一とグループＣＯＯの柴田拓美の2トップが7月31日付で辞任した舞台裏は、辞任発表前にすでに明らかになっていた。ロイター（7月29日付配信）は「野村トップ辞任劇、危機感背景に古賀会長が振るった大なた」と題する記事で、〈最後は、危機感を募らせた古賀信行会長が乗り出し、みずから当局と掛け合い、渡部ＣＥＯに引導を渡す結果になった〉と報じた。

この間、会長の古賀信行は、水面下で当局と極秘会談を重ねて、事態収拾に動いていた。

古賀は金融当局への仲裁を申し出たが、ＣＥＯの渡部とＣＯＯの柴田は申し出を断った。渡部、柴田ともＭＯＦ担のポストについた経験がないため、怖いもの知らずだった。「当局何するものぞ」といった趣旨の言動が目立った。

金融当局と喧嘩しても一銭の得にもならない。古賀は渡部と柴田のクビを差し出すことで、事態の収拾をはかることを決断したのである。

古賀信行は１９５０（昭和25）年8月、福岡県大牟田市で生まれた。近くに三井三池炭鉱の社宅があった。小学3年のとき、大量の指名解雇をきっかけに「総資本と総労働の対決」といわれた三池炭鉱の大争議が起きた。政界・経済界を巻き込んだ工作が実り、組合は第1組合と第2組合に分裂した。この分裂は子供の世界にまで持ち込まれた。学校では2つの組合員の子供たちがいがみ合い、「お前ら、帰れ」と罵りあった。

後年、古賀は「極端はよくない」と痛感したと述懐している。第1組合の歴史的な敗北を目の当たりにしたからであろうか。これが古賀の〝中庸志向〟の原点となった。

古賀は鹿児島のラ・サール高校から東京大学法学部に進む。１９７４年4月、野村證券に入社。同期の大卒は３９０人。野村では新入社員は、まず全国の支店で営業の現場を経験する。しかし、東大法学部卒の古賀は〝株屋〟とは別の道を歩む。当初からエリートとして育てられた。営業の仕事は一度もやったことがない。野村にも東大卒はいたが、法学部の出身者が少なかったこともあったのだろう。

人事部を振り出しに本社の3つの部を約3年ずつ経験した後、総合企画室の業務課に配属された。最大の仕事は監督官庁である大蔵省（現・財務省）との折衝だ。大蔵省の英語表記Ministry of Financeの省略形はＭＯＦ。だから、ＭＯＦ担と呼ばれた。のちに、ノーパンしゃぶしゃぶ事件など、大蔵省幹部への過剰接待で有名になったあのＭＯＦ担だ。事件後、ＭＯＦ担は廃止になったことになっているが、メガバンクにも野村にも、実質的なＭＯＦ担はいる。堂々と名乗っていないだけのことだ。

野村のＭＯＦ担は大蔵省証券局に深く食い込んだ。他の証券会社が大蔵省証券局を「野村證券霞ケ関出張所」と陰口を叩いたほどだ。

ＭＯＦ担は各金融機関のトップの登竜門であった。東京三菱銀行の畔柳信雄や住友銀行の西川善文は、頭取になる前は企画担当として大蔵省に出入りするＭＯＦ担だった。日本興業銀行の齋藤宏（のちの、みずほコーポレート銀行頭取）は万年ＭＯＦ担と呼ばれた。

古賀も証券界の万年ＭＯＦ担だった。

２００３年4月、古賀は野村ＨＤの社長兼ＣＥＯと子会社の野村證券の社長に就任した。しかし、みるべき実績を上げることができなかった。営業経験のないＭＯＦ担出身の社長は、動こうにも動く術を知らなかった。古賀の前任社長だった国際畑の氏家純一と、そのバトンを受けた社長の古賀の時代は「縮みの10年」と酷評され、社内には閉塞感が漂った。

何もやれないと焦るのは社長になっても同じだ。古賀はタバコの量が増え、チェーンスモーカーになった。社長時代の最後の数ヵ月は睡眠薬を使ってようやく眠りにつく状態だった。

２００８年4月、渡部賢一が社長に就いた。社内では〝ナベケン〟で通っている財務畑の内務官僚だ。「なんで、ナベケンが社長？」といった疑問、いや、疑惑が社内を駆けめぐった。この不可解なトップ交代は〝密室でのクーデター〟と囁かれた。

それから4年。元ＭＯＦ担、古賀の出番が回ってきた。金融当局にパイプをもつ古賀は、金融庁幹部と極秘会談を重ねた。そして古賀は、渡部、柴田の2トップを人身御供にして、組織を守った。

古賀は野村ＨＤの新しいキングメーカーとなって、院政を敷くつもりだったのだろうか。答えはノーだ。古賀がＭＯＦ担当時の１９９７年、総会屋グループ小池隆一への利益供与が発覚して、社長の酒巻英雄が引責辞任した。総会屋利益供与事件である。会長だった鈴木政志が暫定的に社長を兼務し、米国法人トップの氏家純一を社長に起用すると、鈴木はわずか1ヵ月ですべての役職を辞任した。辞任の際に当時15人いた専務以上の代表取締役全員に辞表を提出させ、新社長の氏家に対する影響力を排除した。

この事例を踏襲し、会長の古賀が暫定的にグループＣＥＯを兼務し、ＣＥＯに米現地法人のトップをつとめる吉川淳を起用する案が浮上していた。ところが、古賀は暫定的なＣＥＯに就かなかった。

２０１２年8月1日、HDのCEOに傘下の野村證券社長の永井浩二を、COOに野村HD専務で米州地域CEOの吉川淳が就いた。

氏家以降、営業を知らないエリート官僚タイプの古賀、渡部へとバトンが引き継がれた。この人事が野村を決定的にダメにした。その反省もあってのことだが国内営業一筋の永井に白羽の矢が立った。

古賀は経営陣刷新という大仕事をなし遂げ、その後は、表舞台に姿を見せることはなかった。

総会屋利益供与事件の大激震

１９９７年の総会屋利益供与事件が、野村證券の大きな転換点となった。過去に経験したことのないような大激震に襲われた。

その前に、野村のスキャンダルの歴史をざっと振り返っておこう。

１９９１年6月、大口顧客への２００億円もの損失補塡が発覚し、当時の会長の田淵節也と社長の田淵義久の両田淵が辞任した。田淵義久は株主総会で「損失補塡は大蔵省の承認を得ていた」と発言（失言）した。本当のことをストレートに口にしたため、大蔵省は激怒。田淵義久は詰め腹を切らされた。

後任社長には酒巻英雄が就任した。１９５８年に法政大学経済学部を卒業した酒巻は、公社債部長をつとめるなど公社債畑を歩んだ。１９８８年に副社長に就いたが、両田淵の全盛時代を支える地味な存在だった。それが証券不祥事で、辞任に追い込まれた前社長の田淵義久に指名され、「ガリバー野村」のトップに担ぎ出された。

じつは、97年の総会屋への利益供与は内部告発で発覚した。

酒巻が総会屋に損失補塡した理由は、単純明快（!?）だった。

〈「おれはナンバー・ツーが似合う男なんだが」と漏らす一方で、酒巻は「田淵節也前会長（大田淵）

と田淵義久社長（小田淵）を復帰させたい。それが自分の最大の仕事だ」と周囲に話している。野村OBの一人は「社長にしてくれた小田淵には恩義を感じていたようだ」と語り、「これが野村の最大の失敗につながった」と付け加えた。

具体的には、小池に利益供与してまで両田淵の取締役復帰を、浅はかにも実現させたことを指す。

「酒巻は、小池本人と小池が率いる闇の勢力が株主総会に乗り込んできて追及すると、念願の両田淵の取締役復帰も実現しなくなる恐れが高いと考え、利益を供与する以外に総会を乗り切る方策はないと決意した」――検察の冒頭陳述をこう断じた〉（注2）

小池の親族が経営する資産運用会社小甚（こじん）ビルディングの口座を、野村證券が株式の新規公開をアドバイスする第一企業部が開設したのは1992年11月のことだ。損失補塡が発覚してから1年半しかたっていなかった。野村側の裁量で5億円を運用（一任勘定（かんじょう））。5億円の元金は最初の1年間で2倍になった。

小甚ビルの口座で1994年頃、シンガポール市場の先物取引で数億円の損失が出た。1995年春から秋にかけて、野村證券は数回にわたって、自己資金で売買する自己勘定取引で多額の利益を捻出（ねんしゅつ）。「花替え」という手法で小甚ビルの口座に付け替えて損失を補塡した。

〈野村はまず、九五年に自己取引で買い付けた五洋建設株十万株や富士銀行株五十万株を小甚ビルディング名義に付け替えるなどして約六千五百万円の補塡を実行する。それでも損失額に遠く及ばない。あと三億二千万円、最後の手段は現金をくれてやるしかなかった。

同年三月二十四日午後一時過ぎ、兜町の野村証券総務課応接室に、輪ゴムで束ねた一千万円の束十個が運び込まれた。

小池は用意してきたスポーツバッグに無造作に放り込んで、苛立（いらだ）たしげに言った。

「残りはまだですか。銀行の支払いに間に合わなくなってしまう」

び込んできた。
午後二時半過ぎ、ようやく野村ファイナンスの職員がジュラルミンケースに詰めた二億二千万円を運
「お納め下さい」。同席した総務部付部長の藤田修が言うと、小池はビニールパックされた一億円の二包みと二千万円の札束二つを、別のスポーツバッグに押し込んだ。計三億二千万円は、借名口座の損失補塡と、この年の株主総会の進行に協力してもらうために野村が用意した裏金だった。
金の詰まったバッグは、藤田らが手伝わないと運び出せなかった。駐車場まで運ぶと、小池は自分の乗用車の後部座席に積み込み、内幸町の第一勧銀本店へと向かった。同行からの迂回融資の一部を返済するためだ。
「(小池に)闇からじっと凝視されているようで不気味だった」と酒巻は特捜部の調べに供述している。野村の幹部たちは小池と木島(力也)に連なる闇の勢力、背後の暴力団を恐れたのである〉(同注2)
社長の酒巻が最大の総会屋グループ・論談同友会幹部に7000万円の利益供与をしていたことも発覚した。

第一勧銀がからめとられた〝呪縛〟

野村證券は一貫して総会屋への利益供与を否定していたが、1997年3月6日、急に記者会見を開いて総会屋・親族企業への利益供与を認めた。

このとき記者会見に臨んだのが、副社長の斉藤惇である。慶應義塾大学商学部卒で、1963年野村證券に入社。社長の酒巻英雄に連なる債券王国の一員だった。

斉藤は野村證券副社長を辞任した後、官製ファンドの産業再生機構社長、東京証券取引所社長、日本取引所グループCEOと陽の当たる道を歩み、2017年11月、プロ野球の第14代コミッショナーに就いた。

斉藤は、証券スキャンダル当時の幹部のなかで、唯ひとり生き残り、世間的に見れば大出世である。

記者会見後、事件は急展開する。野村證券社長の引責辞任、専務以上の取締役15人全員の退陣、そして2常務と元社長の酒巻の逮捕へとつながっていく。

東京地検と証券取引等監視委員会による野村證券本社の家宅捜索で、１９８９年2月、第一勧業銀行（現・みずほ銀行）が総会屋の小池隆一に31億円を融資し、小池はこれを原資として４大証券（野村・山一・日興・大和）の株式をそれぞれ30万株購入していたことを摑んだ。

ここから一気に第一勧銀疑惑となる。野村證券の元社員の内部告発から発覚した利益供与事件は、金融界を揺るがす大スキャンダルに発展した。野村證券が小池に特別口座を開き、利益を供与する。一方、小池は野村の株式を30万株保有し、無言のプレッシャーをかけた。

世間が驚いたのは、その買い付け資金を、第一勧銀が融資していたことだった。小池の口座には第一勧銀から２７０億円が流れ込んでいた。とうとう、「パンドラの箱」が開いた。

小池は大物総会屋ではない。なぜ、第一勧銀は巨額のカネを出したのか。

「呪縛が解けなかった」

当時の第一勧銀頭取の近藤克彦は、こう語った。何の呪縛なのか。木島力也のことである。小池は木島の子分といわれていた。１９９３年、木島が亡くなった後、小池が第一勧銀の利権を引き継いだとされる。

第一勧銀が呪縛にかかったのは、木島というより、木島のバックにいた右翼の巨魁、児玉誉士夫の影に怯えていたのである。児玉の名前を最大限に利用した木島は、児玉と最も親密な関係にあった町田久之（広域暴力団・東声会会長）の存在をにおわせて、第一勧銀の経営陣を金縛りにした。

第一勧銀と４大証券の利益供与事件で、企業側の逮捕者は第一勧銀が11人、野村證券３人、山一證券８人、日興證券４人、大和證券６人の計32人にのぼった。

東京地検特捜部から任意の事情聴取を受けていた第一勧銀の元頭取、宮崎邦次は1997年6月29日、自宅書斎の書棚にビニールの紐をかけ、首を吊って自殺した。

副社長、専務全員クビを断行したリリーフ社長・鈴木政志

野村證券は2度の不祥事で、存亡の危機に瀕した。事件が表面化して以降、国内外の有力な機関投資家は次々と野村との取引を停止した。電力業界などの有力企業が発行する社債の主幹事から外された。収益の大半を稼ぎ出している営業の前線からは、「自分たちはまじめに業務に励んでいるのに、いったい、経営陣は何をやっていたのか」との不満の声が渦巻いた。

金融当局は根底から体制を見直す経営改革を迫った。

社長の酒巻の辞任後、社長を兼務した会長の鈴木政志は、総会屋＝暴力団と癒着する反社会的企業と烙印を捺された野村證券の問題点を徹底的に洗い出し、それを体質の転換につなげないと再生はあり得ないと心に誓った。

「創業的出直し」を掲げ、抜本的な経営革新を断行した。

鈴木政志は東京大学法学部を卒業し、1958年、野村證券に入社した。米メリルリンチ社に派遣されたり、第二事業法人部長というエリートコースを歩んだ。第二事業法人部は上場企業を相手にする花形部署だ。第二事業法人部からはネット証券・ネット銀行を運営するＳＢＩホールディングス代表取締役の北尾吉孝が出ている。

鈴木は、1981年に取締役に昇進したのを皮切りに、常務、専務と昇進を重ねた。1991年、大口顧客への200億円の損失補塡が発覚し、会長の田淵節也、社長の田淵義久の両田淵が辞任したとき、鈴木は専務だった。

野村OBの横尾宣政は自著で当時の社内の状況を、次のように書いている。

〈「上場会社に補塡したんだから、オレにもカネ返せ」
「大口客だけ損失補塡して、オレたちを見捨てるのか」
浜松支店の店頭でも、こんな要求を口にする客が相次いだ。こうした客の対応は次席の私が対応したが、杖をついて来店した老人を支店長室に通すと、机をバンバン叩き回って歩くなど、想像を絶する行動をとられて閉口した。野村のほかの支店では店頭にバキュームカーで突っ込まれたり、かなり後の話だが本社1階の本店営業部にピストルを乱射しながら飛び込んでくる輩がいたりと、とんでもない事態が起きた。（中略）
野村の役員はこの頃、公の場に出るときに防弾チョッキの着用を義務付けられた。当時副社長（引用者注：91年当時は専務）だった鈴木政志さんに会うと、「重たいんだ、これ」などとブツブツ言っていた〉（注3）

防弾チョッキを着て仕事をしなければならない会社がマトモなはずがない。これが、鈴木に抜本的な経営改革を決意させる動機となる。

鈴木は1994年に会長に就いた。1997年に再び、総会屋利益供与事件を起こしたため、1997年3月、鈴木は会長兼社長となり、経営陣を大掃除する。それは副社長、専務を全員退任させるというドラスチックなものだった。

43人いた取締役のうち20人がクビになった。役職員の異動は計969人、国内全支店の3分の1にあたる45支店長が交代した。戦後のパージ（公職追放）に匹敵するような刷新人事は、旧体制と訣別する決意表明だった。

1997年5月、51歳という若さの氏家純一を野村證券の社長に抜擢した。氏家体制の産婆役だった鈴木政志は1年後の１９９８年6月、常任顧問に退き、野村證券を去った。

歴代モーレツ社長が築いた〝ノルマ証券〟

氏家純一は社長に就任した日、「証券業はジェントルマンにふさわしいビジネスである。智恵と誇りと勇気を持ち、リスクを取る必要があるからだ」と社員に呼びかけた。切った張ったの相場だけでは荒波を乗り切れないという、氏家の時代認識から発せられた言葉である。

氏家は野村證券の歴代社長のなかでも、まったく異質である。

１９２５（大正14）年12月25日、大阪野村銀行の証券部を分離して、野村證券が設立された。戦後、原邦道会長以下、野村合名出身の役員は戦争に協力したという理由で一斉に追放された。京都支店長だった奥村綱雄が１９４８（昭和23）年に45歳で社長に就任した。専務になった瀬川美能留（のち社長）は42歳、常務の北裏喜一郎（同前）は37歳。「あんな若造たちに何ができる。下手をすると2〜3年で潰れるぞ」とまでいわれた。

ところが現在、奥村は〝中興の祖〟と呼ばれている。

奥村は１９７１年に『わが半生涯』というエッセイ集を出した。野村證券元副社長の外村仁は自著のなかで、このエッセイ集の内容を要約している。

〈第二次大戦前、当時の東京電灯（現・東京電力）が米国で起債し、野村がおそらく初めて引受、販売に参加した時のこと。野村徳七翁は奥村さんをはじめ、若手社員に東京電灯の起債公告を見せながら、「野村の社名は隅の方に虫メガネが必要なほど小さな字でしか載っていない。相撲に例えれば十両はおろか幕下以下の扱いである。今はこれが当社の実力で精一杯であるが、是非、君たちの手で十両、三役、大関、横綱と昇進出来るよう頑張って欲しい」と野村の将来のあるべき姿を示した。若き奥村さんは、

この言葉に感銘して世界的なフィナンシャーになろうと決心する〉（注4）

戦前は、ノムラより山一證券のほうが圧倒的に大きかった。創業者の野村徳七は、山一證券を追い抜き業界トップになることを悲願とした。徳七の若き部下たちが、それを達成した。

〝ノルマ証券〟と呼ばれるモーレツ軍団に仕立て上げたのが瀬川美能留（社長在任期間は1959～68年）である。高度成長時代を迎え、大阪発祥の野村は本格的に東京に進出してきた。山一に追いつき追い越せの旗印のもと、モーレツな営業攻勢をかけた。

瀬川の部下だった田淵節也が社長の時代（同1978～85年）が、野村の黄金期だった。完全な実力主義で、国立大学卒以外の私立大出の営業マンが40歳代前半の若さで取締役に取り立てられた。

野村證券は業界のトップに立ったとはいえ、財界の大物たちから見れば、しょせんは〝株屋〟にすぎなかった。

それに我慢ならなかったのが「大田淵」こと田淵節也だ。中曽根康弘や竹下登、宮沢喜一など有力政治家に近づき、政官財に人脈を築いた。大田淵は証券界初の経団連副会長の座を手に入れた。

大田淵は野村證券を財界総本山の経団連が認める金融会社に変貌させた。田淵はだれもが一目を置く〝証券界のドン〟であった。奥村綱雄の悲願を達成し、わが世の春であった。

田淵節也の前任の北裏喜一郎（同1968～78年）は「野村證券という会社には清冽な地下水が流れている。この水を決して汚すことのないように」と申し送りをした。だが、残念なことだが田淵は、この遺訓を守らなかった。

東京急行電鉄株式をめぐる暴力団との不透明な関係、利益供与の大スキャンダルは、〝大タブ＝大田淵〟こと田淵節也が社長、会長時代に起き、〝小タブ＝小田淵〟こと田淵義久（同1985～91年）は、その延長線上で指揮を執った。大タブが会長、小タブが社長のときに、2人一緒に引責辞任した。頂点を極めたとたんに、大タブは高転びした。

筆者は小タブが取締役福岡支店長のときに、頻繁に取材で会っていた。博多の有名なフグ料理店でご馳走になったこともある。その店はフグの薄造りの、ある切り方をはじめた店として有名だった。「ノムラのあるべき姿」などを議論したが、小タブが社長になるとは思わなかった。

後を継いだ酒巻英雄（同1991～97年）も、総会屋利益供与事件で逮捕され、野村證券は崖っぷちに立たされた。危機存亡の刻にあたり、鈴木政志は野村證券を清冽な地下水が流れる会社に戻すことにした。大阪発祥の住友銀行や野村證券は、モーレツ営業で名を馳せた。住友銀行はイトマン事件、野村證券は2度にわたる利益供与事件でつまずいた。首都圏攻略で無理の上に無理を重ねた結果といわざるを得ない。

国際派社長・氏家純一のもとで失われたバイタリティ

〈野村には、トップを輩出してきた国内派のメインストリームの系譜のほかに、国際派というもう一つの流れがある。証券不祥事の後に会長の椅子に座った相田雪雄に代表される流れだ。国際派の多くは海外留学組で、海外勤務が長い。そのため、社内政治に疎い。相田が会長になるまで、国際派は副社長ポストが最高位だった〉（注5）
氏家は典型的な国際派である。1969年、東京大学経済学部を卒業して、いったん日産自動車に入社。その後渡米して、イリノイ大学大学院修士課程、シカゴ大学大学院博士課程を修了した。学者になるかどうか迷った末に、1975年に30歳で野村證券に入社した。国際部門の実力者、伊藤正則の通訳としてオイルダラーで潤っていた中東の大金持ちに日本株を売りまくり、その成功で出世の糸口を摑んだ。ニューヨーク勤務は20年以上に及ぶ。
国内営業にいたら、どこかの派閥に属し、1つや2つの向こう傷を負っていただろう。国際畑で無派閥であったことが、動乱の時代のノムラにあってプラスに作用した。国内営業では暴力団や総会屋との関係ができやすい。対する国際派は、さまざまなしがらみと無縁である。

2つの勢力が激しく対立したとする。どちらからも社長は出せない。そうなれば人畜無害（失礼!?）な国際部門の人が浮上する。

氏家は米国で生に体得したバリバリの合理主義者だった。昔の同僚が訪ねてきても、会わなければならない仕事上の理由がなければ、追い返した。氏家の辞書の「リーダーシップ」とは、社長の機能に徹すること。歴代トップが先頭を走って、泥をかぶることを厭わなかったのとは、まるで違う。その対極にある〝倫理〟を求めた。

氏家は「古い経営体質や企業風土に戻ることはない」と言い切った。

〈野村は上から下までジェントルマンになった。その結果、野武士のようなバイタリティは失われた。かつての野村は、実力主義の最たる会社で、若手を登用する人事制度でも先頭を切っていた。氏家が取締役に昇格したのは44歳のときだ。だが、実力主義は色褪せて見えた。幹部社員が次々と退職し、新興企業のCFO（最高財務責任者）になっていく。株長者の若手経営者が組成した投資ファンドの運用者になったものもいる。人材の流出は深刻だった。

大蔵省の全盛の頃。高級官僚がトイレで呟いたひとことが、30分後には野村の首脳の耳に届いている、とまでいわれる諜報網を持っていた。それが、今では、眼光鋭い幹部がいなくなった〉（同注5）

後継社長は時代が選ぶ

「角を矯めて牛を殺す」という諺がある。牛の曲がっている角をまっすぐに直そうとして、かえって牛を死なせてしまうことから、小さな欠点を直そうとしてかえって全体をだめにしてしまうたとえだ。

氏家は、激烈な営業で知られる〝ノルマ証券〟を廃して、ジェントルマン集団に変えた。これで、野村證券は、ごく普通の会社になってしまった。「角を矯めて牛を殺した」と冷笑された。野村證券を去ったOBたちは、たいていそう思っていた。

野村グループCEOの永井浩二はダイヤモンド・オンラインの連載インタビュー（2017年8月7日から8月28日）で、鈴木政志が氏家純一を社長に指名した経緯について、こう語っている。営業畑一筋の永井から見て、国内のリテール（小口営業）部門を一度も経験したことがない氏家を社長にしたことは、じつに意外だった。

〈それから数年後のこと、私は鈴木さんと飲んだ。そのとき、「なぜ氏家さんを選んだのですか」と鈴木さんに尋ねると、「おお、あれか。あれは俺が選んだんじゃないんだ」と言うではないか。私はびっくりしてしまった。

「鈴木さんが選んだのではなければ、誰が選んだのですか。ひょっとしたら大タブさん（氏家さんから4代前の社長だった田淵節也氏のこと）ですか」

「いやぁ、あれはな、時代が選んだんだよ」

まるで、禅問答なのである。しかし鈴木さんには、トップを考える確かな目があったのだと思う。

そのとき身内の気安さもあって鈴木さんは、自説を披露してくれた。

野村證券の歴代社長は戦後、奥村綱雄、瀬川美能留、北裏喜一郎、田淵節也（通称・大タブ）、田淵義久（同・小タブ）、酒巻英雄、鈴木政志とつながり、そして氏家純一へと引き継がれた。

鈴木さんによれば、歴代社長は前任者と仲が悪いこともあったという。仲が悪いと、当然ながら本人たちと番頭格を筆頭とする取り巻き一派が、後継社長の椅子をめぐって壮絶な戦いを繰り広げる。

しかし、同時に野村證券には、不思議と「この先5年、この先10年」を考え、そこにどのような資質や能力が必要かを考えながら後継者を決める気質というか、DNAというか、発想があった。

鈴木さんはこう言った。

「野村という会社は、次の10年を真剣に考えて、仲の良し悪しなど気にせずに時代の条件に合った人を選んできたんだ。俺も次の時代の野村に何が一番必要かを考えたら、氏家君しかいなかったんだよ」〉（注6）

氏家の社長在任期間は1997年5月から2003年4月までの6年間である。その間、野村アセットマネジメントや野村インベスター・リレーションズを子会社にしたように、野村グループの再編に力を注いだ。そのうえで持ち株会社に移行するとともに、持ち株会社をニューヨーク証券取引所に上場（ADRとして上場）した。

グループ再編と持ち株会社への移行によって、反転攻勢の準備はととのった。永井は、これを氏家の最大の功績と見なしている。そして、まわりの懸念をものともせず、断固として氏家を推した鈴木の眼力を見習うことにした。

リスク管理力を買われた財務出身社長・渡部賢一

野村證券が総会屋利益供与事件で解体的出直しを迫られた1997年は、日本が未曾有の金融危機に見舞われた年でもあった。昭和初期の金融恐慌の再来寸前といわれた。

1997年11月17日、北海道拓殖銀行が資金繰りに行き詰まり経営が破綻した。戦前から特別立法にもとづく国策銀行として道内に君臨した拓銀が100年の歴史の幕を閉じた。

同年11月22日、山一證券は自主廃業を決めた。負債総額は3兆円。戦後最大の倒産となった。山一證券の最後の社長となった野澤正平は、自主廃業を発表する席上、「社員は悪くありませんから。悪いのは我々です。お願いします。就職できるようにお願いします」と泣きながら叫んだ。

金融機関の破綻が相次いだ。

１９９８年10月23日、日本長期信用銀行の経営が破綻し、戦後初の民間銀行の国有化が決まった。同年12月13日、日本債券信用銀行に対して特別公的管理（一時、国有化）の開始が決まった。

野村證券も例外ではなかった。山一證券が自主廃業すると、国際金融市場は日本の金融界全体に強い不信感を抱くようになった。海外勢は日本企業に資金を出さなくなった。米国野村は資金調達が困難になり、行き詰まりかけていた。

このとき、野村證券の〝救世主〟となったのが渡部賢一である。

渡部は兵庫県下のキリスト教系進学校、六甲学院高校を卒業して神戸大学経済学部に進んだ。良家の子弟が集う高校の校庭でバイクを乗り回したエピソードが残っている。校則に縛られることを嫌ったのだろう。その反骨精神は社会人になっても変わらなかった。冒頭に書いたように、金融当局に徹底抗戦した際に、この特性がいかんなく発揮された。

１９７５年、大学卒業後、野村證券に入社。渡部は国内営業や株式本部、債券売買とは無縁で、企画・財務部門を歩いた。海外業務企画部長、主計二部長、総合企画室付部長を歴任、１９９７年主計部長に就いた。山一證券の破綻ショックで、米国野村の資金繰りが行き詰まりかけたときだ。

〈このとき、財務を取り仕切っていたのが、まだ取締役にも昇格していなかった主計部長の渡部であった。実は、彼のチームはその半年ほど前からこうした非常時に対応すべくコンティンジェンシープランを立て、予行演習を行っていた。

苦心して世界の各拠点からカネをかき集め、米国に送金して窮地をしのぐと、彼は、当時の金融界では異例の行動に出た。郵政省に出向き、郵便貯金、簡易保険局が保有する日本国債を無担保で賃借し、レポ市場で売却、資金を調達したのである。

レポとはリパーチェス・アグリーメントの略であり、特定日にあらかじめ合意された利率で買い戻す条件で国債などを売却し、即時利用可能な資金を取得する取引である。

（中略）

現在、国債の貸出は自らの資産の健全さに直結するため、いずれの金融機関も審査は融資同様に厳しい。だが、当時は会計基準も異なっていてそれほど厳格ではなく、郵貯、簡保にとっては、いわば非稼働資産であった。そこに目をつけた斬新な発想と、手数料だけで無担保賃借を成功させた行動力、交渉力は、コンティンジェンシープランを用意していた周到さと併せて、「野村を救った」（旧首脳）〉（注7）

コンティンジェンシープランとは、予期せぬ事態に備えて、あらかじめ定めておく緊急時対応計画のこと。リスク管理の功績が認められ、渡部は１９９８年６月、取締役に昇進し、財務兼審査本部を担当した。

２００１年10月、持ち株会社体制への移行にともない、持ち株会社の野村ＨＤと事業会社、野村證券に機能を分割した。持ち株会社野村ＨＤの社長には氏家純一が就き、２００３年、古賀信行と交代した（兼野村證券執行役社長）。渡部は、事業会社である野村證券の常務取締役となり、専務執行役をへて、２００６年、国内営業部門ＣＥＯ、執行役副社長となった。

２００８年４月、野村ＨＤで唐突な社長交代があった。古賀信行が退任し、後任に野村證券執行役副社長の渡部賢一が起用された。米サブプライム（信用力の低い個人向け）住宅ローン関連の損失で、２００８年３月期に６７８億円の最終赤字に転落し、米国事業の縮小を迫られた責任を、古賀が問われたとされた。

しかし、米国事業を本来、統括する立場のＨＤ会長の氏家は居座りつづけ、古賀は野村證券執行役会長という名誉職に退いた。しかも、渡部は古賀の1年後輩で、若返りにはほど遠い。不可解なトップ交代だった。「古賀外しの密室のクーデター」との見方が、その後定着した。

世界的投資銀行への変身という幻

２００８年９月15日、米投資銀行のリーマン・ブラザーズの経営が破綻した。これにより世界的な金融危機が勃発。リーマン・ショックと呼ばれた。

このとき抜群の行動力を発揮したのが、野村ＨＤのＣＥＯ・渡部賢一とＣＯＯ・柴田拓美のコンビだった。渡部は自分の右腕として野村アセットマネジメントから柴田をＣＯＯとして呼び戻した。

柴田は１９７６年、慶應義塾大学経済学部を卒業し野村證券に入社。ハーバード・ビジネス・スクールを卒業後、英ロンドンの野村インターナショナルに派遣された。柴田はロンドンの12年をはじめ、香港、ボストンなど計17年の海外駐在で、欧米市場での経験を積んだ国際派だ。流暢な英語でジョークを操る。

９月22日、ＣＯＯの柴田は米国へ飛び、リーマンの日本を含むアジア・太平洋地域で働く３０００人超のリーマン・グループの従業員と、関連事業を継承することで基本合意した。その足で、ロンドンに渡り、23日、欧州と中東地域の株式・投資銀行部門で働く２５００人を野村グループで雇い入れた。野村グループは、リーマンの従業員５５００人を一手に引き受けたことになる。

下落の恐れがある不動産や有価証券などの資産や負債は引き継がず、投資銀行の最大の財産である人材にしぼって買収を提案した。欧州・中東部門の買収価格はたったの2ドルだった。柴田によれば「会社を買収したというよりも、人材を買った」ことになる。

野村の社員よりも、はるかに高度な金融知識、投資ノウハウを持つリーマンの社員を囲い込み、グローバルな投資銀行に脱皮することをねらった戦略的なＭ＆Ａと解説された。

野村は国内市場ではガリバーだが、投資銀行業務では海外の大手の足元にも及ばなかった。その野村が、リーマン破綻からわずか10日後、米ウォール街の大手投資銀行と競争する力を備えた巨大企業に〝変身〟することに懸けたのである。

渡部と柴田の栄光の日々は、こうだった。

〈渡部＝柴田コンビの決断は、「巨象が目覚めた」と市場から賞賛された。買収から一年ほどは、国際投資銀行業務は成功だったように見えた。欧州では、野村に残った元リーマンのスタッフなしでは決して得られない重要案件を受託できた。世界最大の商品取引商社グレンコアがスイスの鉱業大手エクストラータの買収に取り組んだとき、野村はエクストラータのアドバイザー5社の1社として名を連ねた。

リーマンとの事業統合が完了した最初の通信簿といえる２０１０年3月期決算では、海外事業を含む国際ホールセール部門は１７５０億円の税引き前利益を計上した。この数字は、野村の利益の柱であり続けた国内リテール事業を上回るものだった。

リーマン買収と海外事業の拡大は、野村にとっても、海外事業を統括するＣＯＯの柴田にとっても喜ばしいことだった。すべてうまくいっているように思えた。当時、柴田は、「野村は世界クラスの組織になりつつある」と豪語したという。米ウォール街で、米大手投資銀行と互角に渡りあえる手応えを感じていたのである。

このときが、渡部＝柴田コンビの絶頂期であった〉（注8）

「リーマン買収後、野村はガタガタになった」

ユーロ危機の勃発が、すべてを吹き飛ばした。欧州株の取引は崩壊し、海外の野村グループは大きな損失をこうむった。野村グループの社員の平均年収が１０００万円台なのに、旧リーマン社員は４０００万円台。高給を保証して、最終的にはリーマンの株式部門や投資銀行部門の８０００人を引き継いだのだから、人件費が急増しないわけがない。２００９年のギリシャに端を発した欧州債務危機で、外人部隊がさっそく重荷となった。

加えて、ホールセール部門（法人向け）の日本人社員までリーマン流の成果連動型の報酬体系に変えてしまったのだから、踏んだり蹴ったりだった。気がついたら、どう逆立ちしても利益が出ない高コスト体質になってしまっていた。海外事業の赤字がどんどん膨らんでいった。

２０１１年６月、ＨＤ会長の氏家純一が退任し、常任顧問に退いた。後任には野村證券会長の古賀信行が就いた。氏家は社長６年、会長８年の計14年間にわたって経営をになってきた。氏家が掲げた「世界の投資銀行」になる目標が破綻したのは明らかだ。経営責任を問われる前に遁走したと陰口を叩かれた。

２０１１年秋頃から「（ノムラは）三菱ＵＦＪフィナンシャル・グループ（ＭＵＦＧ）に吸収される」といった観測が公然と語られるようになった。

「野村・ＭＵＦＧ統合の可能性について」――米シティグループ証券は２０１１年11月10日付の投資家向けレポートで、この問題に踏み込んだ。野村ＨＤの買収観測は、夏頃から経済専門誌で報じられていたが、証券界には同業他社の経営（ことに経営危機）には触れないという不文律がある。証券会社のレポートが、ノムラの危機を正式に取り上げたのは、このときが初めてだったかもしれない。

同レポートは「短期的には買収・合併の可能性は低い」としながらも、世界的な金融危機がさらに悪化し、流動性がいちじるしく低下した場合には、「商業銀行と投資銀行の統合は十分ある」と指摘した。市場は「統合あり」との結論だと受け止めた。

２０１１年９月中間決算の連結純損益は、２８３億円の赤字に転落。半期ベースの赤字は、リーマン・ショック直後の２００９年３月期以来、２年半ぶりだった。11月には欧州を中心としたリストラ策を打ち出した。人員削減数は1000人規模で、リストラのコストは総額12億ドル（約924億円＝当時の為替レート1ドル77円で換算）になった。

資金繰り悪化も囁かれた。米格付け会社のムーディーズはBaa2の格付けを引き下げることを検討。2段階下がれば投資不適格となり、株式市場から資金調達が困難になる。すでに、子会社の野村プリンシパルファイナンスを通じて保有していたハウステンボスや、すかいらーくの株式を売却。さらに英紙フィナンシャル・タイムズは〈野村不動産や野村総合研究所株の売却を複数の海外ファンドに打診した〉と報道した。

海外での損失が膨らむにつれ、投資銀行部門のリーマン出身者より、かなり少ない報酬で働く国内リテール部門の社員たちから、はっきりと批判の声が上がるようになった。

野村HDの業績悪化を招いた最大の要因は、経営破綻したリーマン・ブラザーズの欧州・アジア両部門を引き継ぎ、人件費が増加したことにある。金融庁幹部をして「リーマン買収後、野村はガタガタになった」といわしめるまでに経営は悪化した。

欧米の金融マフィアに嵌められた

リーマン買収の失敗が明々白々となった。この買収を主導した渡部、柴田の2トップの経営責任を問う声が日に日に高まっていった。リーマン買収の失敗の原因は「国内営業を知らないトップが机上の空論を実践したことにある」と国内営業組は言い切った。欧米の金融マフィア、赤鬼、青鬼に嵌められたわけだ。

渡部にトドメを刺したのは、海外部門が垂れ流しつづける赤字だった。増資インサイダー事件は、引責辞任に追い込むための〝入り口〟にすぎなかった、と冷めた見方をする野村の元役員もいる。

柴田が「（リーマン・ブラザーズの地域）会社を買収したというより、人材を買った」と胸を張ったことはすでに書いた。

ここに大きな落とし穴があったわけだ。

リーマンに所属していた超一流の人材は、リーマンが経営破綻する前に難破船から下りていた。もっと大きな船に、同じ待遇か、それ以上の待遇で乗り移っていたのだ。

沈没寸前になっても、優秀な人材は救命ボートで拾われた。年俸などの待遇は少し落ちたが、欧米の同業他社に移って、それなりの責任を持たされ、プライドを維持しながら仕事をつづけた。

「人材を買った」はずの野村が手に入れたのは、人材と呼べるほどのプロではなかったのだ。お人好しの渡部と柴田は、従前の年俸を保証し、リーマン時代以上の権限を与えたりした。破格の待遇といってよかった。

野村に移った当初は、必死になって頑張ったのかもしれない。スタート時点では、それなりに業績が上がった。とはいっても、当然、実力がともなわなければ長つづきしない。海外のM＆Aで会社を買うのも難しいが、人を買うのはもっと難しいことに野村のトップ2人は気づいていなかった。

ニューヨークのオフィスビルを日本企業に売る際には、日本で知られている企業に無料でビルに入居してもらったりして、見合い写真の修正よりもっとあくどい手を使って、オフィスがフル稼働しているよう取り繕う（つくろう）エージェント（業者）が暗躍する、との噂がある。

日本企業が相場より高い値段でオフィスビルを買ったとしよう。3ヵ月後には、テナントのほとんどが姿を消すのだという。

大手商社などがハワイのコンドミニアムを買収した折もそうだった。煌々（こうこう）と輝いていたシャンデリアが、買収したとたんにすべて消え、幽霊コンドミニアムになったりしたことが、バブルの時代にはたくさんあった。

野村が買収した人材の中にも、幽霊は存在した。優秀な部類に入るプロの金融マンが短いあいだ、在籍したことはあったが、それは特殊な契約をしていた人たち。あっという間に、櫛(くし)の歯がボロボロと欠けるように姿を消した。最後まで残ったのは、生き馬の目を抜くロンドンの金融街、シティなどでは戦力外とみなされるスタッフだけだったのではないか、と筆者は推測している。

幽霊人材もお化けコンドミニアムも、買収を決断した経営者は自分の恥になるから、口が裂けても本当のことは言わない。

組合トップもつとめた営業出身社長・永井浩二

2012年8月1日、永井浩二が野村HDの社長の椅子に座った。久々の営業出身の社長の誕生に、営業部門は熱狂した。

永井浩二は1959（昭和34）年1月、東京都新宿区市谷で生まれた。1981年、中央大学法学部を卒業して、野村證券に入社した。四国の高松支店に配属され、初めて箱根山を越えた。

永井は日本経済新聞で「私の課長時代」を語っているので要約する。

「高松支店に4年間勤務した後、本店営業部に抜擢された。野村は若手を積極登用する『キープヤング』が徹底していた。20代の終わりに本店営業部で『課長席』と呼ばれる課長職となり、部下を6人もった。

1988年に従業員組合の専従に。後半は委員長を務めた。委員長時代の91年に損失補填問題で社内が大揺れに。本社への怒りが収まらない組合員と何度も議論を重ね、現場をまとめることに腐心した。

豊橋支店と岡山支店で支店長を務めた。1999年、40歳で本社法人部門に異動になった。入社以来の希望だった法人営業への異動がやっとかなった。秘書や社用車が付いた支店長時代と様変わりし、一人の投資銀行マンになった。

周囲から『お前、何をしでかしたのか』と心配された。私自身は『会社がようやくチャンスをくれた』と思ったが、すぐに後悔した。社内会議や顧客との間で飛び交う専門用語が全く理解できない。本屋で金融辞典を調べる、といったありさまだった」(注9)

永井は京都支店長をへて、2003年野村證券の取締役に昇進した。古賀信行が野村HDと野村證券の社長を兼務した年だ。政変で、渡部賢一体制が誕生した翌年の2009年、代表執行役専務。金融庁との全面戦争の末に渡部が失脚した2012年、野村證券社長と野村HDの代表執行役、グループCEOになった。永井も持ち株会社と事業会社のトップを兼務したわけだ。

「会社を根底からつくり直す」と決意表明

「もう一度、会社を根底からつくり直す」

永井は、HD社長就任の記者会見でこう語った。

これには、2つの意味があった。

1つは、信頼の回復だ。市場の信用は地に墜ちていた。

もう1つは、環境変化に対応した新たなグローバル戦略を構築することである。

永井は、前出のダイヤモンド・オンラインのインタビューのなかで、経営者になってから、何に重点に置いて取り組んできたか、縷々述べている。

環境変化に対応するため販売方法を見直した。具体的には、ブローカレッジ(委託売買)業務中心の営業スタイルを改め、現役とシニア世代のそれぞれのニーズに応えるコンサルティングに軸足を移した営業スタイルを打ち立て、ストック収入を重視する、というものだった。

リーマン事業の買収で大失敗した海外事業を見直した。アジアに立脚した金融サービス・グループに変身することを摸索した。

永井は、このロングインタビューで「セクショナリズムの壁をなくす」ことを熱っぽく語っている。自身の体験にもとづいた発言だ。

永井は入社当初、インベストバンキング（投資銀行）部門を希望したが、願いは叶わず、リテール分野の担当となった。リテールで成績を上げ、36歳で豊橋支店長、38歳で岡山支店長になった。

〈ところが40歳の異動でインベストバンキング部門である事業法人一部の次長を拝命した。個人的にも「なに、それ!?」であり、周囲も岡山の一国一城の主から法人の一介のプレーヤーへの異動に驚き、「お前、なにかやったのか」と言われた。それほど異例な人事だった。

法人に異動したてのことである。「永井？　あぁ、彼はリテールの人だから」と言われた。私が一番嫌いなのが「あの人は○○だから」という決めつけだ。あの時も悔しくてしようがなかった。

さらに驚きだったのは、事業法人一部長や企業金融三部長を務めて42歳で京都支店長になったときだ。京都支店長は、リテールと事業法人の両方をカバーする。私自身はかつて京都支店で課長を務めていたこともあったので、京都はある意味で故郷であり、リテールでも頑張れるな、と考えていた。

ところが京都支店の若い人は、「永井支店長は事業法人の人だから」と言うではないか。さらに京都支店長から取締役で企業金融本部の担当になると、今度の部下たちは、「永井さんはリテールの人だから」――。

それでやっと気づかされた。「なるほど、人というのは、これほどまでに、あいつはこうだから、と決めつけたがる」。それはとりもなおさず組織間の壁、セクショナリズムの反映だった。「これを潰さないと、野村は世の中の変化に対応できないまま潰れていく」と思った〉（注10）

そのために、ある一定の比率で、キャリアチェンジの経験を積ませることが必要だと考えるようになった。とはいえ、セクショナリズムの壁を壊すことは生易しいものではなかろう。

セーフティーネットがない巨大金融機関の行方

野村HDグループCEOの永井浩二は、どんな未来図を描いているのか。

ロイターとのインタビューで、投資銀行業務の市場規模で世界の半分を占める米国で体制強化を急ぐ考えを示している。

〈米国はグローバルなフィープール（投資銀行の市場規模）で世界の半分以上を占めているにもかかわらず、われわれのプラットフォーム（引用者注：顧客基盤）は強くない。日本・アジア、ヨーロッパをカバーしている強いセクターがあっても、アメリカが繫がらなければ意味がない。できればすぐに（米国を）強化したい。

米国でバルジブラケット（大規模投資銀行）と戦おうなんて気はまったくない。日本とアジアに立脚しているという強みを生かし、アメリカと繫いでいく。さらに欧州もあり、欧州と米国も繫ぐ。それでやろうと思っている。案件のサイズも別にエレファントディール（同：巨大投資案件）を追っかけるつもりはない。時価総額で10億ドルから100億ドルの中小企業向けの投資銀行業務を手掛けていく〉（注11）

リーマン・ブラザーズについては、こんな反省を口にした。

〈（リーマンの事業の継承は）初めての経験で高い授業料を払って勉強した。次に、もしどこかを買収することがあれば、もっとうまくやる。ただ、顧客基盤は間違いなく広がった。われわれがオーガニックにやっていては10、20年掛かっても無理だった。（リーマン関連の事業も）コストコントロールもやり、なんとか利益が出るような体制にようやくなった〉（同注11）

永井は、セクショナリズムの壁を取り払って、オーガニック組織に転換させ、新しいビジネスモデルを構築しようとしている。オーガニック組織とは、ルールの制約が少なく、人事の階層も多くないものを指す。グーグルやフェイスブックのように、プロジェクトごとに最適な意思決定が早くできる組織のことだ。

永井が中心に据えているのは、米国での中小企業向けの投資銀行業務だ。

２００８年のリーマン・ショック後、欧米の投資銀行（証券業務をやっている銀行といった範疇（はんちゅう）。日本でいうと証券会社）は商業銀行の持ち株会社の傘下に入った。銀行の持ち株会社であれば中央銀行からの資金供給も、政府から公的資金の注入も可能となる。

だが、証券会社には中央銀行からの、直接の資金供給の道は閉ざされている。２０１１年の経営危機の際、「三菱ＵＦＪフィナンシャル・グループに吸収される」といった観測が流れたのは、銀行の傘下に入れば、公的資金の注入などで救済されやすかったからだ。

野村ＨＤは、唯一（ゆいいつ）、欧米の投資銀行のように銀行の持ち株会社の傘下に入る道を選択しなかった。言葉を換えていうなら、野村ＨＤは、いざとなったとき、セーフティーネットがない巨大金融機関なのである。金融当局が最も危惧（きぐ）しているノムラの弱点が、じつはこれなのだ。

永井は、投資銀行の独自のビジネスモデルの本格的な構築は、後継者に託す。

鈴木政志の眼力に敬服する永井は、10年先を見据えてトップを選ぶことになる。

順当にいけば野村證券社長の森田敏夫だが、共同グループ最高執行責任者（ＣＯＯ）に就任した米州地域ヘッドの奥田健太郎が、ポスト永井の最有力候補に浮上した、との見方があるのは、永井と同じ方向の明日（あした）、未来のノムラを見ているからだ。

もっとも、野村ＨＤのトップ人事はサプライズの連続だから、蓋（ふた）を開けてみないとわからない。

ポイント▼会社は社長で決まる

「会社は社長で決まる」。言い古された言葉だが、結局、会社は社長がすべてなのだ。会社が存続できるか、潰れるかは9割以上、社長の力量で決まる。これはまぎれもない事実だ。新任の社長は、社長としては未熟なのに、すぐに結果を求められる。それが社長の現実なのである。

奥村綱雄の後、瀬川美能留、北裏喜一郎がそれぞれ10年ずつ社長をつづけ、その次の田淵節也は6年で会長になった。彼らは、激しいサバイバルゲームに勝ち抜いて社長の座を力で奪った。その過程でノムラではつねに、ナンバー2を複数つくり、競わせた。

１９８５年、社長に就いた田淵義久は無競争当選だった。ここから変調をきたす。その後は、不祥事のたびに社長が入れ替わった。損失補填事件で酒巻英雄、総会屋利益供与事件で氏家純一が登場した。いずれも緊急避難的なトップ人事で、競争を勝ち抜いて社長の座を射止めたわけではない。

さらに、古賀信行、渡部賢一と、営業経験がまったくない〝内務官僚〟がトップに登りつめた。内務官僚は、あくまで参謀（さんぼう）に徹すべき。全軍を率いる器（うつわ）ではない。

渡部はリーマンの事業の買収を決断しただけで、結果責任を取らなかった。社長としての基本的な所作を、まったく理解していなかった。自覚がなかったのである。

会社の良し悪しは、社長で決まる。野村證券の失墜は、その反面教師である。

第5章　クックパッド――ガバナンスに足をすくわれた創業社長

結婚産業の会長に婚外子4人のイメージダウン

株式市場では有名タレントの結婚が材料になり、株価が上がったり下がったりすることがある。

結婚式場の口コミサイトを運営する「みんなのウェディング」の株価は２０１７年5月1日、前週の金曜日（４月28日）と比較して１５０円高の１１３７円をつけた。

女優の菊川怜（きくかわれい）は4月28日、フジテレビ系情報番組「とくダネ！」で、27日に「40歳代の一般男性」と結婚したことを電撃的に発表した。2～3年前に知人の紹介で出会い、今年に入って恋愛関係に発展、交際2～3ヵ月のスピード婚だという。

スポーツ紙は、相手は日本最大の料理レシピサイトを運営するクックパッドの元社長で投資家の穐田誉輝（あきたよしてる）だと報じた。穐田は、みんなのウェディングの取締役会長であることから、イメージアップにつながるとの期待から株価が上がった。

ところが、5月10日発売の「週刊文春」と「週刊新潮」が、穐田の〝女性遍歴〟を暴露した。じつはバツイチで、「前妻ではない2人の女性とのあいだに3人の婚外子がいる」と報じた。

あくまで「一般人」と主張する穐田は、この報道にブチ切れて、東京地裁に名誉毀損による出版差し止めの仮処分申請をおこなう、おこなわないの騒動になった。さらに4人目の婚外子もいた、という報道もつづいた。

結婚式場の口コミサイトの経営者が、複数の女性とのあいだに婚外子をもうけている。イメージダウンは避けられないとの懸念から、みんなのウェディング株は一転して売られた。5月12日の安値は976円、終値は991円まで下げた。年間の安値圏へと逆戻りしたわけだ。

その後も株価は低迷。18年3月現在の株価は700円から800円台の往復となっていた。

経営権争いの後にきた業績不振

料理レシピサイト「クックパッド」では、創業者の佐野陽光と、社長の穐田誉輝のあいだで、経営権をめぐる抗争が勃発した。

菊川玲の結婚相手、穐田誉輝はクックパッドのお家騒動で一躍有名人になったベンチャー投資家だ。内紛を解決する手切れ金として手に入れたのが、クックパッドの子会社だったみんなのウェディングである。穐田は発行済み株式の59・32％（2017年9月末時点）を保有するオーナーだ。

みんなのウェディング（以下、みんなのW）の2017年9月期決算（日本会計基準、非連結）の売上高は前期比7・9％減の15億6800万円、営業利益は同78・5％減の5000万円、純利益は同11・1％減の1億3500万円だった。結婚式場情報サイトは式場から受け取る広告収入が収益源である。広告料金を値下げした結果、出稿本数は増えたが、それでも値下げした分を補えなかった。

2018年9月期の売上高は前期比8・4％増の17億円、営業利益は5倍の2億5000万円、純利益は3・5％増の1億4000万円を見込んでいる。挙式件数に応じた手数料収入が伸び増収を予想。東京・港区への本社移転が完了し、オフィスの賃貸料が減ることから増益を見込んでいる。

一方、創業者の佐野陽光が経営権を取り戻したクックパッドの業績はどうか。2017年12月期決算(国際会計基準、連結)の売上高に当たる売上収益は前期比20・4%減の134億800万円、営業利益は7・5%増の53億9100万円、当期利益は236・7%増の34億8900万円だった。

みんなのWを売却し、連結決算から外したため減収になった。子会社の減損費用が減少したことで増益になったが、主力の料理サイトなどを運営する会員事業が好調で増益になったわけではない。

クックパッドの株価は2017年12月29日の大納会の終値は607円。10年来の最高値2880円(2015年8月17日)より79%下落した。その後も落ち込みに歯止めがかからず、2018年5月11日には547円の年初来安値に沈んだ。

みんなのWの大納会の終値は825円。上場以来の最高値3675円(2014年3月25日)より78%の下落だ。2018年2月9日には664円の安値をつけた。そこは穐田だ。得意のM&Aで株価の浮揚をはかる。みんなのWと、同じく穐田が買収した住宅・不動産のポータルサイト「オウチーノ」が18年10月に経営統合し、共同持ち株会社「くふうカンパニー」を設立すると発表したことから、みんなのWの株価は反転し、6月1日に1144円。しかし、カリスマ投資家が苦戦中なのは明らかだ。

株式市場は、お家騒動に明け暮れたクックパッド、みんなのWに厳しい判定を下した。

慶應SFC出身のベンチャー起業家・佐野陽光

佐野陽光は1973(昭和48)年5月、東京都生まれ。建設会社に勤めていた父親の転勤により、シンガポールで8年、米国ロサンゼルスで4年間過ごし、ロサンゼルスの高校を卒業した。

リクルートが運営するエンジニア応援サイトで佐野は起業の経緯を語っている。

〈コンピュータは小学校のときにＭＳＸ（引用者注：米マイクロソフトとアスキーが開発したパソコン）を買ってもらって、ＦＭ77ＡＶ（同：富士通が開発したパソコン）は父親の転勤でアメリカに行くときにも持っていきました。

ロサンゼルスで高校時代を過したことも自分の中では大きかったと思います。「えっ、こんなことも知らないの？」と常識のようなものを問われない替わりに、好きなものを持っていないとカッコ悪いんですよ、アメリカは。コンピュータや機械好きはここでも生きて、頭脳明晰（めいせき）な連中とソーラーカー作りに挑んでいた時期もありました。自分たちでお金から集めて。面白かったのは、目的はソーラーカーを作ることで、文系も理系もなかったことです。自分の得意なことをやるわけですね。持っている知識や技術は、目的を達成するための道具に過ぎない。そういう感覚なんですよ〉（注１）

大学では古い「スバル３６０」の改造やスクーターの電動化の実験もおこなった。機械やコンピュータをいじるのが好きだったが、大学に入ってインターネットに軸足を移す。

帰国子女である佐野は１９９３年、慶應義塾大学環境情報学部に入学した。１９９０年に既存の学問分野を解体、21世紀の実学をつくり上げることを目標とした湘南藤沢キャンパス（ＳＦＣ）の創設と同時に同学部は開設された。

１９９４年、インターネットの商用化がはじまった。その黎明（れいめい）期に、佐野は学生時代を過ごした。ＳＦＣは日本のインターネットの父と呼ばれることになる村井純（むらいじゅん）助教授（のち教授）をはじめ若きインターネット研究者が集（つど）う梁山泊（りょうざんぱく）だった。佐野はインターネットの基礎から学んだ。ＳＦＣからはＩＴ起業家が多数輩出したが、佐野はその第一世代にあたる。

１９９７年、慶應義塾大学を卒業。企業に就職せずに、同年10月にクックパッドの前身となる有限会社コインを神奈川県藤沢市のアパートの一室で立ち上げた。

〈大学卒業後、就職しなかったのは、お金の保証がなくなると怖さを感じるという自分の〝弱い部分〟を、会社に預けてしまうと辞められなくなる〉（同注1）と考えたからだ。

どんな事業で起業するか、かなり頭を悩ませた。長い外国暮らしで食生活が不規則になったり、生活習慣になじめなかったこともあって、食の大切さを知り、「料理が家族を幸せにする」という信念を持つようになった。

1998年3月、料理レシピの投稿・検索インターネットサービスを開始。翌99年、サービス名をクックパッドにした。当初は、本業では食っていけず、メールマガジンを手がける「まぐまぐ」のシステム開発のアルバイトで糊口をしのいだ。

「まぐまぐ」は有料メールマガジンの発行を代行する業務が柱で、設立当初は競争相手が少なかったことから会員数を伸ばしていた。

佐野が会社をつくった当時は、インターネット関連のニューサービスが一斉に立ち上がった揺籃期だった。

〈サーバーを増設する費用がなく、新規ユーザーをいかに増やさないか（傍点は引用者）に苦心した。それでも、ベンチャーキャピタルからの出資の申し出は断った。事業モデルが確立しないのに出資を受けたら赤字が増えるだけだ〉（同注1）

2000年、インターネットバブルがはじけ、乱立していたネット企業の多くが姿を消した。

佐野も夢破れたネット起業家で終わっていたかもしれない。

ネットバブルに背を向け新ビジネスを模索

2000年2月2日、東京港区六本木のディスコ「ヴェルファーレ」でベンチャー企業の交流会が開催された。当時、ベンチャー企業が多く集った渋谷は、米国のシリコンバレーをもじってビットバレーと呼ばれ、投資家と起業家の欲望が交錯していた。この交流会には、ビットバレーのベンチャー企業の起業家たちが数多く集結した。

遅れて駆けつけてきたソフトバンク社長の孫正義（そんまさよし）が、「（ダボス会議に出席した）スイスから飛行機を３０００万円でチャーターしてやってまいりました」とスピーチすると、参加者から地鳴りのような歓声がわき起こった。ソフトバンクの株価は上昇をつづけ、同年２月15日、19万８０００円の最高値を記録した。

ネットバブルのはじまりは、１９９９年６月15日、ソフトバンク社長の孫正義が打ち出した「ナスダック・ジャパン」構想だった。米店頭市場ナスダックの日本版をつくるというもの。ベンチャー企業を育成するために、米国同様、創業から数年の赤字企業でも上場できる新しい市場を創設する、との触れ込みだった。

若い起業家に、短期間で株式公開の道が開ける。彼らにとって孫正義は、一攫千金（いっかくせんきん）の夢を実現させてくれる拝金教の〝教祖様〟であった。

最初から株式公開を視野に入れて企業を立ち上げる起業家が急増した。みずから進んでマネーゲームのプレーヤーとなって、ネットバブル狂想曲の熱狂に加わった。

佐野陽光は、１９９０年代後半から２０００年代前半のネットバブルと、それにつづくヒルズ族の熱気と陶酔とは無縁に過ごした。インターネットを利用したビジネスをやるというだけでは意味がない。ＩＴ技術を駆使して新市場を創り出すビジネスモデルを模索していたからだ。経営理念を明確にして、新しいビジネスモデルをつくることに全力を傾けた。

料理レシピ投稿サイトの課金モデル

２００４年９月、有限会社コインからクックパッド株式会社に変更。プレミアムサービスを開始した。クックパッドは日本最大のレシピサイトである。プレミアムサービスが、佐野がベンチャー起業家として離陸する踏み台となった。

無料会員で全体の数を増やし、ヘビーユーザーである一部の利用者に有料で質の高いサービスを提供するビジネスモデルだ。有料会員（プレミアム会員）になると、人気順の検索や管理栄養士が監修した専門家レシピを見ること、レシピのカロリーと塩分の表示、などができるようになる。

クックパッドのレシピは、基本的にはユーザーから投稿されたものだ。投稿してもタダなのに、なぜたくさんの投稿が集まるのか。投稿レシピに対して、別のユーザーが実際に料理をつくった報告を投稿できる「つくれぽ」という機能に秘密がある。

レシピ投稿者は、他のユーザーから「おいしかったです」と反応が返ってくることで満足を得られる。つくれぽを10人が投稿すれば「話題のレシピ」、１０００人になると「殿堂入りレシピ」となり、有料会員は、つくれぽの数が多い人気レシピを検索できる。

プレミアム会員がクックパッドの収入源になった。課金モデルをつくったことで、クックパッドの業績はやっと水面に浮上した。

２００５年４月期決算の売上高はわずか２５３８万円。最終損益は１２１２万円の赤字だった。翌06年同期の売上高は１億２１４８万円となり、３６３８万円の最終利益を出した。「利益が出るまで7年かかった」と佐野は語っている。

２００７年７月、指名委員会等設置会社に移行した。指名委員会等設置会社は米国の制度にならって２００２年の商法改正で導入された。取締役会の中に社外取締役が過半数を占める委員会を設置する。取締役会が経営を監視する一方、業務執行は執行役に委ねる。従来の株式会社より、二段階も三段階も次元の高い統治形態（コーポレート・ガバナンス）である。

指名委員会等設置会社に移行したことが、お家騒動の原因となった。

カカクコム買収で成功したエンジェル投資家・穐田誉輝

指名委員会等設置会社への移行にともない、クックパッドに出資していた穐田誉輝が社外取締役に就任した。佐野と穐田の関係は、ベンチャー起業家とエンジェル（創業間もないベンチャー企業に投資する個人投資家）の間柄。穐田はベンチャーキャピタリストである。

穐田誉輝は１９６９（昭和44）年4月、千葉県の生まれ。青山学院大学経済学部を卒業し、１９９３年、野村證券系のベンチャーキャピタル大手、日本合同ファイナンス（現・ジャフコ）に入社。ベンチャー企業の投資・育成業務や市場調査を担当した。

１９９６年、中古車買い取りのジャック（現・カーチスホールディングス）に転じ、新設のダイレクトマーケティング部の初代責任者に就任した。インターネット通販の仕組みを構築し、同社を店頭公開へと導いた。

これで自信を得た穐田は１９９９年、ベンチャーキャピタル、アイシーピーを設立し、代表取締役社長の椅子に座った。ベンチャー企業に出資するだけでなく経営に参画するのが基本的なスタイルである。

ネットベンチャーが百花繚乱のごとく咲き誇ったネットバブルの時代のことだ。

２０００年5月、アイシーピーはカカクコムに出資し、穐田は非常勤取締役に就いた。カカクコムは１９９７年、東海大学出身のベンチャー起業家、槙野光昭が、パソコンやＡＶ機器などの製品のインターネット価格比較サイト「価格.com」を立ち上げたことにはじまる。

２００1年、じつは、カカクコムは外資系企業からの買収の提案を受け、売却する方向で話が進んでいた。しかし、米国で起きたニューヨーク同時多発テロの影響で、相手企業が買収交渉のテーブルから降りてしまった。この機に、穐田は買収のオファーを出した。槙野は自分が株主にとどまることと穐田が経営を引き継ぐことを条件に、提案を受け入れた。

穐田は２００1年12月、カカクコムの社長に就任。２００2年にインターネットプロバイダーのデジタルガレージの資本参加を得て子会社となった。

２００3年10月、カカクコムは東証マザーズに上場。２００5年3月、東証1部上場を果たした。穐田はエンジェルとして成功をおさめ、多額のリターンを得た。

この資金を元手に、穐田が次の投資先として選んだのがクックパッドだった。クックパッドは２００7年7月、指名委員会等設置会社に移行しており、出資者となった穐田はスムーズに社外取締役に就任することができた。

穐田が指南役となり、クックパッドは上場を目指すことになる。

東証マザーズから1部上場へ

クックパッドは２００9年7月17日、東証マザーズに新規上場した。公開日には買い注文が殺到し、取引が成立しなかった。週明けの上場2日目の21日、公開価格（９５００円）の約2倍となる1万９１００円の初値を付け、2万１５０円で取引を終えた。終値ベースの時価総額は２６３億円。まずまずの滑り出しだった。

上場直前の２００9年4月期の売上高は10億８３５３万円、純利益は2億３９４３万円。売上高純利益率は22・1％と高い。浮上のきっかけとなった課金モデルの会員事業の売上高は前期比２・８倍の1億7

710万円。クックパッドのウェブサイトの広告枠を販売する広告事業の売上高は40・6％増の3億60万円。2007年からはじめたマーケティング支援事業の売上高は同51・7％増の6億582万円だった。

マーケティング支援事業とは、特定の商品を使ったレシピを募集・掲載するサービス。たとえば「○○社のパスタを使ったレシピを募集する」というかたちで、その商品の認知度を高める仕掛けをつくる。食品メーカーの新製品の販売促進費の獲得をねらったものだ。

社員は46人。クックパッドが上場会社のスタートラインに立ったときの事業規模である。

会員事業がこれからどれくらい伸びるのか。この期待からクックパッド株が買われた。

上場前には佐野陽光が発行済みの73・61％の株式を保有する筆頭株主。エンジェルの穐田誉輝は24・47％を保有する第2位の株主だった。初値で計算すると佐野は16億1968万円、穐田は5億3862万円と時価評価される株式を持つことになった。

サーバーを新設できずヒーヒーいっていた佐野は一躍、億万長者の仲間入りを果たした。新規上場の醍醐味である。ベンチャー起業家が株式上場を目指すのは、一攫千金の野望に燃えているからである。

上場時のクックパッドの経営陣を見ておこう。ここに、お家騒動の火種があるからである。5人の取締役のうち、社内取締役は佐野1人で、残り4人は社外取締役である。

【マザーズ上場時の経営陣】

代表執行役兼取締役　佐野陽光
取締役　熊坂賢次：慶應義塾大学環境情報学部長（現・名誉教授）
取締役　山田啓之：AZX総合会計事務所代表
取締役　穐田誉輝：元カカクコム社長
取締役　石渡進介：ヴァスコ・ダ・ガマ法律会計事務所代表

クックパッドは2011年12月、マザーズから東証1部に昇格した。

佐野から穐田へ社長交代

2012年3月30日、クックパッドは創業者の佐野陽光が社長を退任し、元カカクコム社長の穐田誉輝取締役が後任の社長に就任する5月1日付の人事を発表した。

佐野は7月26日開催の株主総会終了後の取締役会終了時点で、任期満了にともない執行役も退任。生活の拠点を海外に移し、料理レシピの世界展開に注力する。穐田が新規事業を含めて経営全般をになう新体制に移行した。

2012年4月期決算の売上高は前期比19・8%増の39億984万円、純利益は同31・0%増の11億1028万円と大きく伸びた。業績を牽引（けんいん）しているのが会員事業だ。会員事業の売上高は23億2200万円で前年より35・8%伸びた。全社の売上高の59・4%を占める大黒柱に育ってきた。

料理レシピを世界に広げるために、佐野は活動の拠点を米国に置いた。帰国子女の佐野は、もともと米国でビジネスをやりたがっていた。

新体制は穐田が取締役兼代表執行役に、弁護士の石渡進介が取締役兼執行役COO（最高執行責任者）に就いた。石渡は2004年のプロ野球再編問題の際に、選手会側の弁護士として活躍した。

2004年、大阪の球団、近鉄バッファローズとオリックス・ブルーウェーブの合併を機に「1リーグ10球団」構想が表面化した。福岡ダイエーホークスも親会社ダイエーの経営悪化で消滅寸前だった。一挙に2球団が消える。この事態に、選手会は合併を阻止するために法廷闘争やストライキをおこなった。選手会のストライキはプロ野球史上初めてだった。球団のオーナー側と選手会は12球団体制を存続させることとで合意した。このとき、石渡が選手会の代理人弁護士をつとめた。

ソフトバンクが福岡ダイエーホークスを買収し、福岡ソフトバンクホークスとした。楽天のプロ野球新規参入が認められ、宮城県仙台市に東北楽天ゴールデンイーグルスをつくった。これにより、パ・リーグは消滅を免れた。

穐田は、社長を打診されたときのことを、こう語る。

〈正直、困ったことになったと思いました。社外取締役としてクックパッドを見ていて、蓄積されたレシピ数や利用者数は抜きん出ているが、新たなサービスや事業が立ち上がらないのが弱みと感じていました。もっとサービスを充実させて、世界中の1人でも多くの人に使ってもらえるようにしていきたい、と思いました〉(注2)

COOを任せられた石渡は、こう語っている。

〈佐野はカリスマ的なアントレプレナーですが、佐野が打ち出すコンセプトはすぐには理解が難しい。何年か後に『そういうことだったのか』とわかるのですが、それまでみんな理解できないままに走ることになる。クックパッドはそんな会社だったのです。現在の規模になるとそれではきついと正直、私は思っていたし、佐野もそう思っていたのでしょう。

ある日、本人が『穐田さん、社長やってくれませんか』と言い出したんです。すごい、と思いましたね。15年間自分が育ててきた会社を突然、まったく違うタイプの経営者に委ねようというのですから。普通の創業経営者にはできないことです〉(同注2)

佐野から石渡への要請は「組織を見てほしい」だった。穐田が事業を、石渡が組織を見る体制がスタートを切った。

「クックパッドは一発屋芸人だ」

成長戦略をどう立てるかが、新経営陣の重要な課題となった。クックパッドの収益は有料会員事業と広告事業が2本柱だ。３２６７万人もの月間利用者数に対して、月額２９４円の有料会員数は１００万人にとどまる。広告事業もレシピ検索サイトだけでは頭打ちになる。

足元の業績は好調である。しかし、将来の成長戦略を明確に打ち出せなかったため、株価は低迷を余儀(よぎ)なくされていた。佐野がトップ交代を決断したもうひとつの理由が株価低迷だった。

創業者からバトンを渡された穐田は、「２０１７年4月期までに経常利益１００億円」という目標を掲げた。２０１３年4月期の経常利益が27億１７７３万円だから、野心的な数字である。

佐野の経営観は、レシピサイトの会員事業を軸に、世界規模のサービスを目指す。「レシピサイト・ファースト」である。しかし、米国での月間利用者数は１００万人を大きく下回り、大苦戦していた。

投資家である穐田には、正直いって、レシピサイトに対する思い入れはなかった。

株価を重視した時価総額経営を進めてきた。レシピ事業の海外進出に消極的で、事業の領域をレシピ以外に拡大した。スーパーの特売情報の提供や食材の宅配などの新規事業を立ち上げた。結婚式場の口コミサイトを運営する、みんなのウェディングなど異業種を買収し、「料理を中心とした生活インフラづくり」を目指していた。一言でいえば、多角化路線である。レシピサイトの一本足打法ではリスクが高すぎる、という中長期の経営判断が穐田にはあった。

一方、レシピサイトにこだわる佐野は、料理から離れた分野への展開が目立つ穐田を批判。料理に特化するよう求めたのである。

入山章栄(いりやまあきえ)・早稲田大学ビジネススクール准教授との対談で、穐田はこう語っている。

〈自分達は「一発屋芸人」に近いと思ってます。誰という訳ではないですが、時流を捉えて一度大ヒットすると、あとは営業しながら、しっかり稼ぐ。一度当ると意外に長持ちするな、みたいな（笑）。（中略）流行りものですからね。実際、ネットサービスで、ずっと使い続けているサービスは少なくないですか？〉

〈むしろ、「もっと便利なものが出てきたら、（クックパッドは）なくなる」と思ってます。Facebookの料理投稿で充分とか、YouTubeの料理動画で良いじゃんとなれば、それでお終（しま）いです。それが普通だと思いますけどね。もっと便利なものがあれば、私もそっちを使います、っていうだけの話です。SNSもソーシャルゲームも、プレーヤーの入れ替わりがすごく激しい。一気に過去の企業になるところも多い。明日は我が身ですよ。そのうち「昔は、入山さんに取材に来てもらったんだよねえ」みたいになるかもしれません（笑）〉（注3）

国内外のM&Aで時価総額11・7倍に

レシピサイトで食えなくなることに備えて、穐田はM&Aに打って出る。

２０１３年12月、スペインのポータル（玄関）サイト運営のイティス・シグロからレシピサイト「Mis Recetas」事業を取得。２０１４年１月には、米国で月間利用者が１００万人いるレシピサイト「allthecooks」を運営する企業を買収した。同年5月、インドネシアのレシピサービス会社を子会社化。同年11月、レバノンのレシピサービス会社を傘下におさめた。レシピサイト、レシピサービスずくめだが、いずれも穐田の判断だった。

国内では次々と新しいサービスをリリースした。野菜を定期宅配する「やさい便」、漢方薬膳（やくぜん）サイトの「漢方デスク」、料理教室の検索サービス「クックステップ」などである。食品スーパー、ドラッグストア、ホームセンターの「特売情報」は有料化した。

海外だけではない。国内でもM＆Aを敢行した。２０１５年4月、電子書籍販売サイトのイーブックイニシアティブジャパンの第三者割当増資を引き受け、筆頭株主になる。同年6月、産婦人科医を通してママ・ベビー向けサービスを提供している日本テクノを傘下におさめた。翌年7月には結婚式場の口コミサイトを運営するみんなのウェディングをＴＯＢ（株式公開買い付け）で連結子会社に組み入れた。

決算内容は様変わりした。穐田体制の発足にともない、会計基準を日本会計基準から国際会計基準に切り替え、決算期も4月決算から、海外企業の標準的決算月である12月に変更した。

２０１５年12月期連結決算（国際会計基準）は、売上高に当たる売上収益は１４７億１６００万円。前年同期と比較して60・7％の増収。純利益は40億９０００万円で、決算期の変更を加味すると、実質で69・8％の増益となった。

2本柱である会員事業の売り上げは66億６０００万円、広告事業の収入が46億６６００万円。買収した企業が通期で寄与するのは来期以降だが、成長の種が芽生えつつあることがわかる。

それが評価され、株価は上昇。２０１５年8月17日に２８８０円の上場来高値をつけた。同社は上場直前から4回の株式分割をおこなっており、初値の1万９１００円を修正値に換算すると２６５・３円となる。上場来高値時点での株式時価総額は３０９２億円。初値がついた日の終値換算のそれ（２６３億円）の11・7倍だ。市場は穐田の成長路線に高い評価を与えた。

佐野と穐田の経営に対する考え方の違いが鮮明になったわけだ。両雄並び立たず。衝突するのは時間の問題だった。

佐野が社長復帰を求めて取締役総入れ替えを提案

〈「みなさんは、今まで通り、ユーザーのことを見て『ユーザーファースト』のサービスを作り続けてください」。クックパッドの穐田誉輝社長は（２０１６年）１月19日、全社員の前でこう話したという。

クックパッドはこの日、創業者の佐野陽光氏と経営陣との間で経営の主導権をめぐる対立があることを公表した。社員に対して、その事実を説明するために、穐田氏は緊急のミーティングを開き、冒頭のように話した〉（注４）

創業者の佐野と社長の穐田の対立が、だれの目にもわかるかたちで火を噴いた瞬間だ。

２０１５年10月30日、株主総会に提出する議案の内容を決定する指名委員会で、取締役候補者は内定していた。しかし、11月27日に開催された取締役会で、取締役・執行役でもある佐野は「執行部による事業遂行が会社の利益を損ねている」と主張。これを受けて、クックパッドは５人の社外取締役で構成される特別委員会を設置した。

【特別委員会】

委員長　新宅正明（しんたくまさあき）：日本オラクル代表取締役会長
委員　熊坂賢次：（前出）
委員　西村清彦（にしむらきよひこ）：東京大学大学院経済学研究科教授（現・名誉教授）
委員　岩倉正和（いわくらまさかず）：ＴＭＩ総合法律事務所パートナー
委員　山田啓之：（前出）

特別委員会は外部の財務・法務アドバイザーを起用し、佐野の事業計画案と穐田執行部が進めようとしている事業計画のどちらが適切かをジャッジした。同委員会は同年12月18日、「執行部の事業計画を推進することがクックパッドの企業価値の最大化及び少数株主の利益の正当な保護にかなう」とする勧告書を同社取締役会に提出した。佐野の事業プランに「ＮＯ」を突きつけた。

佐野は、すかさず反撃に出る。２０１６年1月8日、3月下旬開催予定の定時株主総会で株主提案をおこなうことを通知した。議案は「取締役8名選任の件」。佐野は前年10月に指名委員会によって内定していた取締役候補ではなく、自身以外をすべて入れ替える株主提案をするというのだ。

クックパッドは1月19日、株式の43・5％を保有する筆頭株主の佐野が、取締役刷新を求める株主提案を提出したことを明らかにした。

【株主提案の取締役候補者】

佐野陽光・クックパッド取締役
岩田林平（いわたりんぺい）：マッキンゼー・アンド・カンパニーパートナー
葉玉匡美（はだままさみ）：ＴＭＩ総合法律事務所パートナー
古川享（ふるかわすすむ）：慶應義塾大学大学院メディアデザイン科教授（元マイクロソフト社長）
出口恭子（でぐちきょうこ）：医療法人社団色空会　お茶の水整形外科　機能リハビリテーションクリニック理事ＣＯＯ
北川徹（きたがわとおる）：スターバックス コーヒージャパン オフィサー／執行役員
柳澤大輔（やなさわだいすけ）：カヤック代表取締役ＣＥＯ
藤井宏一郎（ふじいこういちろう）：マカイラ代表取締役

提案理由は、こうである。

「基幹事業である会員事業や高い成長性が見込まれる海外事業に経営資源を割（さ）かず、料理から離れた事業に注力するなど中長期的な企業価値に不可欠な一貫した経営ビジョンに大きな歪（ゆが）みが出てきました。

それにもかかわらず、一部の取締役は、唐突に『特別委員会』なる組織を設置し、必要性もないのに多額の費用をかけて得た専門家の意見を濫用し、公正中立を装った『勧告書』なる文書を発して現在の自らの経営を正当化するなど、当社内に不要な亀裂と混乱を生じさせています。そこで、取締役を刷新して当社内の混乱を収束し、社内一体となって企業価値向上につながる経営を実践するため、本株主提案を提出します」

佐野は株主総会でのプロキシーファイト（株主争奪戦）も辞さない構えを見せた。

ゴリ押しの創業者を社外取締役が解任

2016年2月5日、急転直下、佐野と穐田の妥協が成立。佐野は株主提案を取り下げた。佐野の提案と会社側の議案を一本化することで合意し、2月12日、佐野の提案を全面的に採り入れた会社の人事案を公表した。佐野と穐田は取締役として残り、新たな取締役候補は2人を含めて9人となった。

【第2号議案　取締役9名選任の件】（◎＝新任）

佐野陽光：クックパッド取締役
穐田誉輝：クックパッド取締役兼代表執行役
岩田林平：◎（前出。2月に執行役就任）
新宅正明：クックパッド取締役
西村清彦：クックパッド取締役
北川徹　：◎（前出）
出口恭子：◎（前出）
藤井宏一郎：◎（前出）
柳澤大輔：◎（前出）

新たな取締役候補は佐野派が９人中６人で、多数を占める。好業績をつづけてきた穐田が社長として続投することで「手打ちにした」と株式市場は理解した。

しかし、ルールを無視したことに社外取締役が激怒した。クックパッドは指名委員会等設置会社である。本来なら社外取締役で構成される指名委員会が、経営にたずさわる代表執行役社長など執行役を決める。だが、そうしたルールをまったく無視した〝ボス交渉〟のようなやり方で役員の候補者が決まったことに、社外取締役たちが怒り、立ち上がったのだ。指名委員会で決めた人事案は法的拘束力があるとされている。

社外取締役の弁護士の岩倉正和は、株主総会前に提出された監査報告書に、「補足意見」をあえて載せた。岩倉正和は明治の元勲（げんくん）・岩倉具視（ともみ）の末裔（まつえい）で、会社法の権威として知られる弁護士だ。

要約すると、こういうことになる。

「取締役会は昨年、佐野氏の出した事業計画案を棄却し、佐野氏もこれを承認した。ところが佐野氏は『取締役の立場を離れて自らの株主としての立場を優先し、その有する当社の総株主の議決権の数に対する43・５８１％の議決権を奇貨（きか）として、株主提案及び委任状争奪戦を行うことによって（取締役会の決定を）否定しようとしたものであり、妥当とは考えられない』。

指名委員会が指名した取締役候補を大株主が認めないのであれば、総会の場で会社提案を否決し、自身が推す候補者を選任する手続きが必要になる。ところが、委任状争奪戦になることを恐れた穐田社長は、取締役会の合意に反する内容で佐野氏と妥協。指名委員会の提案を無視するのは問題がある」（注５）

岩倉は、佐野、穐田の、双方の行動を糾弾（きゅうだん）した。

加えて、株主総会の２日前の２０１６年３月22日、クックパッドの取締役会は、創業者で筆頭株主の佐野陽光取締役を、海外事業をになう執行役から解任した。「経営体制の刷新を求めながら新たな経営方針を示さない佐野は、執行役として不適任」と判断した、というのだ。

株主総会では、岩倉などが「ガバナンスコード上、不適切であり、米国なら善管注意義務違反に問われる恐れがある」などと、株主に向かって、佐野の執行役解任の理由を述べた。総会で社外取締役の座を去ることになる岩倉たちが、指名委員会等設置会社としてのケジメをつけることを述べたわけだ。

創業者のゴリ押しで、模範的といわれたクックパッドのガバナンスは「絵に描いた餅」でしかなかったことがバレバレになってしまった。

少数株主は佐野を支持しなかった

クックパッドは２０１６年３月24日午前10時、東京都目黒区の恵比寿ガーデンプレイス内のザ・ガーデンホテルで、定時株主総会を開催した。会社側提案が可決されることは最初からわかっていた。筆頭株主である佐野の持ち株比率（議決権ベース）は43・57％、２位株主の穐田は14・76％。２人あわせて58・33％。否決されることはあり得ない。

焦点は少数株主がどの程度、佐野に反対票を投じるかだけだった。

株主総会の議決権行使助言大手、米インスティテューショナル・シェアホルダー・サービシーズ（ＩＳＳ）は「佐野の取締役（選任に）反対する」よう推奨した。「大株主でありながら、取締役会の承認を受けた経営戦略の変更を求めるのは適切ではない」とした。

クックパッドはコーポレート・ガバナンス（企業統治）上、最も優れた制度とされる指名委員会等設置会社であり、佐野の個人商店ではない。大株主といえども、このルールにしたがわなければならないのは自明の理だ。

株主総会の出席株主数は657人と前年を大幅に上回り過去最多となった。初めて公(おおやけ)の場に姿を現した佐野に、株主から質問が相次いだが、佐野は最後まで、今後の経営方針を明らかにしなかった。

総会後に提出された臨時報告書によると、取締役選任の賛成割合は佐野が85・41%、穐田が95・57%だった。佐野は少数株主の半分程度の賛同しか得られなかったことになる。

この総会で、穐田と佐野の「合意案」として提出された「取締役9名選任の件」(会社側提案)が可決された。

総会後、まさかの穐田解任劇に株価急落

総会後、社内は大混乱におちいった。

総会後の取締役会で、社長追い落としの解任劇が強行されたのである。続投すると見られていた穐田が社長を解任され、2月に執行役に就いたばかりのコンサルティング会社マッキンゼー・アンド・カンパニー出身の岩田林平が新しい社長に就いた。

【クックパッドの取締役体制】(◎印は新任)

社内取締役　佐野陽光(執行役)
社内取締役　◎岩田林平(代表執行役)
社内取締役　穐田誉輝(執行役)
社外取締役　◎北川徹
社外取締役　◎柳澤大輔
社外取締役　◎出口恭子
社外取締役　◎藤井宏一郎

社外取締役　　新宅正明
社外取締役　　西村清彦

佐野は、自分が策定した人事案に「NO」を突きつけた旧社外取締役たちを大幅に減らし、自分の考えに近い社外取締役を動員して、穐田を退任に追い込んだ。

岩田、出口、北川、柳澤、藤井の5人は佐野が現経営陣を総入れ替えする株主提案をおこなったときの名簿に載っていた佐野派。佐野派は佐野を含めて6人である。

一方、穐田派は旧社外取締役の新宅と西村の2人。穐田を含めて3人だ。

穐田の解任は、佐野が株主総会直前に旧社外取締役に解任されたことに対する〝しっぺ返し〟なのかもしれない。解任からわずか2日後、新体制となった取締役会で、佐野は執行役に選任された。佐野の圧勝である。

翌3月25日の東京株式市場でクックパッド株が一時、前日比17％安の1770円まで急落。値下がり率は東証1部でワースト1となった。続投と思われていた穐田の退任が総会直後の取締役会で決まったことに、市場は驚愕(きょうがく)したのだ。

〈新体制が〝寝耳に水〟だったのは、当の本人である穐田氏にとっても同じだった。ある社員はこう語る。「共同代表などの形を取り、穐田氏と他の取締役たちが歩み寄ったはずだった。それが、株主総会後の取締役会で反古(ほご)にされたようだ。（中略）24日夜、穐田氏は「非常に残念なことになってしまった」などと漏らし、気落ちした様子だったという。

（中略）穐田氏に割り振られたのは「国内関連会社」のたった一つだけ。「仕事を奪われて、『追い出し部屋』に追いやられているのと同じ。ここ数年の業績を伸ばしてきた立役者に対して、あまりにひどい

仕打ちだ」（社員）〉（注6）

社員有志が、全従業員に呼びかけて、佐野、岩田の執行役からの解任と、穐田の社長復帰を求めて、署名活動をはじめた。国内240人超の正社員の8割以上の署名が集まったという。

だが、署名は何ら効力を発揮しなかった。財務や広告を管掌していた執行役が退任したほか、事業部長級にも異動が通告されるなど、穐田派の粛清が吹き荒れた。現経営陣と現場の社員の亀裂は深まった。新体制に反発、部長級を含めた幹部社員の退職が続出した。

経営迷走で失望売りの連鎖

ガバナンスを反古にした創業者の佐野は、高い代償を払うことになった。

2016年8月末、前社長の穐田が保有していたクックパッドの株式を大量に売却した。持ち株を売却した穐田の議決権比率は14・73％から2・40％に低下、主要株主でなくなった。

売却分の9・33％分をクレディ・スイス証券が、3％分は凸版印刷が取得した。凸版は電子チラシの配信サービスでGunosy（グノシー）やカカクコムと連携している。クックパッドにも連携を働きかけると株式市場は予測した。

さらに、子会社の売却が明らかになったことで、クックパッドの成長性に対する不透明感が増し、失望売りの連鎖につながった。

医家向け情報サイトを運営するメドピアが9月26日、クックパッド傘下のクックパッドダイエットラボ社（CPD）を2億2500万円で買収すると発表した。CPDは「正しく食べて痩せる」ダイエットを管理栄養士が指導していた。

クックパッドは佐野の意向で、料理関連事業への集中を目指しており、CPDの売却はその一環である。

穐田が買収したオウチーノは株価急上昇

クックパッドを追われた穐田は、本来の投資家に戻った。クックパッド株の売却益を軍資金に、Ｍ＆Ａに乗り出した。

穐田は、２０１６年10月28日、住宅・不動産サイトを運営するオウチーノをＴＯＢ（株式公開買い付け）で買収すると発表した。買い付け価格は１株８０７円。同日の終値（８０２円）にたった１％のプレミアムを付けただけなのに、オウチーノはＴＯＢに賛同した。

オウチーノの業績は絶不調。16年１～９月期連結決算の売上高は前年同期比20％減の７億６４００万円、最終損益は１億４７００万円の赤字（前年同期は７５００万円の赤字）。不動産サイトへの掲載物件が伸び悩み、赤字経営がつづく。８月には子会社がモンゴルの建設業者と結んだ大型物件の契約で、１億６０００万円の不良債権が発生した。

ところが、オウチーノの株価は暴騰。11月７日に７営業日連続で続伸。一時、前営業日比１００３円高（50％高）の３００５円となり、年初来の高値をつけた。10月12日の年初来安値の７９３円から実に３・８倍になった。

10月28日に穐田がオウチーノ買収を発表したことで買いが集まった。穐田の経営手腕は高く評価されており、経営改革への期待からオウチーノ株が買われた。

穐田はＴＯＢと第三者割当増資の引き受けでオウチーノの株式を57・44％保有するオーナーとなった。穐田は14億円でオウチーノを傘下におさめたことになる。穐田とともに、クックパッドの前執行役員も第三者割当増資を引き受けた。堀口育代、林展宏、菅間淳、舘野祐一の４人である。

オウチーノ筆頭株主で創業者社長の井端純一は、保有する22％分の株式を売却。任期満了となる17年３月29日の株主総会をもって退任した。

オウチーノの2017年3月29日の株主総会で穐田は会長、リクルート出身の堀口育代が社長に就任した。穐田とクックパッドの前執行役員で構成される経営チームが、経営をになうことになった。

クックパッド在籍中の〝疑惑〟

2016年12月22日、穐田はクックパッドの子会社であるみんなのWで、MBO（経営者が参加する買収）を実施すると発表した。穐田は現在、みんなのWの取締役会長をつとめている。

買い付け価格は1株1000円で22日の終値を24％上回る。みんなのW株の26％を保有するクックパッドは、MBOに応じて全株式を売却した。

みんなのWは2008年2月、ゲーム大手ディー・エヌ・エー（DeNA）の新規事業としてスタートを切った。もともとは、結婚式を挙げた花婿・花嫁と参列者が式場に対する感想を投稿する口コミサイトである。2010年10月、分社化してみんなのWとなった。立ち上げにたずさわった飯尾慶介（いいおけいすけ）が初代社長に就任した。

口コミサイトのニュービジネスと評価され、2014年3月25日、東証マザーズに上場を実現した。初値は公開価格を760円（27％）上回る3560円だった。だが、他のベンチャー企業と同様、上場することが目的の〝上場ゴール〟だった。

上場後に業績の下方修正をしたり、公開後の初値がピークで、その後は株価が急落する企業を、皮肉を込めて〝上場ゴール銘柄〟と呼ぶ。

みんなのWは上場半年で馬脚をあらわした。同社は契約する結婚式場からの広告掲載料を得る。これをおもな収入源にしているが、2014年9月期、業績の未達を穴埋めするために1200万円の架空売り上げを計上したことが、監査法人の指摘でバレてしまった。飯尾は2014年12月、社長を引責辞任した。

これを見て、みんなのＷの買収に乗り出したのがクックパッド社長の穐田である。２０１５年４月、クックパッドとして過去最大規模の28億６０００万円を投じ、同社の発行済み株式数の26・８７％を取得して子会社に組み入れた。この買収が、創業者の佐野と社長の穐田の対立の発火点となったことはすでに書いたとおりである。

穐田は当時、みんなのＷの13・１３％を保有している第３位の株主だった。不祥事で株価がこれ以上、下降線を描いては困る。そこで、みんなのＷの企業価値を高めるために、社長をしているクックパッドを使って買収を仕掛けたのではないのか、と取り沙汰（ざた）された。「創業者の佐野の疑惑を招く一因が、ここにあった」（佐野に近いクックパッド関係者）との指摘もある。自分が投資している会社を子会社とする手法に、ダーティーな側面がつきまとうのは確かだ。

穐田を解任したクックパッド新経営陣は、穐田が手がけた新規事業を次々中止したり売却した。手はじめに穐田が実施する、みんなのＷ株のＴＯＢに応じ、クックパッドは保有していた株式をすべて売却した。さしずめ〝離婚〟にともなう財産分与といったところか。クックパッドは株式売却による損失、12億６２００万円を２０１６年12月期決算で計上した。

〝離婚〟が成立したことで、穐田は保有していたクックパッド株式を全株売り飛ばした。２０１７年３月23日のクックパッドの株主総会で、穐田の取締役の退任が正式に決まり、１年以上つづいたお家騒動は終止符を打った。

穐田は、みんなのＷの発行済み株式の59・３１％を保有する新しいオーナーになった（17年９月末現在）。穐田は会長に就任。社長兼ＣＥＯ（最高経営責任者）の石渡進介、取締役サービス開発部長の間渕（まぶち）紀彦（のりひこ）、取締役の有川久志（ありかわひさし）もクックパッドの元執行役員で、それぞれ、みんなのＷに出資している。社長の石渡は、クックパッドの社外取締役でＣＯＯをつとめていた。

みんなのWは前述のとおり業績不振で、目下、事業構造改革を推進中。結婚式のプロデュース事業は譲渡し、式場広告などのメディア事業に経営資源を集中する。さらに、すでに述べたようにオウチーノと経営統合する。

穐田は、神奈川県全域と東京・多摩地区で無料情報誌を発行しているタウンニュース社（東証ジャスダック）にも4・98％出資し、第6位の株主になっている（2017年12月末時点）。障害者の就労支援のベンチャー企業、LITALICOの株式の9・77％を保有する3位の株主でもある（2017年9月末時点）。

LITALICOはもともと障害者の就職支援がおもな事業だったが、長谷川敦弥が2代目社長になってから、発達障害の児童を支援する教育事業に乗り出した。障害のある人が自立するには、大人になる前の成長過程から支援が必要だと考えたからだ。その後も、子育て情報サイトや放課後デイサービスなど、障害を持つ子どもとその家族を対象とした事業を拡大している。

穐田は14年10月、インターネット事業を拡大し、広告収益を安定させ、第3の柱に育てる計画だ。インターネットサービスを展開していくために、LITALICOの社外取締役に就任した。

クラシル、デリッシュキッチンに食われる

お家騒動後のクックパッドの業績は冴えない。

2017年12月期連結決算（国際会計基準）の売上収益は前期比20・4％減の134億800万円と大きく落ち込んだ。みんなのWの連結除外など、前期に売却した会社の影響で売り上げが23億円減少したことと、広告事業の売り上げが10億円減少したことが響いた。

営業利益は同７・５％増の53億９１００万円、当期利益は同３・７倍の34億９１００万円だった。のれん代の減損損失が前年は35億円発生したが、この決算では８億円にとどまり、27億円減少したことによる増益である。儲かって利益が出たわけではない。

２０１８年１〜３月期連結決算の売上収益は前年同期比18・７％減の29・７億円、営業利益は同57・８％減の８・３億円、利益は同80・３％減の２・９億円と大きく落ち込んだ。

２０１８年12月期の決算見通しを発表しなかった。発表できなかったのが実情だ。主力の料理レシピ事業が落ち込んでいるからだ。

右肩上がりで伸びてきた会員事業は２０１７年12月期に入って減少に転じた。18年１〜３月期の会員事業の売上高は21億円。全社のそれの70・８％を占める。本業の料理レシピに回帰したため会員事業の一本足打法に戻った。それでも会員事業の売り上げは、前年同期に比べて２・３億円減った。率にして10％の減少だ。

２０１８年３月末時点のクックパッドの平均利用者数は５６５３万人、プレミアム会員数は１９９万人。残念ながら収益につながっていない。有料会員事業が苦戦しているのは新興のレシピサイト２社が激しく追い上げているからだ。

ひとつが無料料理レシピ動画サイト「DELISH KITCHEN（デリッシュキッチン）」。運営はエブリー。グリーの取締役執行役員常務だった吉田大成が独立して、２０１５年９月に設立した、ニューカマーである。伊藤忠商事などが出資しており、資本金は84億７７９７万円（資本準備金を含む）。

もうひとつが、やはり無料料理レシピ動画サイト「Kurashiru（クラシル）」。運営はdely（デリー）。堀江祐介が慶應義塾大学環境情報学部在学中の２０１４年４月に立ち上げた。堀江は佐野の後輩だ。ソフトバンクやヤフー投資会社ＹＪキャピタルなどが出資し、資本金は70億６９６８万円（資本準備金を含む）。

両社とも1分間でつくれるレシピを売り物にして、人気を博している。料理レシピを投稿する有料会員制を採るクックパッドのビジネスモデルが、新興勢力の2社に侵食された。

クックパッドは、遅まきながら2017年12月から、レシピ動画投稿・配信サービスに参入した。クックパッドの利用者がレシピ動画を撮影・編集できる専用スタジオをオープンするほか、食品スーパーに専用端末を置いてレシピ動画を流す。とはいっても、クックパッドは料理動画では、まったくの後発である。レシピ動画の市場を開拓してきたクラシルやデリッシュキッチンは、SNSやアプリで動画を手軽に視聴できるため、スマホ世代の需要をうまく取り込んだ。

穐田誉輝が予想したように「クックパッドは一発屋芸人で終わる」可能性が現実味を帯びてきた。

ポイント▼身の丈に合わないガバナンスは破滅のもと

クックパッドのお家騒動は、創業者の佐野陽光が、一般的な取締役会設置会社ではなく、指名委員会等設置会社という統治形態（コーポレート・ガバナンス）を採ったことに起因する。

帰国子女の佐野は、最先端のコーポレート・ガバナンスを取り入れることで、ベンチャー企業の範(はん)を垂れるという思いがあったのかもしれない。しかし、この統治形態のメリットとデメリットを、どこまで理解していたか、かなり疑わしい。

指名委員会等設置会社では、取締役候補の人選、業務執行の監督、取締役・執行役の報酬の決定を、社外取締役が過半数を占める委員会で決定する。取締役間の上下関係や大株主の意向を忖度(そんたく)せずに、取締役候補者が決まっていく。中立性の高い企業統治が可能になり、投資家としては安心してカネを投じることができるわけだ。

弁護士の佐藤宏和は、経済誌の取材で、こう語っている。

〈仮にクックパッドが監査役会設置会社又は監査等委員会設置会社であれば、取締役の選任に社外取締役は意見を述べる以上の権限を行使することはないため、今回のような紛争は起きなかった可能性は高い。統治形態の選択が異なれば紛争が起きなかったとすると、問題の本質は佐野氏の行動自体の是非というより、統治形態の選択にあったのではないか。

　本来は国内外の投資家群を想定したグローバル企業が採用する指名委員会等設置会社という統治形態をとっていたこと自体が、企業の実態とミスマッチだった〉（注7）

監査役会設置会社とは、大会社（資本金5億円以上または負債額200億円以上）に該当する企業に義務づけられている。監査役会は3人以上の監査役によって構成され、そのうち半数以上は社外監査役でなければならない。

監査等委員会設置会社とは、取締役会内の委員会として3人以上の取締役による監査等委員会を設置し、その過半数を社外取締役とする形態である。監査をになうだけでなく、業務執行者を含む取締役の人事に関して、株主総会での意見陳述権がある。

指名委員会等設置会社は、それらよりワンランク上の権限を持つ。社外取締役が過半数を占める委員会で、取締役候補の人選、執行役を決めることができる。

指名委員会等設置会社は、世界を股にかけるグローバル企業をしばるために取り入れられた企業統治の仕組みだ。個人商店に毛が生えたようなベンチャー企業には、ふさわしくない。

クックパッドは「鵜の真似をする烏」（自分に姿が似ている鵜のまねをして水に入った烏はおぼれるの意）の諺を地で行き、決定的な失敗を犯してしまった。

第6章　みずほFG――旧3行入り乱れた果てなき派閥抗争

社外取締役が決めたトップ人事

みずほフィナンシャルグループ（FG）は2018年4月1日、佐藤康博（さとうやすひろ）社長が会長に退き、後任にみずほ証券の坂井辰史（さかいたつふみ）社長が就いた。証券子会社の社長からFG社長という前例のないルートをたどったトップ人事は二重の意味でサプライズだった。

ひとつは、本命が持ち株会社の社長になれなかったこと。もうひとつは旧日本興業銀行の支配が連綿とつづくことだ。

みずほFGは日本興業銀行、富士銀行、第一勧業銀行の3行が合併して誕生したが、ずっと旧行の権力争いに明け暮れてきた。こうした旧行意識の弊害（へいがい）が、たび重なる不祥事として噴出した。

そのため、「One MIZUHO」を掲げて、佐藤は旧行意識の払拭（ふっしょく）に力を入れてきた。

「ポスト佐藤はだれか」と金融界が注視していた人事がやっと決まった。そして、これは、みずほFGのコーポレート・ガバナンスの試金石となるトップ人事となった。

みずほＦＧは２０１４年４月24日、指名委員会等設置会社（以下、委員会設置会社と略）に移行した。委員会設置会社とは、監査、指名、報酬（ほうしゅう）の３つの委員会を置く株式会社のこと。社外取締役を各委員会のメンバーの過半数にしなければならず、人事や報酬の決定で強い権限を持つ。

業務執行は執行役がになうことで経営の監視と執行を分離し、企業統治を強めるねらいがある。委員会設置会社への移行は、３メガバンクでは初めてだった。しかも、みずほは、指名委員会の４委員をすべて社外取締役にした。社外の役員に全面的に委ねるのは産業界でも例が少ない。

ここまで人事の透明性を高めるのは理由があってのことだ。第一勧銀、富士銀、興銀の旧３行で幹部ポストを等分する人事慣行が長年批判を浴びてきた。人事は派閥抗争を招く。そこで、社内の取締役には人事権を与えないことにしたわけだ。

２０１３年９月、暴力団への融資で金融庁から業務改善命令を受けた。

「反社会的勢力に融資したのは旧第一勧銀の案件」などと旧３行の縦割り意識が強く、不正は放置された。国会でも批判され、金融庁も「企業統治強化には人事の権限を握る委員会設置会社になるべきだ」と強く求めた。

金融庁に命じられて、みずほＦＧは委員会設置会社に移行したのである。

２０１７年６月23日の株主総会後の取締役会で決まった各委員会の陣容は、次のとおりである。

【取締役会の陣容】

取締役会議長：大田弘子（おおたひろこ）　社外取締役・元経済財政政策担当相

取締役会副議長：綾隆介（あやりゅうすけ）　社内取締役

指名委員会　委員長：川村隆（かわむらたかし）　社外取締役・元日立製作所会長

委員：関哲夫（せきてつお）　社外取締役・元新日本製鐵副社長
委員：甲斐中辰夫（かいなかたつお）　社外取締役・元最高裁判事（弁護士）
委員：大田弘子（前掲）
委員：小林（こばやし）いずみ　社外取締役・元メリル・リンチ日本証券社長

報酬委員会　委員長：甲斐中辰夫（前掲）
委員：関哲夫（前掲）
委員：川村隆（前掲）
委員：阿部紘武（あべひろたけ）　社外取締役・公認会計士阿部紘武事務所代表

監査委員会　委員長：関哲夫（前掲）
委員：甲斐中辰夫（前掲）
委員：阿部紘武（前掲）
委員：綾隆介（前掲）
委員：船木信克（ふなきのぶかつ）　社内取締役

社外取締役の肩書は、いずれも就任当時のものである。

銀行人事のルールを崩した人選

指名委員会は経営トップを含む役員の解任権を握るなど権限は絶大だ。佐藤が会長に退き、坂井が社長の椅子に座った今回の人事は、指名委員会が初めて人事権をフルに行使したといっていいだろう。

どうやって決めたのか。

メガバンクの人事といえば、旧出身行のバランスを崩さないように配慮するのが、銀行業界のいわば

〝常識〟である。大物ＯＢたちの想いも忖度したうえで、だれもが納得できるようなかたちで人事を決める。「ガラス細工のピラミッドをつくるのと、まったく同じ。職人芸の極致」と皮肉る向きも多い。

指名委員会による決め方は、従来の手法とは一線を画した。指名委員会メンバーに、まず社長候補者のリストが配布された。取締役たちが全員出席した会議での振る舞い、応答なども逐一チェックされた。候補者たちを、指名委員会のメンバーは直接面接した。外部の人事コンサルタントが、候補者たちの性格、たとえば酒癖が悪い、女にだらしないなどチェックしたレポートを作成した。

「週刊現代」が、今回のトップ人事について、みずほ関係者の見方を伝えている。

〈なにより、指名委員会方式では、人事の理由をきちんと説明できることが重要なんです。近年、金融庁が銀行人事にＯＢの介入があることなどを嫌がり、不透明な人事があると取締役会議事録を要求するほど強硬になっていることが背景にある。

そうなると、「いろいろなことをやった」「多くの部門の経験がある」という人ほど、選ばれやすくなる。説明しやすい、わかりやすい経歴が増えるからです。

結果として、今回の人事では、あっちこっちの部門に多く動いた人のほうが最終的に有利に働く格好となった〉（注１）

それでは、どうして坂井に決まったのか。

〈そうした観点から見た時、「総合点」が一番高かったのが坂井氏だったということです。坂井氏はグループ企画部長として銀行中枢を経験しているし、投資銀行部門、国際部門の責任者も務めた。おまけにみずほ証券という事業会社の経験もあるということで、どんどん「加点」されていった〉（同注１）

下馬評に挙がりながら、落選の憂き目にあった人もいる。

〈これまでの銀行人事では、企画、人事など王道コースを外れないことが大事で、外れるとレースから脱落したことがわかる重要な「ルール」があった。

今回は、そのルールが急に変更された形。自分が先頭を走っていると思っていた幹部からすれば、突然ハシゴを外されたようなもので、落胆(らくたん)は大きい〉(同注1)

万人が納得できる人事などというものは、そもそも存在しないのだ。

ポスト佐藤康博の3人の後継者

みずほFGでポスト佐藤の後継者として下馬評にのぼっていたのは3人である。

背番号(出身銀行)をなくすというのはタテマエにすぎず、どうしても背番号はついてまわる。

銀行人事でモノをいうのは、入行年次である。佐藤の交代が1~2年早かったら、1980年前後に入行した人が有力候補だった。1~2年遅くなれば、1986年入行組以降が適齢期となる。

2018年に佐藤が交代するとすれば、1982~85年入行組から社長が出ただろう。そして、事業会社(=銀行子会社)の社長が持ち株会社のトップになるという暗黙のルールが存在していた。

2017年4月1日、みずほFG傘下の銀行の首脳人事があった。中核銀行のみずほ銀行頭取に、藤原弘治(ふじわらこうじ)が就いた。早稲田大学商学部卒で1985(昭和60)年、第一勧銀に入行。頭取就任時に55歳、とメガバンクの中で最も若い頭取となった。ニューヨーク支店に赴任した際には、自費でニューヨーク大学経営大学院の夜学に通った。1997年の第一勧銀の総会屋利益供与事件のときには「改革派4人組」の部下。企画部でいちばんの若手だった。海外経験を買われて、FRB(米連邦準備制度理事会)に総会屋事件の説明に出向いた。

総会屋利益供与事件とは、第一勧銀がバブル期をはさむ十数年のあいだに、総会屋の小池隆一(こいけりゅういち)に460億円を融資していたことを指す(第4章参照)。頭取経験者など11人の逮捕者が出、宮崎邦次(みやざきくにじ)元会長の首吊り自殺に発展した。この事件をきっかけに、銀行・証券界と監督官庁の癒着（ゆちゃく）・腐敗が明らかになり、大蔵省の解体、財務省と金融庁への分割につながった。

銀行の頭取は東大、京大出身者が大半で、私立では慶應経済、早稲田政経にほぼ限られる。メガバンクの頭取が早稲田の商学部卒というのはかなり異色だ。国内では主流の企画部門を歩み、カンパニー制の導入などグループ全体の経営戦略の立案にかかわり、ＦＧの中期経営計画の策定を主導した。難点は、支店長経験がなく、営業経験が少ないことだった。

みずほ銀行の頭取が持ち株会社の社長に就任すれば、想定どおりの人事となる。藤原は「将来のトップ候補の呼び声が高かった」（みずほＦＧの元役員）。

同じく4月1日、みずほ信託銀行の社長に飯盛徹夫（いいもりてつお）が就いた。慶應義塾大学経済学部卒で１９８４（昭和59）年、富士銀行に入行した。飯盛は営業部門・企画部門を歩いてきた。１９９０年代末の金融危機の真っ只中には、安田信託銀行（現・みずほ信託銀行）の支援チームにいた。3行統合プロジェクトに従事し、みずほホールディングス誕生にも汗を流した。金融庁との関係も悪くない。ただ、海外経験が乏（とぼ）しいことがネックだった。

〝ポスト佐藤〟の大本命は、みずほＦＧのグローバルコーポレートカンパニー長の菅野暁（すがのあきら）・執行役副社長だった。東京大学経済学部卒で１９８２（昭和57）年に興銀に入行した。国際畑で英語は堪能（たんのう）。〝ポスト佐藤〟として、真っ先に名前が挙がる存在だったが、国内営業や企画部門の経験が少なく、事業会社のトップもやっていないのが弱点だった。

旧行意識の払拭に努めていた佐藤は、ガチガチの本命を自分の後継者にすれば「興銀による政権のたらい回し」との非難を受けることがわかっていた。だから、「あえて、絶対的な本命を外すのではないか」と深読みする役員ＯＢがいたのは事実だ。

「負のレガシー払拭にメドがついた」

指名委員会が下した判定は、サプライズそのものだった。

新社長に坂井辰史の名が発表されると、ライバル銀行はもとより、みずほグループ内部からも驚きの声が挙がった。坂井氏は社長レースの下馬評にも上っていなかったからだ。「坂井Ｗｈｏ？」と呟いたメガバンクのトップもいたという。

銀行のトップがグループのＣＥＯに就くという銀行界の常識を覆し、指名委員会は証券子会社の社長をグループ全体の頂点に担ぎ上げた。

「菅野氏は、事業会社のトップの経験がないことがマイナス点となった。坂井氏は、グループ企画部長として銀行中枢を経験しているし、投資銀行部門、国際部門の責任者をつとめた。さらに、みずほ証券という事業会社の経験もあるということで、総合点がいちばん高かった」（みずほＦＧの現役役員）

坂井辰史は東京大学法学部卒で１９８４年、興銀に入行。佐藤と坂井は、興銀勢が〝本丸〟としてきた旧みずほコーポレート銀行で10年以上も机を並べてきた仲。いまにして思えば、２０１６年に坂井をみずほ証券の社長に出したのは、証券を経験させ、それをばねにＦＧのトップにするための練りに練った人事だったのかもしれない。

「社外取締役なんかお飾りでしかない」という社内外からの雑音をはねのけて、社外取締役がトップを指名した。

指名委員会委員長の川村隆は、日立製作所の子会社の社長から本社に戻され、経営危機だった日立を短期間で再生させたことで知られる。その腕を買われて、いまは東京電力ホールディングスの会長をつとめる。川村が坂井を抜擢したのは、３メガバンクのなかで独り負けをつづけるみずほを再生させる潜在力を持っていると考えたからかもしれない。数年後には、指名委員会委員長の川村隆の〝眼力〟が正しかったかどうかの答えが出る。

「単純に長い。負のレガシー（遺産）払拭に一定のメドがついた」

２０１８年1月15日、東京・中央区の日本銀行本店で記者会見した社長の佐藤康博は、この時期での退任発表についてこう説明した。佐藤がみずほＦＧ社長に就任したのは２０１１年。子会社のみずほコーポレート銀行（ＣＢ）頭取時代を含めれば、佐藤時代は9年に及ぶ。

負のレガシーを払拭したとはどういう意味か。

みずほの宿痾は旧3行による派閥抗争である。坂井社長の誕生を、ライバル行の最高首脳は「旧富士銀勢、旧第一勧銀勢を政権中枢から追い払い、旧興銀で固めたという勝利宣言」と受け止めたという。佐藤が派閥抗争の最終的な勝利者という評価だった。

第一勧銀・西之原を葬るための9人総退陣劇

１９９９年8月20日、第一勧業銀行の杉田力之、富士銀行の山本惠朗、日本興業銀行頭取の西村正雄の3頭取は、帝国ホテル「富士の間」で、３行の統合を発表し、満面の笑みを浮かべて、がっちりと握手した。資産規模は日本銀行の2倍の１４０兆円というメガバンク（巨大銀行）が出現した瞬間である。

２０００年9月29日、３行の株式を移転し、持ち株行会社みずほホールディングス（ＨＤ）を設立した。ＨＤの初代社長には、統合を決めた3頭取の1人、杉田力之が就いた。１９６６（昭和41）年に東大経済を卒業、第一勧銀の前身の日本勧業銀行に入行した。第一勧銀の総会屋事件の際、銀行再生を目指した「改革派4人組」が常務の杉田を担ぎ上げて頭取に押し上げた。

山本惠朗と西村正雄は会長に就任した。〝2人会長制〟である。山本は１９５９（昭和34）年東大経済卒、富士銀に入行。西村は１９５５年に東大法を卒業して興銀に入った。首相の安倍晋三は、西村の甥にあたる。３人は共同最高経営責任者（ＣＥＯ）に就いた。
杉田は、はるかに年上の西村や山本に好感をもたれていた。ところが、２００１年、杉田が病気に倒れ、事態が急転する。

〈「当初は、山本氏（富士）のＨＤ社長就任という見方がありましたが、第一勧銀から西之原敏州副頭取を推す声が強まった。敏腕という点では西之原ですが、自らトップ取りに動いたと疑われ、さらにマイカル（引用者注：経営破綻した大手スーパー）処理を巡って経営責任を問われたことで、興銀、富士銀サイドから猛烈な反発が起きたのです。さらに、病気の杉田に代わって出席すべき三頭取の会合に、一勧は別の副頭取を出して、西之原は本体（一勧）の不良債権処理に専念していた。それでいて、一回りも年嵩の西村に、『そうおっしゃいますけどね』と直言も辞さなかった。
こうした態度が西村さんに『この男に任せられない』との印象を与えてしまった。統合のために開かれた三行合同部長会も、一勧を除く二行は、トップから部長クラスまで反西之原で固まってしまったのです」（みずほ関係者）
この混乱を鎮めるため、杉田氏は「三頭取が退任して若手に経営を委ねるべき」と提案した。西村氏は、この案を飲むのと引換えに「西之原の退任」を断行する。
しかし、ＨＤの副社長以上のポストに西之原氏より年次が古い人間を残したままではバランスを欠くことになる。こうして、昨年（引用者注：２００１年）十一月末、「ＨＤのトップ九人が退任」するという大幅刷新人事になった。この相討ち人事によって、奥本洋三氏（同：東大法卒、64年）興銀副頭取）と小倉利之氏（同：東大法卒、65年）富士銀副頭取）といった実力バンカーが退任を余儀なくされた。さらに池田輝三郎（興銀副頭取）のような各行の（次代の）「エース」とされる人材も消え去った。そして、人事抗争で何もしなかった前田（同：晃伸）氏にＨＤの社長の椅子が割り振られた〉（注

2）西之原は京大法卒で、１９６７年に第一勧銀の前身の第一銀行に入行。辣腕バンカーとして鳴り響く。高杉良が第一勧銀の総会屋事件を描いた『金融腐食列島Ⅱ　呪縛』で悪役を演じた陣内副頭取は、西之原がモデルとされている。

じつは西之原は、杉田とともに３行統合をまとめあげた陰の立て役者である。病に倒れた杉田に代わって、旧第一勧銀が推す本命候補だった。

統合の準備過程で、興銀の西村、富士の山本の両頭取は、第一勧銀の西之原の実力をまざまざと見せつけられた。彼を残すと、その後のみずほは第一勧銀に牛耳られることを恐れた。

西之原は一筋縄でいかない人物だ。どうやったら辞めさせることができるのか。そこで一計を案じた。経営陣の若返りをはかるという名目で、３トップの退任に合わせ、各行の本命とされた後継候補を含む全取締役を退任させるかたちで、西之原の後継の芽を摘んだのである。

興銀や富士銀は、それほど西之原の実力を恐れていたことになる。

統合前の首脳９人の総退陣劇は、西之原を道連れにするのが目的だった。

旧行の思惑に私情が絡んだトップ人事となり、みずほは出だしからつまずいた。

そもそも３行の統合は当初から危惧されていた。３行の内情をよく知る、ある都市銀行の最高首脳は当時、「対等な合併や統合なぞ、そもそもあり得ない。どこかが主導権を握るかたちでないと成功しない。第一勧銀にはトップバンクという自負心があり、富士銀は名門としての誇りがある。興銀は産業金融の雄として両行を見下している」といって、先行きを危ぶんだ。

三本の矢として結束するどころか、三つ巴の抗争になるという見方を、この最高首脳は示したのである。

３行の統合はスタートから、派閥抗争の〝血の洗礼〟を浴びた。

「2バンク・3トップ制」でトロイカ体制維持

２００２年4月1日、３つの銀行が合併して、みずほ銀行（ＢＫ）と、みずほコーポレート銀行（ＣＢ）が発足した。みずほは、金融のプロたちが首をかしげるような合併方法を選択したことになる。

旧3行のリテール（小口金融）部門とホールセール（大口金融）部門を分離させ、個人および中小企業担当のＢＫと、大企業を守備範囲とするＣＢを、持ち株会社みずほＨＤの下にぶらさげた。ＢＫはリテール銀行の第一勧銀と富士銀の、いわば連合体。ＣＢはホールセール専業銀行の興銀がそのまま移行したというのが、その実態だった。

新体制への移行に合わせて、トップ人事を刷新した。本命候補が軒並み姿を消すなかで、白羽の矢が立った人物こそが、その後、長年にわたってみずほに君臨して派閥抗争をつづけることになる前田晃伸と齋藤宏である。当時、この２人の名前を後継候補として挙げていたメディアは、ほぼ皆無。２人とも、まったく無名の存在だった。

持ち株会社のトップは輪番制というルールにしたがい、みずほＨＤ社長には第一勧銀出身の杉田に代わって、富士銀出身の前田晃伸が就いた。東大法卒で１９６８（昭和43）年に富士銀に入行。ＣＢ頭取の齋藤宏は東大経済卒で１９６６（昭和41）年興銀に入った。ＢＫ頭取の工藤正は東大経済で、１９６７（昭和42）年第一銀行に入行。第一銀行は日本勧業銀行と合併して第一勧銀となった。

かくして、２バンク制をとる世界にも稀な形態の金融機関が誕生した。２バンク制をとっている金融機関は、世界中鉦や太鼓で探してもないはずだ。

三井住友フィナンシャルグループは、住友銀行がさくら銀行（旧・三井銀行）と合併して三井住友銀行となった。三菱ＵＦＪフィナンシャル・グループは、東京三菱銀行（旧・三菱銀行）がＵＦＪ銀行を〝救済合併〟して三菱東京ＵＦＪ銀行に生まれ変わった。経営の主導権はそれぞれ住友銀行、東京三菱銀行が握った。

みずほは、「専門性を高め、顧客ニーズに応える」という〝建て前〟を前面に押し立てたが、意思決定は合議制をとらざるを得なかった。みずほでは、3行のトロイカ体制の維持がすべてに優先された。3行の首脳陣でポストを分け合うためには、銀行を2つ（＝双頭体制）にせざるを得なかった。HD、BK、CBの3つの組織のトップを旧3行が分け合う体制になるのは当然の帰結だった。

「みずほには、なかなかの知恵者がいるものだ」（全国紙の金融担当記者）と揶揄（やゆ）された。

前田新体制の誕生は、3行の主導権争いとバランス人事の副産物にすぎなかった。「棚ぼた社長」にメガバンクのコーポレート・ガバナンスの重責が押しつけられた。

2番手、3番手の役員を後継指名したことが、みずほの悲劇のはじまりだった。

大規模システム障害は派閥抗争の産物

新体制は出足から躓（つまず）いた。

2002年4月1日、新しい銀行の開業初日、2500億円という巨額の費用をかけ、のべ9万人の専門家がかかわった基幹システムが、大規模なシステム障害を起こしたのだ。

みずほBKでは、旧第一勧銀のカードが旧富士銀の現金自動預け入れ払い機（ATM）で使えなくなり、他方、旧富士銀のカードは他の2行のATMでまったく機能しなかった。

また、現金が引き出されていないのに、通帳には引き落としとして記載され、残高が減るトラブルも起きた。システム障害はATMだけではなく全般におよんだ。

電力・ガスといった公共料金の自動引き落としなど、口座振替の遅れが連続的に発生した。4月5日時点で口座振替の未処理は250万件にのぼり、振り込みの遅延は2200件に膨（ふく）れ上がった。この間、二重引き落とし事故が3万件、二重送金事故が5000件発生していることもわかった。

みずほグループのATMや口座振替のシステム障害は、システム上のプログラミングのミスだったが、それは二次的、三次的要因でしかなかった。

システム障害は派閥抗争の産物だった。

どういうことか。

基幹システムは第一勧銀が富士通製、富士銀が日本IBM製、興銀が日立製作所製を採用していた。システムの統合問題は、銀行とコンピュータメーカーがタッグを組んだ主導権争いとなった。

みずほグループは1999年12月、3行頭取の合意にもとづき、統合後の勘定系システムには第一勧銀の富士通製ホストコンピュータ、営業店システムの端末には富士銀が使っているIBM製を採用することを決定した。勘定系とはATM、為替などをあつかう、人間にたとえるなら中枢神経のようなシステムである。足して2で割る日本的決着だったが、実質的には第一勧銀＝富士通連合の勝利であった。

だが、これが第一勧銀と富士銀の全面対決の幕開きとなった。

筆者は『無法経済の主役たち』で、このときの主導権争いをリアルに取り上げている。

〈「富士銀が使用しているIBMのシステムの方が富士通のシステムよりも、商品サービスの追加が容易などという点で、数段機能が上だった。三年は進んでいるとの声もあったから、富士銀がおとなしく引き下がるわけがない。当然、富士銀は巻き返しに出た。統合案を詰める委員会の席上で、富士銀が統合後のシステムにIBMのシステムならやれる新しい機能を次々と要求した。だが、富士通のシステムではこうした要求は呑めないことから、もめにもめた。感情的対立が続き、システム全体のグランド・デザインが決められないまま、時間ばかり空費した。この足の引っ張り合いで一年以上の時間を無駄にしたことが、後々まで響いた」と関係者は嘆く。

みずほのシステム構築に一時期かかわったシステムエンジニア（ＳＥ）は「旧第一勧銀のシステム担当者は自社のシステムにこだわるだけで、発想にまったく柔軟性がなかった。唯一、取り柄があるとすれば声が大きいことだけだった」と苦々しい表情を浮べて当時を振り返る。

ＳＥと呼ばれる専門家集団の間で、こんな笑い話が広がっていた。

四百四十対三——。

「四百四十」は富士銀のシステムで出来て、第一勧銀のシステムではやれないサービス・機能の数だ。一方の数字の「三」は、第一勧銀のシステムが富士銀より優れている点である。両行のコンピューターにはこれだけの決定的な性能の差があった、というわけだ。富士銀はこのシステムの構築に三千億円をかけていた〉（注３）

「富士に負けるな、弱みを見せてはならない」

メガバンクの再編によって、ＩＴベンダー（コンピュータシステムの開発をおこなう企業）の勢力地図は大きく塗り替わった。１９９９年当時の主要都銀の基幹システムは、東京三菱銀行はＩＢＭ、住友銀行がＮＥＣ、さくら銀行が富士通、三和銀行が日立製作所、東海銀行も日立だった。

４大金融グループに再編された際には、力関係で上位の銀行のシステムに他が合わせる「片寄せ方式」が取られた。東京三菱銀行がＩＢＭ、三井住友銀行がＮＥＣ、ＵＦＪ銀行は日立となった。３行が経営統合して発足したみずほグループだけは、「片寄せ」されることなく各行のシステムが残った。

みずほＢＫの発足では富士銀＝ＩＢＭのシステムへの「片寄せ」が有力視されていたが、第一勧銀＝富士通連合が巻き返しに成功した。

東京銀行の勘定系システムをになっていた富士通は、三菱銀行と東京銀行の合併で活躍の場を失い、さらに三井住友銀行の誕生でさくら銀行のシステムもなくなった。富士通は2連敗だったのである。

〈ここでみずほを失うと、四大金融グループをすべて失い、再起不能になる。ピンチに立たされた富士通は社長の秋草直之が先頭に立って、すさまじいばかりの営業攻勢をかけた、といわれている。

客観的に見て、経営陣は優れたシステムを採用するのが本来の姿だが、その鉄則を三行の頭取は守らなかったことになる。コンピューターについての知識が足りなかった（いや、なかった）三人の頭取は社内の政治力学だけで判断したのである〉（前出注3）

第一勧銀が、富士銀のIBM製システムのレベルが高いことを承知のうえで、富士通をゴリ押しして決定にまで持ち込んだのは、「第一勧銀の経営陣が社内政治にばかり目を向けて、システムについてまったく知識がなかったからだ」と、みずほグループ元役員は言い切る。富士銀は傘下の安田信託銀行の経営危機説が取り沙汰されており、富士の経営陣が第一勧銀に対して強く出られなかったという裏の事情もあった。

3人の頭取は人事の駆け引きと同じレベルで、銀行の神経網をどう統一するかを安直に判断。3行それぞれの勘定系システムを残し、それをリレーコンピュータでつなぐ暫定方式を採用した。3行のメンツを立てた妥協の産物だった。この最初のボタンのかけ違いが、みずほBK開業初日からの大規模システムトラブルの原因となった。

第一勧銀の巻き返しの中心人物が西之原敏州である。

高杉良は実名小説「みずほの軌跡」で、システム障害について、こう書いている。

〈統合準備委員会当時、副頭取の中で小倉利之（富士銀行）はシステムの責任者だったこともあり、問題について種々提案できる立場にあった。（中略）小倉の試算では富士銀のシステムを採用したほうが有利、すなわち投資額は少ないという結果が出た。

これを受けて三ＣＥＯは急遽、三行のＣＩＯ（引用者注：システム開発担当の責任者）に対して、ひと月以内に小倉案の検証を行うよう命じた。

万が一の場合は、白紙還元もありうる――。

こうした認識のもとに、杉田は富士通の秋草直之社長に、西村は日立製作所の庄山悦彦社長に、当初決定したシステム変更の可能性を伝えた事実があった。

結局、検証の結果、開発コストに大きな差がなかった。当初の方針どおりのシステムでいくことが三ＣＥＯによって決定された〉（注４）

ミニ・クーデターが失敗したからだろうか、小倉は一時期、横になってしまい、朝9時に出勤するが、夕方5時には銀行を出る状態がつづいた。役員としての責務を、いわば放棄してしまったのである。

ここからが重要だ。第一勧銀のＣＩＯは常務の竹中公一である。

〈一勧系のシステム部門は渋谷にあるシステム・センターに集中していたが、旧Ｄ（第一銀行）系が掌握していた。

「富士に負けるな。弱みを見せてはならない」

恐怖政治を敷いていたカリスマ性の強い西之原敏州（第一勧業銀行副頭取）のプレッシャーに竹中は堪え切れず、実態を正確に報告していなかったふしがある〉（同注４）

西之原怖さのあまり、第一勧銀と富士銀の開発コストに大きな差がない、と杉田に報告したということらしい。西之原＝秋草の圧力に、一介の常務が抵抗できるわけがなかった。

２００２年７月、みずほＨＤは金融庁から業務改善命令を受け、社内処分をおこなった。システム統合の方法を決めた３ＣＥＯは、退任後就いていた特別顧問を辞任。３人への退職慰労金の贈呈は見送られた。

第一勧銀のＣＩＯだった竹中公一も、詰め腹を切らされ辞任した。

その後、みずほBKは、勘定系と情報系のシステムの一本化という困難な作業を進めた。2004年12月、みずほBKは、ようやく情報システムの一本化を終えた。1999年8月の経営統合発表から、5年4ヵ月後のことである。システム統合にかかった費用は総額4000億円に膨らんだ。巨費を使った以上に、失った時間が惜しまれた。時間は二度と戻ってこない。

棚ぼた社長・前田晃伸が権力者へ変貌

統合直後を襲ったシステムトラブルは、みずほブランドの信用を失墜させた。持ち株会社みずほHDの初代社長、前田晃伸の指導力にも批判の声が上がった。

2002年4月9日の衆院財務金融委員会で参考人招致された前田の目はうつろで、表情に精彩がなく、声はマイクを通しても聞き取れないほど小さかった。質問者や出席者からは「もっと大きな声でしゃべってください」との注文が飛んだ。

こんな覇気も情熱もない人物に、巨大銀行を率いるトップがつとまるのか。だれもが暗澹たる気持ちになった。グループ内からも不協和音が漏れ伝わってきた。前田は1期2年で退任するものと思われていた。四面楚歌。逆境の中で、「町役場の出納課長さん」（金融担当記者）と揶揄された前田は、驚異的な粘り腰を見せる。前田は、「強い銀行にするのが私のつとめ」と批判に反論。2003年3月期決算に向けて、不良債権処理を断行する原資とすべき1兆円増資の実施と、グループ再編という大勝負に出た。

2002年10月以降、小泉純一郎政権の金融担当相に就いた竹中平蔵は、金融再生プログラム、「竹中プラン」にもとづく不良債権処理を進めていた。みずほは処理損失が大幅に拡大。2003年3月期は、他の銀行よりずば抜けて多い5兆円の不良債権を処理し、2兆3000億円という日本企業で過去最大の赤字決算となることが確実視されていた。

この最中、前田は不良債権処理の妙案をひねり出した。２００３年3月、取引先に頭を下げて1兆円の奉加帳方式による増資を実行し、不良債権処理の原資を確保した。増資には取引先３４３６社が応じた。

それに先立つ２００３年1月、みずほＨＤは全額出資により株式会社みずほフィナンシャルグループを新設。同年3月、みずほＦＧとみずほＨＤの株式交換により、みずほＦＧがみずほＨＤの完全親会社になった。さらに、再生専門の子会社4社を設立し、不良債権をここに移管し、不良債権の処理に当たらせた。

これは、２つの持ち株会社に赤字の子会社と黒字の優良子会社を振り分けることを意味した。具体的にはみずほＦＧに黒字子会社を集約。赤字子会社だけが残ったみずほＨＤは、不良債権を切り離して再生専門の4社に移した。

これで、５兆円の不良債権を処理しても、みずほＦＧは配当を実施することが可能になった。無配がつづくと、公的資金注入で国が保有する優先株が普通株に転換され、国有化されてしまう恐れがあった。実際にその後、りそなホールディングスが、この方法で国有化されることになった。みずほＦＧはマジックのような〝奇手〟で国有化を免れた。

竹中平蔵が国有化を想定していたのは、みずほだった。

「週刊新潮」が「竹中（平蔵）失言、〝みずほはシティバンク〟に売却」と書き立てた。みずほが国有化されれば、竹中のシナリオどおり、みずほは米シティバンクに売却されていたはずだ。

竹中の青写真を反古にしたのが、前田が断行した1兆円増資だった。この決断を支えた思いについて、前田はこう語っている。

〈私の出身地は、福沢諭吉の郷里、大分県中津市です。その片田舎にある小学校時代から、毎日目にしていたのが、福沢諭吉の言葉である「独立自尊」でした。今でも、中津城公園に立つ大きな石碑が目に浮かびます。そういう土地に生まれ、毎日石碑を見ているうちに、私は「独立自尊」という考え方を自

然に学んでいきました。それが意味するものとは、最後は、自分で責任を取る。誰かに寄りかからないということです〉(注5)

「竹中平蔵に国有化されてたまるか。米シティに売り渡されてたまるか」。独立自尊の心が1兆円増資を決断し、実行させた。

前田の最大の功績は、1兆円増資をまとめ上げたことだ。この増資で、みずほは国有化を免れた。青白き秀才で、「経営者に向いていない」(ライバル行のトップ)と酷評(こくひょう)されていた前田は、これを機に権力者へと変貌(へんぼう)することになる。

「2・20事件」で第一勧銀・工藤が敗れた

みずほは統合以来、お家騒動が年中行事となった。

内幸町、大手町、丸の内。みずほグループの内部では、旧3行の本店所在地を使って、行員を色分けしていた。第一勧銀は内幸町、富士銀は大手町、興銀は丸の内に本店があった。

まず、火を噴いたのが、内幸町vs.大手町=丸の内連合の抗争だった。前田はいまや、町役場の出納課長ではなかった。権謀術数(けんぼうじゅつすう)に長(た)けた権力者に生まれ変わっていた。

2004年2月20日、みずほBK頭取の工藤正が病気を理由に辞任した。第一勧銀勢が敗れたこの抗争は「2・20事件」と呼ばれている。統合当初は、規模が大きい第一勧銀の政治力が上回っていた。だが、第一勧銀がゴリ押しした富士通製のシステムで大規模なシステムトラブルを引き起こしたため、BKの工藤頭取=第一勧銀勢は責任追及の矢面(やおもて)に立たされた。

旧第一勧銀勢は巨額融資したセゾングループの解体という難問に直面しており、反撃する力はなかった。修羅場(しゅらば)に強い西之原がいないことが第一勧銀の致命傷となった。西之原の実力を恐れた興銀の西村や富士銀の山本が、「首脳9人同時辞任」という奇策で西之原を道連れにしたことが、こうした場面できっちりと生きた。

ＢＫ頭取の工藤は、自分の後任に第一勧銀出身でＣＢ副頭取の森信博を推した。森は慶應大経済卒で１９６７（昭和42）年、日本勧業銀行に入行した。第一勧銀は、第一銀行と日本勧業銀行が合併した銀行だ。旧行のタスキがけのルールにしたがい、第一銀出身の工藤に代わって、勧銀出身の森信博を推したわけだ。ＦＧ社長の前田晃伸とＣＢ頭取の齋藤宏連合が、これに猛反発。同じ勧銀出身ながら、前田に近かった杉山清次をＢＫ頭取に引き上げた。杉山は東大法卒で、１９７１（昭和46）年勧銀に入行した。

〈「一勧出身者の誰一人として頭取に推薦していない」と、一勧出身の、みずほＯＢがこき下ろす杉山氏の擁立に成功したことで、２人（前田・齋藤）による長期政権の地盤が固まる。「２人の子飼いだった杉山の手によって、旧一勧の有望人材は一掃されてしまった」とこのＯＢは悔やむ〉（注６）

前田と対立した旧第一勧銀の実力者たちは、ことごとく追放された。

ポスト工藤のＢＫ頭取の本命候補だった森信博は、２００４年に東京リースに転出した。

野田忠男は２００３年に清和興業に出された。京大法卒で１９６９（昭和44）年第一銀行に入行。その後、日本銀行の政策委員会審議委員となっている。

後藤高志は２００５年に西武鉄道の再建社長に送り込まれた。東大経済卒で１９７２（昭和47）年に合併後の第一勧銀に入行。企画部副部長時代、総会屋利益供与事件に揺れる行内で「改革派４人組」として改革の先頭に立った。現在、西武鉄道、プリンスホテルを傘下にもつ西武ホールディングスの社長である。

前田は長期政権をつづけるために、自らの出身母体の旧富士銀勢の有力な後継候補の芽も摘んでいった。２００７年には町田充を関連会社の芙蓉総合リースに出した。東大経卒で１９７２（昭和47）年に富士銀に入行。旧富士銀のエースとして次期頭取の呼び声が高かった。

〈将来、みずほを背負う逸材と評されたある取締役は「あの社長（＝前田）とこれ以上同じ空気を吸いたくない」との捨てぜりふを残し、自ら関連会社に退いた。

「自らの立場を危うくする優秀な人材が台頭してくると、ことごとく排除してきた」とみずほ関係者は振り返る。頭取候補として名が挙がった幹部は、みずほを去らねばならないルールでもあるかのようだった〉（同注6）

前田は対立した実力者たちを次々と排除して、権力基盤を固めていった。

興銀・齋藤の「路チュー写真」事件はリークか

大手町＝丸の内連合は、内幸町で勢力を誇った第一勧銀勢を完全に封じ込めることに成功した。内幸町が敗れてからは、大手町vs.丸の内が雌雄を決することになるといわれた。

均衡が崩れたのは２００８年の夏のことだ。ＣＢ頭取の齋藤宏が、テレビ東京の女性記者と路上で熱いキスを交わしたところを写真週刊誌「フライデー」に激写された。

暗闘は一気にヒートアップした。齋藤の取り巻きの興銀勢が「（密会用マンションの）情報をリークしたのは第一勧銀だ」と息巻けば、第一勧銀サイドは「濡れ衣だ」といいながら涼しい顔をしていた。第一勧銀勢には派閥抗争に敗れ、窓際に追いやられたことに対する恨みつらみが渦巻いていた。密会用のマンションの所在地から、興信所による齋藤の行動記録まで流出した。

「フライデー」のすっぱ抜きで、大手町（富士銀）＝内幸町（第一勧銀）連合が、丸の内（興銀）の齋藤を引責辞任に追い込むかに見えた。しかし、持ち株会社ＦＧ社長の前田は、齋藤を切れば興銀との全面戦争になり、「みずほが空中分解する」と判断。齋藤追い落とし計画を葬り去った。

だが、２００８年秋の米投資銀行リーマン・ブラザーズの破綻に端を発した金融危機が、前田、齋藤がトップに居座りつづけることを許さなくした。みずほＦＧは２００９年３月期連結決算で５８８８億円の最終赤字に転落した。齋藤が率いるＣＢグループが、海外でのデリバティブ（金融派生商品）取引で巨額の損失を出したのが原因だった。その経営責任をとり２００９年６月の株主総会で、長年、君臨してきた３トップが揃って退任し、それぞれの組織の会長に退いた。

「トップが６人では意思決定者がわからない」

２００９年１月16日、みずほＦＧは、４月１日付の新経営陣を発表した。

持ち株会社みずほＦＧ社長は前田晃伸から塚本隆史（つかもとたかし）に交代。傘下の銀行子会社、みずほＣＢ頭取は齋藤宏から佐藤康博に、みずほＢＫ頭取は杉山清次から西堀利（にしぼりさとる）にそれぞれバトンタッチした。

３トップの一斉交代は２００２年４月にみずほグループ（このときはみずほＨＤ）が発足して以来、初めてだ。新体制でも前身である旧行でポストを分け合った。塚本隆史は１９７４年京大法卒、第一勧銀に入行。佐藤康博は１９７６年東大経済卒、興銀に入行。西堀利は１９７５年京大法卒、富士銀に入行している。

前任の前田は富士銀、齋藤は興銀、杉山は第一勧銀の出身だ。ＦＧトップは３行による持ち回りという申し合わせにしたがい、富士銀から第一勧銀へ、ＢＫは第一勧銀から富士銀へと交代した。ＣＢは興銀同士の引き継ぎとなった。前田、齋藤、杉山の３トップは、それぞれの会長に就いた。

前田と齋藤は、寝首を搔（か）かれる心配がない、〝お気に入り〟を後継に指名した。実力者を後継者に据（す）えると、追い出される恐れがあるからだ。

新体制は、新たな抗争のはじまりであった。

会長に退いたとはいえ、前田、齋藤、杉山は実権を手放さなかった。それぞれの組織には会長と社長・

頭取がいる。みずほグループは経営トップが6人もいる、異様に肥大化した組織となってしまった。

２０１０年４月、金融庁は、みずほFG社長の塚本、みずほBK頭取の西堀、みずほCB頭取の佐藤を呼び出した。３人揃い踏みの金融庁訪問は異例な出来事である。

金融庁は3トップに対して、厳しい問題を突きつけた。それは「ガバナンスへの強い懸念」だった。代表権がないとはいえ、前田、齋藤は絶大な影響力を誇示する実力者であることに変わりはない。「会長による院政」と見なした。「トップが6人もいては、意思決定権者がだれなのかわからない」と金融庁が圧力をかけたのである。

２０１０年6月、旧行を率いてきた3会長は辞任に追い込まれた。だが、彼らは特別顧問におさまって、影響力を発揮しつづけた。

金融庁主導で進んだ旧体制解体人事

２０１１年3月11日、東日本大震災が発生した。その直後の3月14日、みずほBKで震災義援金の振り込みが集中したのをきっかけに、またまたシステム障害が発生した。給与などの振り込みの遅延は最終的に１１６万件に上り、震災直後というのにお金の出し入れができないという大失態を演じた。

2度目の大規模なシステム障害を起こしたみずほFGに、合併前の旧3行でポストを分け合う「3トップ制」と、非効率な「2バンク体制」から訣別（けつべつ）するときが訪れた。

みずほFGは２０１１年5月23日、グループ首脳人事とグループ体制の見直しを正式に発表した。システム障害の責任を取って、みずほBK頭取の西堀利（富士銀）が辞任。みずほFG社長の塚本隆史（第一勧銀）が会長になって、みずほBKの頭取を兼務。みずほCB頭取の佐藤康博（興銀）が、みずほFG社長を兼務し、グループCEO（最高経営責任者）となった。

傘下のみずほＢＫとみずほＣＢは、２～３年をメドに合併させる方針を打ち出した。「創業的な出直しだ」。みずほＦＧ社長の塚本は、こう強調してみせた。しかし、金融庁に強く迫られ、やっと決断したというのが実情だった。

「千載一遇（せんざいいちぐう）のチャンス」と奮（ふる）い立ったのが金融庁だ。みずほＦＧとみずほＢＫに検査に入った。金融庁は検査の範囲をシステム障害の問題にとどめるつもりはなかった。

金融システム全体のリスク要因となってきた〝みずほ問題〟は、金融庁が解決を急がなければならない課題だった。これまでにも、富士銀、第一勧銀、興銀の旧３行で、持ち株会社と傘下２行のトップを分け合う３トップ制の解消を迫ってきたが、ノラリクラリとかわされてきた。

金融庁は、２度目となるシステム障害を起こしたことにケジメをつけさせるべく、２つの変革をみずほに迫った。

合併前の旧行意識を引きずった体制の解体と、旧経営陣との完全な訣別だ。

金融庁の圧力に屈したみずほは、３トップ制と２バンク体制の変更を決断した。

長年、みずほに君臨してきた、前田晃伸・前ＦＧ会長（富士銀）、杉山清次・前ＢＫ会長（第一勧銀）、齋藤宏・前ＣＢ会長（興銀）の３人は特別顧問を退任し、旧経営陣を一掃した。金融庁が強引にねじ伏せた結果である。

みずほの首脳人事は金融庁主導で進められた。西堀ＢＫ頭取の出身行だった富士銀のポストを強制的に減らすことで、まず旧３行の勢力バランスを崩した。次に、子会社を監督できていない持ち株会社の責任は重いとして、第一勧銀出身の塚本ＦＧ社長をＢＫ頭取に降格させた（ＦＧでは会長）。塚本社長はグループ代表として引責辞任してしかるべきだったが、２人を一気に辞めさせると人事がめちゃくちゃになるという理由で、降格にとどめた。興銀出身の佐藤ＣＢ頭取に権力を集中し、ＦＧ社長を兼務させＣＥＯと位置づけたのだった。

興銀・佐藤が新体制のトップに就く

金融庁がみずほの新体制のトップとして白羽の矢を立てた佐藤康博は1952（昭和27）年4月、東京都生まれ。麻布高校から東大経済学部に進み、1976年、旧興銀に入行した。佐藤が出世レースの階段を上るきっかけを摑んだのは、1993年に黒澤洋頭取の秘書に抜擢されたことである。

日本で数少ない、世界に名が通った国際派バンカーの黒澤に可愛がられた佐藤は、スイスの世界経済フォーラム年次総会（ダボス会議）に同行。黒澤がポール・ボルカー米連邦準備制度理事会（FRB）元議長や中国の朱鎔基元首相ら世界の政財界の大物と親交を深める様子に「自分の世界観が形づくられた」と語っている。頭取秘書を3年半つとめ上げ、佐藤は将来をになう若手リーダーとして頭角を現す。

佐藤の秘書時代は、興銀が未曾有の危機におちいっていた時期と重なる。

興銀はバブル崩壊後の不良債権の後始末の真っ最中で、黒澤は国会に参考人招致されて、経営責任を追及された。

なかでも、バブルの狂乱に乗って、大阪ミナミの料亭「恵川」の女将で「北浜の天才相場師」と呼ばれた尾上縫（1991年8月詐欺罪で逮捕・起訴、2003年懲役12年の実刑確定）に入れ込み、興銀は586億円も貸し込んでいたことが発覚した。興銀が発行した割引金融債「ワリコー」の大口購入先でもあった尾上の、節税対策のための資産管理会社づくりに手を貸し、頭取の黒澤は夫婦で「恵川」を訪れたりしていた。

尾上縫スキャンダルは興銀史上、最大の汚点となった。

佐藤は1997年、総合企画部に異動、副部長に就いた。1990年代後半、興銀、日本長期信用銀行

（現・新生銀行）、日本債券信用銀行（現・あおぞら銀行）の長信銀3行は、バブル崩壊で巨額の不良債権を抱え、経営破綻の崖っぷちに立たされていた。長銀、日債銀は経営が破綻。興銀の経営の行き詰まりも時間の問題と見られていた。

興銀は富士銀、第一勧銀との3行統合に活路を求めた。3行統合は、金融当局がシナリオを描いた。富士銀と第一勧銀の合併計画に興銀を割り込ませた、事実上の興銀の救済劇だった。

3行統合で発足し、みずほＣＢが興銀勢の拠点となった。佐藤はＣＢ頭取の齋藤宏の下で出世コースの階段を登っていった。

〈前田―齋藤連合による恐怖支配をなぜ生き残れたのか。その理由は佐藤が権力欲はおくびにも出さず、平身低頭で仕える姿勢に徹したからだ〉（注7）

黒澤洋の秘書として身につけた処世術であった。

佐藤が大出世の糸口を摑んだのは、齋藤宏のテレビ東京の女性記者との「路チュー」である。これは前に触れた。

〈ＦＧ社長の前田が自らの権力維持を図って、齋藤を庇い続ける中、ＣＢ副頭取だった佐藤も路チュー事件の火消しに奔走。金融当局への釈明やマスコミの続報封じに尽力した。その姿は、前田、齋藤双方に「愛い奴」と映り、旧富士銀や旧第一勧銀出身の実力者が放逐される中で、佐藤ひとりが生き残る道につながった〉（同注7）

金融庁と組んだ「興銀一強体制」づくり

佐藤は2009年4月にみずほＣＢ頭取に就いた。佐藤は、齋藤にならって富士銀の実力者と手を組む「丸の内（興銀）＝大手町（富士銀）」連合は採らなかった。興銀時代から親密な関係にある金融当局と結託して、自らのみずほ支配を実現するシナリオを書いた。丸の内（興銀）＝霞ケ関（金融庁）の連携である。

実を結んだのが２０１１年３月の東日本大震災の直後に起きた、みずほＢＫの２度目のシステム障害である。金融庁主導で、経営陣の刷新がおこなわれ、富士銀と第一勧銀勢は経営トップから外された。

２０１１年６月、佐藤は持ち株会社みずほＦＧ社長に就いた。

ここから佐藤時代がはじまる。

〈「ワンバンク化」を条件にＦＧ社長の佐藤をＣＥＯと位置付け、権力を集中させる「ワントップ化」を強力に後押ししたのは、当時、金融庁で豪腕を振るった畑中龍太郎監督局長（76年旧大蔵省、前コロンビア大使）だった。畑中は11年夏に長官に昇格し、長官を３年間務めた実力官僚。佐藤と同じ76年東大法卒の同期の誼もあり、旧大蔵省、旧興銀時代から親交があった。畑中が05年に金融庁に転じて以降、二人の間に「いつでも話ができるホットラインが出来た」（同庁ＯＢ）といい、２度目のシステム障害の事態収拾でも二人は密接に連携した節がある〉（前出注７）

みずほは、メガバンク統合の第１号でありながら、旧３行間の内紛がつづき、成果が出せないだけでなく、システム統合にも失敗しトラブルが絶えない問題児だった。畑中は旧３行による果てなき内部抗争が諸悪の根源と断定した。そこで、旧３行がバランスを取る３行並立の仕組みをバラバラに崩し、「一強体制」への転換をはかることにした。つまり、「興銀一強体制」である。

畑中は興銀一強体制づくりを後押しした。２０１２年度に、全国銀行協会の会長の席がみずほに回ってきたとき、歴代の会長と同様に都市銀行（第一勧銀）出身の塚本隆史ＦＧ会長が就任すべきとの声が上がるなか、ＦＧ社長の佐藤が長信銀出身の初の全銀協会長に就いた。

これも畑中人事といわれた。

監督官庁である金融庁長官の後ろ盾を得た佐藤は、「興銀一強体制」の構築に邁進する。

「Ｏｎｅみずほ」を機に富士銀勢を一掃

２０１３年7月1日、みずほＢＫとみずほＣＢが合併して、新・みずほ銀行（以下、新しい銀行名は「みずほ銀行」と表示）が誕生した。みずほ銀行頭取はＦＧ社長の佐藤康博が兼務した。持ち株会社と新銀行のトップを兼務する「1トップ・1バンク」体制がととのった。

去就が注目されていたＦＧ会長兼ＢＫ頭取の塚本隆史（第一勧銀）は、代表権は外れたものの新銀行の会長として残った。

佐藤人事の最大のサプライズは、7人いた副社長・副頭取が全員交代したことだ。なかでも、富士銀出身者が一掃された。ＢＫ副頭取の中野武夫（東大法卒、80年、富士銀入行）はみずほ信託銀行社長へ転出した。みずほ信託社長の野中隆史（東大経済卒、75年、富士銀入行）は同行の会長に棚上げされた。

中野は財務担当として、みずほグループの資本の充実作戦をになってきた。富士銀出身のエースとして次期トップの呼び声が高かった。しかし、信託に出されたことで、ポスト佐藤の候補から消えた。

ＣＢ副頭取の永濱光弘（東大法卒、76年、富士銀入行）は、みずほ証券会長に転出。システム障害を受けて引責辞任したＢＫ頭取の西堀利（75年、富士銀入行）の後を受けてＦＧ副社長に就いた西澤順一（東大法卒、80年、富士銀入行）は退任した。副社長・副頭取の〝粛清の嵐〟は、富士銀出身者にことのほか厳しかった。

中野も西澤も80年入行の56歳という若さだ。「富士銀ばかりが狙い撃ちされた」との恨み節が聞こえてきた。

「旧3行の背番号を徹底的にはずす」

そう宣言した佐藤の意気込みは、役員人事に鮮明に表れた。出身行に関係なく、1976～79年入行組の大半が退任し、80年組を中心に副社長に昇格させた。富士銀の80年組は飛ばしたが、興銀の80年組は引き上げた。

FGの役員人事では取締役副社長兼副社長執行役員に、高橋秀行（東大法卒、80年、興銀入行）と安部大作（東大法卒、同前）が常務取締役兼常務執行役員から昇格した。2人とも新銀行の副頭取執行役員を兼務した。高橋は財務・主計グループ長、安部はIT・システムグループ長兼事務グループ長。ともに興銀出身である。

これ以降、旧富士銀は個人（小口金融）部門、旧第一勧銀はコンプライアンス（法令順守）部門、旧興銀は証券部門といった具合に、自らの縄張りを形成していくことになる。

暴力団組員に230件、2億円融資が発覚

金融庁は2013年9月27日、みずほFG傘下のみずほ銀行が、暴力団組員ら反社会的勢力との取引を知りながら2年以上も放置したとして、銀行法にもとづく業務改善命令を出した。佐藤は窮地に立たされた。このとき、助け船を出したのは、やはり畑中だった。

不正を突きとめたのは、人気テレビドラマ『半沢直樹』で話題になった「金融庁検査」だった。

金融庁は2012年12月からみずほBKに実施した定期検査で、反社会的勢力への融資があることを把握した。みずほ銀行で法令順守を担当する役員は、2年以上前から反社会的勢力との取引があったことを知りながら、具体的な対応をとっていなかった。

問題となったのは、グループの大手信販会社、オリエントコーポレーション（オリコ）などを通じて実行した自動車ローンだった。暴力団組員らが中古車を買った際のローンが中心で、取引件数は230件、

融資額は2億円にのぼった。〝ヤクザローン〟事件である。

アングラ勢力への問題融資は、どの銀行も抱えている。この手の融資を旧第一勧銀ではマル特、旧富士銀では特対と呼んできた。じつは、みずほＢＫの特対案件は、金融庁検査にひっかからないように処理されてきた。暴力団組員らへの融資は、特定の支店に集中するのを避けて、全国各地に分散していた。〝ヤクザローン〟を飛ばしたのだ。

問題になったのは、反社会的勢力との取引を把握しながら、担当役員が2年以上も放置していたことだった。

日本銀行の記者クラブは、正式な記者会見を要請していたが、みずほＢＫは応じなかった。みずほＢＫの広報担当者に、記者から「2年間も放置されていたのはなぜか」「担当役員で情報が止まっていたのはなぜか」との質問が飛んだ。担当者は「それは当局に報告することになっている」とかわした。

２０１３年7月、みずほＢＫとみずほＣＢが合併して、新・みずほ銀行が発足した。ここから事態は動く。

みずほ銀行が暴力団組員らへの融資を放置していた問題で、２０１３年10月4日、ようやく記者会見が開かれた。みずほＦＧ社長を兼ねる頭取の佐藤康博は記者会見に出なかった。

9月30日付で新たにみずほＦＧの法令順守担当となった副頭取の岡部俊胤（おかべとしつぐ）（中央大法卒、80年、富士銀入行）が謝罪した。だが、融資の実態や、融資を中止しなかった理由について明かさず、「これから調べます」とくり返すばかり。みずほ銀行の、〝ヤクザローン〟に対する情報開示の姿勢は不十分といわざるを得なかった。

問題の融資が、グループの信販大手オリコを通じた中古車などのローンであることはすでに書いた。２０１０年12月には行内で把握されていた。しかし抜本策をとらず、融資件数は２００件以上に膨らみ、２

013年9月に金融庁から改善命令が出るまで減ることはなかった。

岡部副頭取の説明は、歴代頭取に責任がおよぶのを防ぐことに費やされた。問題融資の情報は、当時の副頭取で止まり、頭取ら経営トップに伝えられなかったというのだ。

みずほBKが自行の調査で問題融資を見つけた2010年12月当時の法令順守担当は、上野徹郎副頭取(第一勧銀)だったが、当時の西堀利頭取(富士銀)に報告はなかったという。上野の次の法令順守担当は矢野正敏副頭取(第一勧銀)で、倉中伸常務(興銀)へと引き継がれ、その後、2013年9月末まで小池正兼常務(東大法卒、82年、第一勧銀)がつとめた。

みずほBKの頭取は、西堀の後、塚本隆史(第一勧銀)が引き継いだ。みずほBKとみずほCBが2013年7月に合併して誕生した新・みずほ銀行の頭取は、持ち株会社みずほFGの佐藤康博社長が兼務した。この間、トップは問題を把握していなかったというのだ。発覚から2年以上経っているのに、組織のトップに、まったく伝えられなかったという説明は、あまりにも不自然である。

不祥事のたびに、旧3行の派閥争いが、その原因と指摘されてきた。〝ヤクザローン〟も同じだ。「オリコは第一勧銀の案件」(銀行関係者)だった。オリコの問題融資は、第一勧銀が処理すべき案件であり、富士や興銀は、われ関せずであった。強烈な旧行意識がスキャンダルの局面でも、ものの見事に露呈した。

オリコのヤクザローンは第一勧銀の案件

第一勧銀はオリコとの結びつきが強かった。1997年には提携ローンをはじめた。旧3行が経営統合して、みずほFGが発足後は、オリコは3行抗争の火種になった。2007年、オリコへの融資をめぐり、内紛になった。

オリコは、貸金業規制法改正にともなう過払い利息返還請求に備えた追加引き当てが響き、2007年

3月期に4500億円を超える最終赤字に転落する見通しになった（なお、同期の最終赤字は4613億円と確定した）。1000億円超の債務超過になるため、みずほに支援を求めた。

オリコからの支援要請を受けて2007年2月、みずほFGの最高首脳会議が開かれた。その席上で、みずほCBの齋藤宏頭取（興銀）は、みずほFGの前田晃伸社長（富士銀）、みずほBKの杉山清次頭取（第一勧銀）を前にして、「（オリコを）もう切ってしまえ」と苛立ちを口にしたという。

ギリギリまで黒字を計上する見通しであったオリコが一転して債務超過に転落。オリコは第一勧銀の案件だ。それまで正確な経営情報を第一勧銀側から伝えられていなかった興銀出身の齋藤頭取は「オリコとの取引をやめろ」と怒りをぶちまけたのである。

またまた、興銀と第一勧銀の内紛が勃発したと大騒ぎになった。

2008年7月、「フライデー」が齋藤頭取のテレビ東京の女性記者との不倫を報じた。行内では「第一勧銀勢による内部告発」と囁かれた。「オリコ問題を追及された第一勧銀勢のしっぺ返し」と興銀勢は信じて疑わなかった。

すったもんだの末、みずほはオリコの支援を決定。2008年3月期から再建5ヵ年計画がスタートしたが、早々と頓挫。再々支援に追い込まれたみずほは、2010年9月、オリコの筆頭株主となり、持ち分法適用会社に組み入れた。

2013年3月末時点で、旧みずほBKと旧みずほCBを合わせて23・8％の株式を保有していた。17年9月期末現在では、みずほ銀行が48・6％の株式を保有。伊藤忠商事が16・5％で第2位の大株主だ。

オリコのトップは、第一勧銀出身者の指定席となった。オリコの経営危機が表面化した2007年6月、第一勧銀出身でみずほCB副頭取の沖本隆史（京大経済卒、73年）が会長、同じ第一勧銀出身でみずほ銀行常務の西田宜正（学習院大法卒、72年）が社長に就いた。

みずほが出資比率を高め持ち分法適用会社に組み入れられた翌年の２０１１年６月、西田が会長になり、第一勧銀出身でみずほＦＧ常務の齋藤雅之（一橋大商卒、76年）が社長の椅子を継いだ。

持ち分法適用会社に組み入れた直後の２０１０年12月、みずほ銀行は、オリコとの提携ローンの事後審査を開始。当時の上野徹郎副頭取（第一勧銀）らは顧客に組員がいることを把握。西堀利頭取（富士銀）に報告がいった。西堀は防止策について「たしかに検討した記憶がある」と語っている。

２０１１年６月、重要な首脳人事があった。みずほＦＧ社長だった塚本隆史（第一勧銀）が、みずほ銀行頭取に就いた。

当時、親会社の社長から子会社の頭取に降格したことで不思議がられたが、いまにして思うと、オリコ問題が原因だったことがわかる。みずほ銀行は塚本頭取、オリコは齋藤雅之社長の第一勧銀出身者で問題融資の処理にあたることになったということだろう。塚本がみずほＦＧ社長当時、齋藤は常務として直属の部下だった。

しかし、両トップは防止策を打ち出せないまま、スキャンダルが表面化した。

他行の取引先には手を出すな

この間、興銀と富士は事態を静観していた。興銀出身の佐藤頭取は２０１１年６月から、グループを統括する持ち株会社のみずほＦＧ社長をつとめている。社長就任後のＦＧ取締役会では、オリコの暴力団組員向けの融資は何度も報告されていた。

しかし、佐藤は、取締役会には資料が配られただけで議論はなく、「資料も見た記憶はない」と語っている。これは、佐藤自身も、オリコの問題は第一勧銀が処理する案件だと認識していたことを意味している。

読者は信じられないかもしれないが、合併銀行では、こうしたことが日常茶飯事なのだ。主力取引先は旧銀行に色分けされている。他の銀行がチョッカイを出すと内紛のもととなるからタブーだった。

２００2年当時、小泉純一郎政権は公約である不良債権処理を実現するために、それぞれの都市銀行が抱える〝危ないゼネコン〟の再編・淘汰をうながした。これを受けて、みずほＦＧは、飛島建設と佐藤工業、ハザマの3社を統合して、みずほ建設をつくるシナリオを描いた。メーンバンクは飛島が富士、佐藤工業とハザマは第一勧銀だった。

だが、この構想はポシャった。第一勧銀の、第一と勧業出身の役員間で意見が割れ、意思決定できなかったのが最大の原因である。

「うちはハザマをピカピカの会社にした。なんで佐藤工業と一緒にならなきゃいけないんだ」と反対する役員がいた。旧第一銀行系と旧日本勧業銀行系の確執だった。合併して何十年経っても、旧行が取引先を丸抱えする意識はそう簡単に消えるものではないのだ。

一勧・塚本ＦＧ会長をスケープゴートにして幕引き

歴代トップが暴力団組員らへの融資について取締役会で報告を受けていた――。みずほＦＧ社長を兼務するみずほ銀行頭取の佐藤康博（興銀）は２０１３年10月8日、記者会見で明らかにした。

みずほ銀行は10月4日、９月30日付で新たにみずほＦＧの法令順守担当となった岡部俊胤副頭取（富士銀）が「頭取らトップには報告されていなかった」とくり返していたが、その説明はわずか4日でひっくり返ったことになる。経営トップに報告が上がっていたという事実を、遅まきながらも認めたのだ。

金融界では、金融庁の畑中長官と佐藤ＦＧ社長の「握り説」が浮上した。暴力団融資の放置という不祥事は、佐藤の経営責任に発展しかねない。そうなれば、「興銀一強体制」構想が瓦解して、元の旧3行の内紛時代に逆戻りすることを恐れた。それを防ぐために、経営トップにも届いていたことを認めて追加の行政処分を受けることと引き換えに、「佐藤は引責辞任に及ばず」という決着がはかられたと伝えられている。

というのも、問題が発覚したきっかけは、旧富士銀出身の幹部からのタレコミだったことが後から判明した。背景には興銀支配に動く佐藤への反発があったことは間違いない。畑中は佐藤を守ったのである。

みずほ銀行は２０１３年12月末、金融庁から追加の行政処分を受けて、あらためて経営責任の明確化を迫られた。

処分を受けて東京・日本橋の日銀記者クラブで緊急の記者会見を開いた佐藤は、追加の社内処分としてＦＧ会長の塚本隆史の引責辞任を発表。佐藤は詰めかけた記者に「塚本会長からみずから責任を取ると申し出があった。留任する選択肢はなかったのだろう」と神妙な面持ちで説明した。だが、自らの経営責任には一切踏み込まず、塚本を〝スケープゴート〟にした。

〈当日夜のマスコミ各社の夜回り取材に、塚本の家族が「どうしてうちの人だけが責任を取らされなければならないのか」と食って掛かった姿は今も記者の間で語り草になっている。佐藤の記者会見で強調した「塚本ＦＧ会長の自発的な引責辞任」は、今風にいえば〝フェイクニュース〟だった。

塚本を切り捨てることで佐藤がＦＧ社長に居残れたのは、もちろん「畑中金融庁と裏で握っていたから」（関係筋）

元みずほ幹部によると、佐藤は反社（引用者注：反社会的勢力）向け融資に伴う最初の社内処分の後も塚本をＦＧ会長に留任させたのは「追加処分を迫られた際の詰め腹要員と想定していたから」といわれている。佐藤の謀略家ぶりに舌を巻く他はない〉（前出注7）

つねに「腹切り要員」を用意する周到さ

最大の危機を乗り切った佐藤は、反社融資問題についてケジメをつけるため、２０１４年４月１日付で、みずほ銀行の頭取職を辞任し、後任に海外に10年以上出ていた国際畑の林信秀（東大経済卒、80年、富士銀）を抜擢した。佐藤は、持ち株会社社長と傘下の銀行頭取を兼務する「ワントップ体制」を標榜してきたが、その旗を下ろした。

金融庁から2度の行政処分で、みずほは「組織の縦割り意識」や「取締役会の機能不全」などの問題点を厳しく指摘された。佐藤は会見で「（みずほ統合以来）13年の苦難のなかで、『えもいわれぬもの』を切り離さなければならない。委員会設置会社は、1つの解決策だが、グループＣＥＯ中心に取り組まなければならない」とし、持ち株会社の社長に専念するため、銀行頭取を辞任したと語った。

みずほ銀行の喫緊の課題は、2度にわたるシステム障害を受け、２０１２年に着手した勘定系の全面刷新だ。みずほ銀行（旧みずほＢＫ、旧みずほＣＢ）、みずほ信託銀行の勘定方システムを統合する一大プロジェクトだ。総事業費は４５００億円。どこかのシステムに「片寄せ」するのではなく、まったく新しいシステムを構築する。

みずほ銀行、みずほ信託銀行はシステムへの移行作業を２０１８年6月9日に開始。みずほ銀の全国４６６店舗の口座を9回に分けて移行。２０１９年上期に完了する。これにともない２０１９年2月上旬までの週末や連休に計28日間、みずほ銀行のＡＴＭやインターネットバンキングを休止する。個人口座の利用者は２４００万人おり、影響は大きい。

「また失敗する」との冷ややかな見方がある中、２０１６年3月末に予定していた開発完了時期を2度も延期。どうにか２０１９年中には全面稼働できる見込みだ。

佐藤は、つねに「腹切り要員」を用意する。みずほ銀行頭取に林信秀を起用したのは「腹切り要員」と揶揄された。実際、2回の開発完了の延期で、林は更迭された。

2017年4月1日、第一勧銀出身の藤原弘治がみずほ銀行頭取に就いた。藤原もまた「腹切り要員」と囁かれている。藤原の真の評価は、システム統合をやり遂げられるかどうかで決まる。これができなければ更迭されるだろう。

ガバナンス強化策の実態は旧行人事

2014年6月24日に開催したみずほFGの株主総会で、社長の佐藤康博は「より強靭な組織にするため、委員会設置会社に移行する」と宣言した。委員会設置会社は社外取締役に人事や報酬を決める強い権限があることは、冒頭で述べたとおりだ。

特に、役員人事を決める「指名委員会」のメンバーをすべて社外取締役で構成する方針は〝劇薬〟だ。指名委員会は、役員の選任はもちろん解任権さえ手にする。その一方で、不祥事や業績不振の際には、経営陣を「辞めさせないことの責任」を問われかねない。人事の透明性は増すが、経営方針がぶれるリスクも一方ではある。

指名委員会に人事権を与えたのは、第一勧銀、富士銀、興銀の旧3行で幹部ポストを等分する人事慣行が長年批判を浴びてきたからである。一種の緊急避難といっていい。

みずほFGは、元経済財政政策担当相の大田弘子・政策研究大学院教授を取締役会議長に起用した。大田とともに川村隆・日立製作所元会長、傘下のみずほ銀行の社外取締役をつとめる元最高裁判事の甲斐中辰夫弁護士の3人が新たな社外取締役になった。

これまで社外取締役は、野見山昭彦JXホールディングス元社長、大橋光夫昭和電工元社長、安樂兼光日産自動車元副社長の3人だった。

ＦＧの取締役は「社内６人・社外３人」だったが、新体制では「社内７人・社外６人」と社外が半数近くを占めた。

みずほＦＧは社外取締役の権限が強い委員会設置会社への移行と、社外取締役の取締役会議長への起用を、コーポレート・ガバナンス強化策の目玉とした。

取締役会議長は定款（ていかん）、または取締役会規則で定められている。取締役会の招集権者となる議長には取締役会長または社長がなることが一般的である。議長は、いわば社内（行内）の最高実力者のポストなのだ。

大田の起用は、思い切ったものだった。同社の取締役に女性が就くのは初めて。社外取締役の平均年齢が70歳以上なのに、１人だけ60歳と若い。マクロ経済や政策に通じているが、企業経営の経験もなければ、金融の知識を十分に持ち合わせているとはいえなかった。

みずほＦＧの、なかんずく佐藤の狙いはどこにあるのか。

みずほＦＧ社長の佐藤康博は記者会見で、「最初から大田氏に絞っていた」とした。「大臣の経験も持っておられ、高い見識やマクロ的な視点、国際感覚がみずほにとって必要。優れた調整力も持たれており、取締役会議長に最適な方だ」と説明した。

その一方で、「大田氏には女性の立場から意見を述べてもらいたい」との期待を示した。女性の起用で、一連の暴力団向け融資問題で傷ついたみずほのイメージアップをはかりたいとする意図が透けて見えてくる。

この人事で注目されたのは、大田が就く取締役会議長を補佐するため、取締役会副議長のポストを設け、みずほＦＧの高橋秀行（たかはしひでゆき）副社長が就任したことだ。業務を補佐する取締役会室も設けた。

高橋は東大法卒で、１９８０（昭和55）年に興銀に入行した。みずほＣＢの齋藤宏頭取時代に企画部門に籍（せき）を置き、証券戦略を練り上げた。大田を神輿（みこし）として担ぐが、実質的な業務は身内の興銀勢でしっかり固めるという布陣だ、との辛辣な見方もできよう。

　指名委員会の重要な仕事は、２０１７年４月１日の傘下銀行の首脳人事だったといっていい。みずほ銀行頭取に藤原弘治（第一勧銀）、みずほ信託銀行社長に飯盛徹夫（富士銀）を起用した。そして、２０１８年４月１日の持ち株会社みずほFG社長に、坂井辰史（興銀）を抜擢した。少し距離を置いて見れば、何のことはない、旧行の慣行にしたがい、持ち株会社、銀行、信託を旧3行で分け合ったかたちになっている。

みずほＦＧの目指す姿は「脱・銀行依存」

　佐藤にとって、坂井の社長人事は満足のいくものであったろう。坂井は、佐藤とともに興銀企画部で3行統合によるみずほグループ誕生にたずさわり、その後も旧興銀勢の牙城だった、みずほCBや、みずほＦＧのグループ企画部長などを歴任した。だが、２０１６年４月に格下のみずほ証券社長に転出したことから、ポスト佐藤の目は消えたと受け止められた。だから、今回のトップ人事では、下馬評にも上っていなかった。

　坂井は佐藤の〝隠し球〟だったのだろう。大本命の菅野暁がFG社長になれば、興銀による〝政権のたらい回し〟という批判を浴びることは避けられないことは、これまでに指摘したとおりだ。ところが、証券会社からの起用というサプライズ人事なら、興銀偏重の批判をかわすことができると考えたのかもしれない。

　しかも、指名委員会が人事を決めた形になっている。佐藤は人事の圏外にあった、というのが建て前だ。

　しかし、これを額面どおり受け取る銀行関係者は皆無に等しい。

　２０１６年度に指名委員会が開かれたのは12回。そんな回数で、後継者の経営力をどうやって見極めたのか。最終判断は指名委員会がおこなったにしろ、候補者のデータの収集などは取締役会室でお膳立てした。佐藤が後継のシナリオを描き、指名委員会を使って正当化した、というのは考えすぎか。

佐藤は２０１８年1月15日の交代会見で、「証券子会社の社長がグループのトップになることに非常に大きな意味を見出している。いままで証券という子会社的な扱いだったが、証券をひとつの機軸に据えながら、みずほが発展するというイメージ」と語った。脱「銀行依存」の決意表明である。

佐藤はみずほＣＢ頭取に就任したときのインタビューで、「伝統的な投資銀行に回帰する」と宣言している。

〈私が考える投資銀行とは、社債や株式の引き受けやＭ＆Ａの仲介といった伝統的な業務だ。産業界の知識に裏打ちされた「コーポレートファイナンスのトップランナー」を目指していく〉（注8）

さらに、銀行については、こんなことを口にしている。

〈公的資金を銀行に注入すれば、企業融資が増えると言われるが、それは的を射ていない。公的資金を注入することで経営の手足を縛られる可能性がある。その結果、銀行が保守化し、さらなる貸し渋りが起きる恐れもある〉（同注8）

みずほは、大企業との取引で証券業務を拡大する。社債や株式の引き受け、Ｍ＆Ａの仲介で、収益を上げる経営に大きく舵を切る。

旧興銀、旧みずほＣＢが追い求めてきた〝銀行の明日の姿〟を完成させるとの強い思いが佐藤にはある。銀行の伝統的業務である預貸金収益は、長引く低金利下で悪化をたどっているからだ。

商業銀行から投資銀行へ転換

３メガバンクは大リストラ時代を迎えた。２０１７年、３メガバンクは、人工知能（ＡＩ）やロボットを活用することで、３万２５００人分の業務量を減らすリストラ計画を発表した。

三菱ＵＦＪフィナンシャル・グループは、今後３年で国内従業員約３万人の３割にあたる９５００人分の業務を削減。三菱東京ＵＦＪ銀行の約４８０店のうち２割程度を統廃合する。

三井住友フィナンシャルグループも、今後３年で４０００人分の業務量を減らす。

みずほＦＧは、今後10年で従業員６万人の３割にあたる１万９０００人の業務を減らす。全国約８００店の機能を見直し、20〜30店を統廃合する。

３メガバンクグループの２０１８年３月期決算は、本業の儲けを示す業務純益（一般の事業会社の営業利益に相当）が３年連続でマイナスとなった。三菱ＵＦＪＦＧは前年同期比15・５％減の７１６５億円、三井住友ＦＧは27・１％減の６１７１億円、みずほＦＧは33・５％減の３２８５億円。みずほＦＧが最も振るわなかった。長引く低金利の影響で貸出金利と預金金利の利ザヤは低い水準がつづく。

最終利益は三菱ＵＦＪＦＧが６・８％増の９８９６億円と過去２番目の高い水準となった。持ち分法適用会社のモルガン・スタンレーをはじめ、海外のグループ会社の寄与度が増した。三井住友ＦＧは３・９％増の７３４３億円。中国・東亜銀行の子会社売却益を中心に持ち分法投資利益が増えた。

みずほＦＧは４・４％減の５７６５億円と減益。海外部門の不振が響いた。みずほは３メガバンクの一角から脱落するのではないかとの懸念が強まっている。

３メガバンクの置かれている環境は同じだ。みずほＦＧの業務純益が三菱ＵＦＪＦＧの46％、三井住友ＦＧの53％相当にとどまるのは経費の比率が大きいからだ。高給の銀行員を多く抱え、駅前の一等地にある支店の維持コストが大きな負担になっている。

みずほＦＧは２０１９年４月入社の新卒採用を７００人程度とする。18年の採用（銀行と信託銀行で合計１３６０人）と比べて半減する。２０２６年度までに全従業員数の４分の１に当たる１万９０００人を減らす計画を立てていることはすでに述べたとおりだ。

民間から資金を集めて、大企業に貸し出すといったメガバンクのビジネスモデルが成り立たなくなってきた。大企業は成長速度が鈍っており、新規の資金を必要としなくなった。資本市場（証券市場）から資金を調達する方法もある。

コスト高な銀行ほどリストラは大規模だ。最も踏み込んだのがみずほだった。徹底的なデジタル技術の活用による効率化を軸に、〝儲ける銀行〟に転換するとしている。

これは何を意味するのか。商業銀行モデルを縮小するということだ。預金者から集めたお金を貸し出しなどで運用する商業銀行モデルが、日本の銀行の典型であった。だが、ゼロ金利政策で、商業銀行モデルが成り立たなくなり、大幅な縮小を余儀なくされた。

代わって軸足を移すのが、投資銀行である。投資銀行業務の花形といえばＭ＆Ａ。企業買収での助言や仲介は、国内証券会社の独壇場だったが、米国の有力投資銀行にお株を奪われてしまった。国内でも投資銀行と証券会社の垣根は低くなった。

投資銀行になることが、かつての興銀の悲願だった。「証券業務を基軸にする」という佐藤の発言には、投資銀行に一歩近づいたとの、強い思いが込められている。

「週刊東洋経済」は２０１７年8月5日号で「特集　10年後　その銀行はあるか　金融大淘汰」を組んだ。

〈「子会社であるはずの銀行がフィナンシャルグループ全体を支配する時代は終わろうとしている」。ある金融庁関係者はそう語る。

実際、最近のメガバンクの動向はこの視点で読み解くことができる。たとえば、今年（引用者注：２０１７年）、３メガバンクであった銀行トップの交代。業界の評価は「３人とも小粒」で一致する。かつてグループ持ち株会社社長より銀行の頭取のほうが格上で、グループの顔だった。

今や、この関係は完全に逆転している。三菱ＵＦＪフィナンシャル・グループの平野信行社長やみずほフィナンシャルグループ（みずほＦＧ）の佐藤康博社長らが情報発信力を強めている。
みずほＦＧは特にそれが鮮明だ。みずほ銀行の新頭取の藤原弘治氏が１９６１年生まれなのに対して、持ち株会社の執行役員（カンパニー長）は57年生まれ前後で固めている。「頭取の後、カンパニー長に移ってくる人事を想定している」（佐藤社長）。銀行はＦＧの一部門にすぎないとの位置付けだ〉（注９）
佐藤がシナリオを描いた人事は、「銀行よさようなら、証券よこんにちは」である。みずほ証券社長の坂井辰史のＦＧ社長は、だからウェルカムなのだ。後任のみずほ証券社長には飯田浩一みずほＦＧ常務が就いた。１９８６年、慶應経済卒で興銀に入行した。
ＦＧの新たな中枢となる証券を、興銀勢で完全に抑えた。持ち株会社と傘下の証券会社を興銀が制圧した。

みずほ・佐藤の野望

メガバンクのトップのひとりに話を聞いた。

「新聞はＦＧの新しい社長も興銀出身なので『院政を敷くつもりだ』などと書いているが、そんな単純なトップ交代とは見ていない。会長になった佐藤氏は、とにかくギラギラした男だ。野心はもっと大きいはずだ」と語る。

「佐藤はまだ61歳。あと10年は現役でやれると思っている。みずほの院政程度ではおさまらない。もっと大きな野望を抱いているはずだ」とつづける。

あとは筆者の推論である。

可能性があるのは、大型合併。ゆうちょ銀行がターゲットだろう。

日本郵政株式の３回目の放出を、政府は年内（２０１８年中）に考えている。これで政府の持ち株比率は50％を割り込む。そうなれば、日本郵政は動きやすくなる。経営の自由度が増す。

「日本郵政の長門正貢社長と佐藤社長は気脈を通じている」（別のメガバンクの若手役員）といった証言もある。

まずは、みずほ銀行とゆうちょ銀行が資本・業務提携して、数年後に、みずほＦＧにゆうちょ銀行がぶら下がる、といったシナリオが描けそうだ。

坂井・新社長が主導するのは証券界の再編だ、との指摘もある。「標的は大和証券（大和証券グループ本社）」（外資系証券会社の幹部）といわれているが、大和証券が、みずほＦＧの軍門に下る可能性は低いだろう。ゼロに近いかもしれない。

佐藤の大きな野望は「公職」に就くことだ、という声が、みずほＦＧの内外から出ている。政府系銀行のトップや経済財政諮問会議の民間議員のポストに就くことを指すようだ。こうした公職に就くには、社長を退任していないと候補の対象にならないからだというのである。

「経団連の副会長になりたがっている」（経団連の副会長のひとり）ことは広く知られているが、佐藤の野望はもっと大きいということなのだ。

２０１８年4月8日に任期満了となった黒田東彦・日銀総裁は続投が決まった。しかし、「黒田総裁は再任されても、5年はやらない。2％の物価目標に近づくことが無理（事実上、断念）となれば退任を考えるでしょうから、そうなると1、2年でバトンタッチするかもしれない」（有力金融筋）。

「そのとき、〝ポスト黒田〟に浮上するのが佐藤さん」

こんな情報が金融界を駆けめぐっている。

もし、そうなれば、大きな野望達成ということになる。

ちなみに、第21代日銀総裁だった宇佐美洵は三菱銀行（現・三菱ＵＦＪ銀行）の頭取から転じており、それ以来の銀行のトップの〝天上がり〟となるわけだ。日銀の総裁になるのだから〝天下り〟ではない。〝天上がり〟である。宇佐美は１９６４年12月から69年12月まで日銀総裁をつとめた。

ポイント▼「合併しても融合せず」の現実

みずほグループは3回、大きな組織改革をおこなった。第一勧業銀行、富士銀行、日本興業銀行の3行統合によりスタートを切り、みずほ銀行とみずほコーポレート銀行の合併、指名委員会等設置会社への移行という変遷だ。しかし、企業文化は変わることはなかった。

「人事がすべて」。これが金融界の企業文化である。モノをつくっているメーカーは、製品の優劣を競う。製品が独創的で、しかも優れていれば勝ち、劣っていれば負ける。優勝劣敗が明らかだ。

だが、銀行は、やっていることは他行と大きな違いはない。いきおい、競争への情熱は内に向く。その結果、「人事がすべて」という企業文化ができあがった。医学部・大学病院のヒエラルキーと似たところがある。人事をめぐる闘いは激しい。

そこで人事争奪戦を鎮めるための知恵が自然発生的に生まれた。入行年次で頭取以下、組織のピラミッドが形成され、人事評価には減点主義が取り入れられた。

合併・統合しても、それぞれの銀行が自分たちの企業文化の殻に閉じこもるから、いつまでたっても融合することはない。人事だって別の体系で、どこの支店の支店長には、どこの系列の人がなるかさえも決まっていた時期が長かった。現在も合併した地方銀行には、この傾向が色濃く残っている。

〝ヤクザローン〟の解決策は、顧客に暴力団がまぎれ込んできたときの対処方法をいかに、すばやく、有効に確立するかである。ところが、みずほは、問題が発覚しても記者会見さえ開かず、批判の高まりに抗しきれず、しぶしぶ会見を開けば説明が二転三転。挙げ句に否定していたトップの関与を認めるというあり得ない対応に終始した。

2018年3月の財務省の森友文書の改竄（かいざん）における安倍政権の対応とよく似ている。「ゼロ回答」からはじまり、次々と防衛線を突破され、朝日新聞の一撃で、「改竄」を認めざるを得なくなった。近畿財務局では自殺者まで出した。

オリコの〝ヤクザローン〟問題で、はっきりしたことがある。旧興銀や旧富士銀の行員にとって、「あれは旧第一勧銀の案件」だった。みずほ全体の問題ではない。われわれには関係ないという態度だった。みずほグループのガバナンスはまったく機能していなかったのである。

いまはまったく変わった、ひとつの組織体になったという確証はどこにもない。

合併や統合は、強者が弱者を買収するのでなければ、絶対に成功しない。対等合併は絵に画（か）いた餅でしかない。みずほはこれに固執し、裏の社史のページばかり厚くしていった。

第7章　パナソニック——創業家の世襲が断たれるとき

代表権を失った御曹司・松下正幸

パナソニックは２０１７年６月29日に開催した定時株主総会と取締役会で、新たな経営体制を決定した。２０１２年の社長就任から5年目。津賀一宏体制の大きな転換を意味するものとなった。

役員体制を抜本的に見直した。経営判断と事業展開のスピードを上げるため、経営陣をスリム化した。取締役を17人から12人に削減。さらに、専務取締役以上の役員全員を代表取締役としていた考えを改め、会社を代表して契約などをおこなうことができる代表取締役を11人から４人に減らした。経営の透明性を向上させるため、社外取締役は４人のまま。社外取締役の比率が全体の３分の１以上となった。

代表取締役会長の長榮周作、代表取締役副会長の松下正幸から代表権が外れた。会長、副会長に代表権がなくなるのは、パナソニック（旧松下電器産業）の歴史のなかで、かつてなかったことだ。

創業家出身の松下正幸は、代表権のない副会長となった。１９１８（大正７）年の松下電器の創業以来、初めて、創業家出身者が代表権を失った。

松下正幸は１９４５（昭和20）年、松下電器産業の創業者、松下幸之助の娘・幸子と結婚し、婿養子となった松下正治の長男として生まれた。

正治が家長である幸之助に名付け親になってほしいと依頼すると、幸之助が「正治の正と、幸之助の幸から一字ずつ取ったらええがな」と言ったことから、正幸と命名された。

正幸は灘高等学校をへて慶應義塾大学経済学部卒業後、１９６８年に松下電器産業に入社。入社の年、松下家の３代目として帝王学を身につけるべく、米国のビジネススクール、ウォートン・スクールのＭＢＡ（経営学修士）課程に留学した。卒業後は、そのまま松下の現地法人に勤務。帰国後、本社の洗濯機事業部長をへて、１９８６年に取締役に就任。常務、専務、副社長を歴任。次期社長になると目されていたが、２０００年に取締役副会長に棚上げされた。これ以降は、関西経済同友会代表幹事、関西経済連合会（関経連）副会長をつとめるなど、財界活動に軸足を移した。

正幸はパナソニックの内紛の渦の中心につねにいた。「神の一族」の御曹司だったからである。

冒頭からこんな話をしていいのだろうかと、若干、躊躇しながら書く。ナショナル（現・パナソニック）の洗濯機が堅牢だったのは、「正幸事業部長に恥をかかせてはいけない」と考えた現場が、必死になって、寿命の長い製品をつくったからだと信じられている。御曹司の息がかかっている洗濯機だから強靭なのである。

歴代社長の最大の課題は「世襲阻止」

松下電器産業（以下、松下電器）は、戦後の日本経済の成功モデルであった。

「終身雇用制の元祖」松下電器は、日本的経営システムの百貨店のような会社だった。この仕組みをつくったのが「経営の神様」松下幸之助である。丁稚奉公から身を起こし、億万長者になった幸之助は「昭和の今太閤」と賞賛された。

その幸之助を〝神格化〟することによって、家電業界の雄として君臨しつづけた松下電器は、同時に幸之助神話に呪縛された。松下電器にとって、松下家は「神の一族」だった。

開かれた会社の対極にあるエピソードだが、本当の話だ。

松下電器の新任の取締役は、真っ先に松下家に就任の挨拶に行くのが、長いこと、慣例だった。上座に正治をはじめとする松下家の人々が居並び、取締役は「おかげさまで、（役員に）就任させていただきました」とお礼を述べ、祝いの杯を受けるのだ。また、取締役を退任した際にも、挨拶に行かねばならなかった。

時代錯誤としかいいようのない儀式だが、松下家の人々にとっては、取締役といえども使用人でしかなかった。

松下家の面々は、一族の惣領となった幸之助の娘婿の正治を先頭に立て、正治の長男・正幸を、何度も何度も社長に擁立しようと試みた。ここでいう松下家とは、幸之助の妻・むめのと、その一人娘で、正治を婿に迎えた幸子の母娘を、おもに指す。

松下電器の歴代社長の、けっして表に出せない、しかし最大の経営課題は、「松下家の世襲をいかに阻止するか」だった。

幸之助の孫、正幸をめぐる内紛が、松下電器が凋落の道をたどる最大の原因であることは動かしがたい事実である。

敗戦ですべてを失った松下幸之助

1945（昭和20）年8月15日、太平洋戦争は終わった。

松下幸之助は、敗戦ですべてを失った。財産を失い、経営パートナーも失った。

戦争が終わると、幸之助はただちに平和産業への転換を表明し、家電製品を市場に供給する体制をととのえた。しかし、46年になると、松下は制限会社、財閥家族、賠償工場（工場設備を戦勝国に損害補償として提供すること）、公職追放、持ち株会社、それぞれの指定を受け、軍需補償も打ち切られた。１９４８年には集中排除法の適用会社となった。

幸之助はこれを不当として、ＧＨＱ（連合国総司令部）に50回以上にわたって嘆願。さらに、公職追放については、松下電器労組（１９４６年1月結成）の社長追放除外嘆願運動もあって、１９４７年5月までに解除された。

しかし、ほかの縛りは残ったままだったから、松下の経営はさまざまな制約を受け、48年には従業員の給料や賞与の支払いにも窮するようになった。49年には従業員は半減し、３５００人になってしまった。幸之助自身の資産が凍結されたこともあり、同年には「物品税滞納日本一」と報じられるなど苦境におちいった。

「これでは一つの会社の社長として体面を保てません。そこでやむなく、親しい友人でありました壽屋（現・サントリーホールディングス）の鳥井信治郎さんなど何人かの友人に、月々の生活費を借りて回りました」と幸之助自身が述懐している。

２０００万円の私財を失い、７００万円の借金を抱えていたという。現在の貨幣価値に換算すると60億円の私財を失い、20億円の借金を抱え込んでいたことになる。

幸之助が煉獄の日々を過ごした時期だ。

肉親の縁に恵まれず閨閥が頼り

松下幸之助は国民的な人気を誇る企業家である。人気の高い第一の理由は丁稚奉公から身を起こし億万長者になった「昭和の今太閤」ぶりに、人々がジャパニーズ・ドリームを感じたからである。

第二は、彼が産み出した洗濯機、冷蔵庫、テレビなどの製品が生活の豊かさに直結する大衆消費財であったことだ。

幸之助が素材産業の経営者だったら、これほど身近な存在にはならなかった。

その立志伝はあまねく知れ渡っている。

松下幸之助は1894（明治27）年、和歌山県の和佐村（現・和歌山市）に生まれた。実家は代々の旧家であったが、幸之助の幼少時に、父親が米相場に失敗し、貧乏のどん底にあった。そのため、小学校も満足に卒業しないまま、大阪の火鉢屋に丁稚奉公に出された。彼が9歳のときだ。

奉公先は火鉢屋から自転車屋、大阪電灯（現・関西電力）の見習い工に変わった。改良ソケットをつくったことから独立し、その製造販売に着手した。その後、1918（大正7）年、大阪の大開町に松下電気器具製作所を創立した。

独立当初は2畳と4畳半の2間の借家。4畳半を土間に改造して作業場にした。幸之助、22歳。妻・むめの、21歳。ちょうど高等小学校を卒業したむめのの弟・井植歳男を呼び寄せた。

幸之助は肉親の縁が薄かった。父も母も、彼が独立する前になくなっている。2人の兄と5人の姉がいたが、幸之助が尋常小学校に入学した年に長兄、次兄、次姉が病死する。三姉と四姉は、父が亡くなった年に病死。長姉と5番目の姉も幸之助が独立してまもなく死んだ。

松下家の血を引き継ぐのは幸之助ただひとりになった。

大阪に嫁いでいた長姉が、生前にお膳立てしてくれたのが、井植むめのとの結婚だった。井植家は淡路島の代々の自作農で、むめのは８人の子供の長女に生まれた。長男が歳男（のちの三洋電機創業者）、二男が祐郎（三洋電機２代目社長）、三男が薫（三洋電機３代目社長）、五女が中尾哲二郎（のちの松下電器副社長・技術最高顧問）に嫁いだ、やす江だ。むめのは弟たちを淡路島から呼び寄せ、仕事を手伝わせた。

幸之助は、いまでいうベンチャー起業家であった。街の発明家だった彼は、昭和初期に大阪の門真市に松下電器の工場群を次々と建て、戦前に、すでに少壮実業家として成功をおさめていた。

１９３５（昭和10）年、幸之助の個人経営から株式会社に発展した松下電器産業には、井植三兄弟をはじめ、むめのの２人の妹の夫や井植家の親戚が役員や幹部社員に名を連ねていた。

創業以来、30年間、病弱な幸之助の右腕として、松下電器を実質的に経営していたのは歳男だった。幸之助がオーナーで、歳男はナンバー２の専務取締役になっていた。松下電器は創業者は幸之助だが、実態は、松下家というよりも井植家の同族経営だったのである。

井植三兄弟との訣別

井植歳男は１９０２（明治35）年12月、淡路島の津名郡浦村（現・淡路市）で生まれた。父・清太郎、母・こまつには、先述のとおり８人の子供がいた。長女が幸之助夫人のむめの。５番目に生まれた長男が歳男である。

父・清太郎は、農業よりも海の魅力にとりつかれた男だった。淡路島でおとなしくしていることに耐えられず、船を買い込んで交易に出かけてしまう。田畑を耕すのは、もっぱら母・こまつの仕事だった。歳男も父親の影響から、船乗りに憧れた。

高等小学校１年のときに父が急死したため、卒業前に叔父の船に乗った。石炭を運んでいた叔父の船が接岸した際、倉庫の爆発に巻き込まれて炎上して沈没。歳男は九死に一生を得た。跡取り息子の歳男には、危険な海の仕事よりも安全な陸の仕事をと願う母親の気持ちが強かった。

14歳のとき、姉・むめのから手紙が届く。「夫の幸之助と一緒に新しい仕事をやらないか」との誘いだった。幸之助が松下電気器具製作所を創業する前年のこと。大松下の記念すべきスタートである。

やがて歳男の伝で小学校を卒業した弟の祐郎、薫も馳せ参じて、幸之助が考案した改良ソケットを売りまくった。つづいてアイロン、電気ストーブと次々と新製品をつくり出した。戦時中は、軍需用発電機や軍用木造船にまで手を広げ、終戦時には押しも押されもせぬ電機メーカーになっていた。

歳男と幸之助は、何から何まで対照的だった。最も違ったのは、健康に関してであった。牡牛のような頑健な体の持ち主の歳男は、年に何回かは寝込んでしまう病弱な幸之助の代理として松下電器をあずかった。

やや陰性で神経質な幸之助に比べて、歳男は豪放磊落な性格だった。親分肌の歳男は面倒見がよく、部下に慕われた。松下電器から独立して三洋電機を創業した後、歳男の周辺にはサントリーの佐治敬三、ダイエーの中内㓛、ダイキン工業の山田稔など関西の若手経済人が集まり、「井植学校」と呼ばれた。幸之助は「経営の神様」と賞賛されたが、「松下学校」なるものはついぞ生まれなかった。

幸之助は歳男の独断をけっして許さなかった。病の床に伏しているようなときでさえも、幸之助は歳男を報告のために自宅に呼び寄せ、自分の意思を伝え、みずから決断した。CEO（最高経営責任者）は幸之助で、歳男はあくまでCOO（最高執行責任者）だったといっていい。ここがポイントである。幸之助は健康には恵まれなかったが、卓越した経営者であった。

三洋電機は、発足当初は自転車用の発電ランプを製造する個人企業。幸之助が餞にランプの製造権を譲ったのである。歳男は44歳になっていた。息子の敏は日本経済新聞に連載した『私の履歴書』にこう書く。

〈ランプの試作品ができるたびに父は家に持ち帰ってきた。「おい、行くぞ」。夜、食事が終わると決まって声をかけてくる。（中略）私の自転車にランプを取り付け、相撲を取るのが趣味だった。17貫の父を荷台に乗せ、３キロ離れた淀川の土手に向かった〉（注１）

そのランプが飛ぶように売れて、１９５０年に株式会社に改組。それを機に松下電器に残っていた人事部長の祐郎、製造部長の薫を呼び、井植三兄弟はここで完全に「松下」と訣別（けつべつ）する。

「責任を取るのはお前ではないか」

井植歳男は、松下電器の創業以来、幸之助の右腕として働いてきた。それが敗戦まで30年つづいたが、戦後間もなく、袂（たもと）を分かった。

松下幸之助と井植歳男がなぜ訣別したのかは、謎に包まれている。

敗戦が両者の仲を引き裂いたのは確かだ。戦時中の１９４３年、松下電器は軍部の要請で松下飛行機、松下造船を設立して、木製飛行機、木造船をつくった。両社の社長は井植歳男。歳男は松下電器本体の専務であったが、軍事産業部門のトップを兼ねていた。太平洋戦争末期には松下グループのうち7社が軍需会社の指定を受けていた。大手の製造業はほとんどが軍需工場に転換された時代である。

ＧＨＱにすれば、松下飛行機、松下造船は、まぎれもない軍需産業である。そのため、ＧＨＱから松下電器は会社解体と、社主である幸之助はじめ常務以上の全役員が公職追放の指定を受けた。

会社解体のほうは、三井や三菱のような財閥とは違うということで解除されたが、社長退陣を求められた。このとき、「幸之助さんは、残ってください」と歳男自身が辞任を申し出て、幸之助をかばったという美談仕立ての話がある。

その一方で、公職追放になるのを恐れた幸之助が、歳男を自分の身代わりに追放した、とのサイドストーリー（裏話）が、三洋電機側で語り継がれることとなる。

〈幸之助も弱気になって、歳男に向かって、ついつい本音を吐いたのだという。「平和産業中心主義を、お前がねじ曲げて軍需産業に向けてしまった。その結果が公職追放、戦犯の容疑まで受けかねない窮地（きゅうち）に追い込まれた。責任を取るのは、お前ではないか」〉（注2）

歳男は1946年12月、突如として松下電器を去り、翌1947年1月に三洋電機製作所を興（おこ）した。祐郎と薫の弟たちが、兄の歳男の三洋電機に合流したことはすでに書いた。

歳男も幸之助も、この件については一切口をつぐんでいるので、真相はわからない。ただ、その後の歳男と幸之助の絶縁状態を見れば、この2人のあいだにかなり根深い確執があったことは間違いないだろう。

歳男の長男・敏は日本経済新聞の『私の履歴書』に、子供の頃、伯母・むめのの家に遊びに行ったときの、幸之助についての異様な思い出を、次のように書いている。

〈正座してしきりに筆を動かしているので、つい覗くと金の字が並んでいる。私に気づくことなく、なおも一心に「金、金、金」と書き続けていた〉（前出注1）

〈（金が）命より大事だと錯覚する怖さを自問していたに違いない〉と、敏は断り書きをしているが、見方によっては、かなり悪意に満ちた書きっぷりである。

歳男については〈父は松下のナンバー2の地位を捨て、あえてゼロから再スタートする道を選んだ〉と万感の思いを込めて書く。辞めた事情がうすうすわかるようになって、井植家の嫡男（ちゃくなん）は、幸之助によい感情をもっていなかったことがわかる。

大量生産・大量販売の「水道哲学」

1950年代後半から60年代にかけての家電ブームが到来。松下電器は黄金期を迎える。それをもたらしたのは、幸之助の経営理念「水道哲学」だった。

1932年5月5日。大阪・堂島の中央電気倶楽部で、松下電器製作所の「第一回創業記念式」が挙行された。創業者の幸之助は、集まった168人の社員を前に、産業人の使命について熱っぽく語りかけた。

「産業人の使命は、水道の水のごとく物資を豊富にかつ廉価に生産提供することである」

これが「水道哲学」と呼ばれ、幸之助の経営理念の原点となった。

幸之助は、産業人の使命は生活に役立つものを安く、だれにでも買えるようにすることだと考えた。幸之助が選んだ方法は、大量生産し、大量に販売することだった。

水道哲学が全面開花するのは、高度成長時代になってからだ。「三種の神器」になぞらえた洗濯機、電気冷蔵庫、白黒テレビが爆発的に売れた。家電ブームに乗って、生活に役立つものを安く、だれでも買えるようにしたいという水道哲学の理念が花開いた。幸之助の経営思想が多くの経営者の共感を呼び、「経営の神様」と崇められたのである。

婿養子・正治に託した事業と血の継承

幸之助はむめのとの間に、一男一女をもうけた。長女の幸子と、その5年後に生まれた待望の男児・幸一である。肉親の縁に恵まれなかった幸之助にとって、松下の血が絶えるのではないかという恐怖感から解放されたという意味で、人生で最も幸せな時期だったかもしれない。しかし、幸一はわずか300日足らずで急死する。幸之助の落胆は、いかばかりであったろうか。

幸之助は松下の血を絶やさないために、一人娘・幸子に婿養子を迎える。正治である。

正治は1912年、伯爵・平田栄二の次男に生まれた。祖父は東助で元内相。西園寺公望らとともに伊藤博文の随行員として憲法制度調査のため渡欧した大物だ。母親は三井財閥本家とも親戚筋に当たる上野国七日市藩の藩主、子爵・前田利昭の長女という家柄であった。

正治は１９３５年、東京帝国大学法学部を卒業し、三井銀行（現・三井住友銀行）に勤めていた。血統、学歴、就職先ともに非のうちどころのないエリートである。

華族の次男、三男が養子に行くことは、それ自体はそれほど珍しいことではなかった時代だが、それでも松下家は平民であり、成功したとはいえ、松下電器は大阪の中堅企業にすぎなかった。

華族が養子に行くのは金銭が目的で、成功した実業家が養子を迎えるのは血筋に箔をつけるためだった。正治との養子縁組に関しても「松下は血を（金で）買った」という風評が絶えなかった。

正治は１９４０年、幸子と結婚して養子となったのを機に、松下電器に入社。わずか10年足らずで副社長になった。１９６１年、幸之助の後を継いで、松下電器の2代目社長に就任した。

幸之助は正治に、事業の継承と同時に、松下家の血の継承を託したのである。

しかし、すぐに不釣り合いの養子縁組だったことを思い知るところとなる。人生観から商売についての見方、考え方にいたるまで、幸之助と正治は相容れるところが、まったくなかった。

正治を後継者として、幸之助は経営から一歩退くかたちになったが、正治の指導力のなさに失望した幸之助は、すぐさま、経営の第一線に復帰する。

ここから幸之助と正治の抗争の火蓋が切られる。

幸之助に社長失格の烙印を押された正治

１９６４年7月9日、熱海のニューフジヤホテルで、会長の幸之助が主催する全国販売会社代理店社長懇談会が開かれた。いまなお語り継がれている「熱海会談」である。幸之助神話のハイライトだ。

１９６４年10月に東京オリンピックが開催された。これに合わせ東海道新幹線が開通。高度成長のエポックメイキングとなる年である。

オリンピックブームで沸き、過熱気味の景気を抑えるため、政府が強烈な金融引き締めを実施したことから、景気は一気に冷え込んだ。松下電器の販売店は、売れない商品の在庫の山を前にして瀕死の状態におちいった。

会談では、販売会社・代理店から苦情・批判が相次いだ。幸之助が「血の小便が出るまで苦労されましたか」と反論したのが、この席である。「そこまで努力したのか。努力が足りないから製品が売れないのではないのか」と幸之助はいいたかったのだろう。

経営側と売る側の議論は平行線をたどったが、幸之助ははたと気がついた。これだけの不平・不満が出るのは、ただ単に物が売れないからではない。経営トップに根本的な問題があるのではないか、と。

結局、幸之助は「松下電器が悪かった。この一言に尽きます」と、ハンカチで目頭を押さえながら、声を絞り出すようにして詫びた。すると、先ほどまでの喧噪がウソのように静まり返り、会場から「幸之助さんがんばれ」といった趣旨の激励の言葉がいっせいに寄せられたという。

幸之助は熱海会談の後、ただちに営業本部長代行に返り咲き、陣頭指揮を執った。このときの迅速な対応から、幸之助の経営手腕はさらに高い評価を受け、「経営の神様」の地位が不動のものとなった。

それは同時に、後継者に指名した正治に、自らの手で〝社長失格〟の烙印を押したことを意味した。

以後、幸之助と正治の確執は抜き差しならぬものになった。

こんな話がある。

ある日の役員会で、幸之助が名指しこそしなかったものの、正治とわかる表現でボロクソに批判したことがあった。そのときのあまりの表現のきつさに堪りかねた役員が、役員会が終わると幸之助に「あんたらは親子じゃないか。そんなこと役員会の席で言わんと、家の中で（親子で）話し合ってくれ」と文句をいう一幕があったという。

仕事が趣味である幸之助に対して、正治は水泳、ヨット、ゴルフとスポーツ万能である。経営者たるもの、寝ても醒めても経営について考えるのが当たり前と考えている幸之助は、ゴルフ好きの正治には我慢ならなかった。「宴会は2時間ですむが、ゴルフは1日かかる。これは、ムダや」と、正治を叱責したという。

正治は正治で、「経営の神様」と謳われた幸之助について「ただのおじさんですよ」と言ってはばからなかった。幸之助が亡くなるまで、2人が和解することはなかった。

幸之助は事業運には恵まれたが、結局、肉親の運には見離された。創業者の会長と娘婿の社長の対立で、松下電器に内紛の遺伝子が刷り込まれた。

エアコン事業部長から社長に大抜擢の3代目・山下俊彦

「熱海会談」は、正治が社長に就任して、わずか3年後のことである。

これ以降、山下俊彦が第3代社長に就任するまでの正治社長時代は、幸之助と正治の二頭政治が13年間にわたってつづくことになる。いくら経営の神様が采配をふるう会社であっても、このような異様な経営体制が、これほど長くつづけば、組織がおかしくならないほうが不思議だ。

本来なら、正治に社長の椅子を譲ったのだから、幸之助は、きちんと引退するのが企業経営の常道である。だが、幸之助は、そうはしなかった。多くの創業者がそうであるように、終生現役でありつづけた。

幸之助と高橋荒太郎、丹羽正治ら番頭たちが出した結論は、正治の実質的な棚上げ。そして早いうちの〝社長解任〟であった。

幸之助は、正治の実質的な解任を決意する。

１９７７（昭和52）年１月17日、松下電器は決算取締役会で、会長・高橋荒太郎が退任し、社長の松下正治が会長になり、新社長に山下俊彦を起用することを決めた。ときに山下、57歳であった。

山下は創業家以外からの初めての社長であるだけでなく、26人の取締役のうち25番目のヒラ取締役からの大抜擢である。序列を飛び越えたこの破天荒の人事は、24人抜きの「山下跳び」として、いまでも社長交代の歴史に刻まれている。

さすがは「経営の神様」松下幸之助ならではの大抜擢人事だと「幸之助人気」が再燃し、山下俊彦もマスコミの寵児となった。山下が高卒ということが、この人事が好意的に受け入れられた最大の要因になっていることは見逃せない。ダメな東大卒の元華族から、タタキ上げだが有能な高卒の社長にバトンが渡ったことに、中小企業の経営者や工場で働くブルーカラーたちが拍手喝采を送ったのである。

山下俊彦は１９１９（大正８）年生まれ。１９３８年、大阪市立泉尾工業学校窯業科を卒業後、松下電器に入社。電球の製造技術者として働いていた。敗戦の翌年、上司だった谷村博蔵（のちの松下電器副社長）が独立開業するにあたり、一緒に退社した。

谷村は、自身が興した谷村電器産業の経営が立ちいかなくなると、松下電器に復職したが、山下は他の電球会社に転職した。

幸之助の戦後の再出発は、オランダの総合電機メーカー、フィリップスとの技術提携だった。幸之助にとって１９５１年は画期的な年だった。病弱で旅行嫌いな彼が、初めて海外旅行をしたからだ。１月に米国に旅立ち、10月には欧米に出かけた。２度にわたる海外旅行は合計５ヵ月におよんだ。日本経済は前年の朝鮮戦争の特需で一息つき、いろいろな制約が解除された。縛りが解けた幸之助はすぐに行動を起こした。幸之助、56歳のときである。

松下電器は真空管技術の立ち遅れが目立っていた。であるならば、「優秀な信頼できる技術を持った会社から、その技術を買うたらええ。買えれば、これほど安い買い物はない」と幸之助は考えた。

翌年、オランダのフィリップス社を訪れた。フィリップス社は創業60年の歴史を持ち、当時、従業員7万5000人を擁する世界的な電機メーカーであった。フィリップス家によって経営されていること、資源の乏しい国のオランダを本拠にしていることなど、松下に相通じるところが、いくつもあった。

1952年10月、合弁会社の松下電子工業を設立し、電球・蛍光灯・電子管の生産をはじめた。資本金は6億6000万円で、松下電器70％、フィリップス30％の出資比率だった。

合弁会社の設立もあって、中堅技術者が不足したことから、谷村は山下に（松下電器に）戻ってくるよう声をかけた。山下は1956年、松下電子工業に復職すると、さっそく工場長を命じられた。

幸之助の大番頭である高橋荒太郎が山下の管理能力に着目したのが、出世の糸口となった。「工場長として置いておくのは、もったいない」ということになり、1962年、山下を本社に引き上げた。これによって、山下の会社人生に陽が当たることになった。

山下が社長に起用されたとき、彼はエアコン事業部長だった。

トップ人事案を正治がひっくり返す

山下大抜擢という奇策は、正治解任に動き出した幸之助に対する正治の対抗策だった、という説がある。

立石泰則著『復讐する神話　松下幸之助の昭和史』の中で、正治はインタビューに応じ、社長交代について語っている。自分の後任については、そのときに急に思いついたことではなく、2〜3年来の懸案だったと、正治は強調している。

〈それはですね。私は「そろそろ、もう若い人に社長になってもらった方がいいと思う」と相談役（引用者注・幸之助）に相談したわけです。「誰か後任の社長を決めなければいかんのですが」と言ったら、相談役が「それじゃ、いったい誰がいいやろうかな。君、どう思うか」と私に聞かれたわけです。で、私は「山下君が最適任だと思う。是非、彼に承諾してもらって後任の社長になってもらいたいと私は思うんです」ということを信念を持って、自信を持って相談役に言いました。その時、相談役は終始、何も言われなかったですね〉（注3）

幸之助は当初、正治の後任には山下とは別の人間を考えていた。それは、叩き上げの番頭のひとりで、副社長だった東國徳である。このトップ人事案に激しく抵抗したのが正治だった。

岩瀬達哉著『ドキュメント　パナソニック人事抗争史』は、正治の元部下による正治の深謀遠慮についての証言を引き出している。

〈当初、幸之助さんの頭の中には、電池の責任者だった副社長の東國徳さんを社長に昇格させるという案があった。だから、本社の役員、幹部連中、すべて〝東シフト〟で、みんな次の社長は東さんだと思ってたんですね。ところが、正治さんと東さんは、性格が合わんかったうえ、年齢も正治さんが64歳で、東さんが63歳と1歳しか違わない。かりに、東さんが社長になれば、自分の出る幕は無くなるというんで、正治さんは、山下さんを幸之助さんに熱心に売り込んだんですね。そして幸之助さんの人事案をひっくり返してしまった〉（注4）

「若返りによる社長交代」の真意

正治が山下を推した裏には、自分の権力保持に向けた謀略的要素が大きかった、というのだ。

幸之助の番頭である東が社長に就任すれば、正治は名前だけの会長に祭り上げられてしまう。東の社長就任を阻止し、権力を保持しつづけるにはどうしたらよいのか。

正治は社長を退くにしても、自分の名誉のためにも周囲が納得する理由が欲しかった。そこで正治が持ち出したのが、「若返りによる社長交代」である。若い山下であれば、会長に就任する自分がコントロールでき、〝院政〟を敷く腹づもりだった。

正治の「若い世代への交代」という正論の前には、１歳違いの東を社長にする案は説得力を欠いた。幸之助は折れざるを得なくなった。幸之助にしてみれば、正治の退任が最大の眼目である。正治が抵抗することなく、すんなり社長を辞めるなら、山下の抜擢を拒否する理由はなかった。

あまりに唐突であり、しかも異様な人事に、山下は固辞した。先輩役員をゴボウ抜きして社長になれば大きな反発を招き、袋叩きにされるのは目に見えている。

頑として応じない山下を、正治は巧妙に口説き落とした。

「あなた（山下）が社長就任を断れば、幸之助が社長に復帰する」

正治が山下をねじ伏せた決めセリフが、これだった。「幸之助が復帰すれば、昔に逆戻りして、松下電器は無茶苦茶になるぞ、それでもいいのか」と迫ったと伝わっている。

「山下跳び」は、幸之助と正治の権力闘争の産物として実現した。幸之助が社長解任を仕掛けた。これを正治が返し技でひっくり返した。のちのち「策士・正治の判定勝ち」と評する松下電器の役員ＯＢも出てきた。

「正治さんの思いどおりにはさせません。あなたの孫も能力次第」

山下俊彦は覇権争いのカードとして、自分が利用されたことは百も承知だった。それでも「社長になったからには、腹をくくってやるしかない」と考えた。幸之助の番頭たちの３副社長をひとりずつ解任していき、返す刀で古参の幹部たちもバッサ、バッサと切っていった。

山下は社長に就任した翌78年、そして79年と、２度にわたって大幅な役員人事の刷新を断行している。

この人事によって、社外重役を除く25人の役員のうち半数以上の13人が退任し、1950年代から1960年代の松下電器の急成長を支えてきた明治生まれの古参役員は、幸之助以外いなくなった。

前出の立石泰則のインタビューで、正治は何度も山下の業績を讃えるのと同時に、「幸せだった。感謝している」と、個人的な気持ちまで吐露している。正治のコメントには、苦言を呈してきた幸之助の番頭たちが会社を去り、ようやく手足を思い切り伸ばせるようになったという解放感がほとばしっている。「幸之助に一矢報いてやった」高揚感のなせるわざ。それが「幸せだった」という発言となったのかもしれない。

だが、内実は、そんな簡単なものではなかった。

山下に何度も取材したことがあるので、自信を持って、ズバリ書く。山下は幸之助に誓っていた。

「正治さんの思いどおりにはさせません。あなたの孫も能力次第です。社長の器だと私が太鼓判を押さない限り、社長にはしません」（山下の側近の元幹部の証言）。

山下は松下電器の番頭経営に終止符を打った。長年つき従ってくれた番頭たちが、幸之助のまわりからひとり、またひとりと消えていった。「やりすぎだ」。幸之助は激怒したが、強権を振るって山下社長を切ることはしなかった。2人のあいだには「フォア・ザ・カンパニー（会社のための経営）を貫く」という〝黙約〟があったからだ。

それでも、幸之助は1982年1月10日、経営方針発表会で、寂しさが怒りに変わり、とうとう感情を爆発させている。役員はもとより、グループ会社の幹部社員が一堂に会しておこなわれた新年の重要な式典である。

幸之助は2時間にわたり「松下精神」を説き、名指しこそしなかったものの、山下を非難したという。幸之助と山下の〝黙約〟をつゆ知らない幹部社員たちは、正治に社長失格を告げた「熱海会談」を思い出したという。経営幹部なんて、概してこの程度のものなのだ。

幸之助の逆鱗に触れた山下に近寄るものはいない。孤立無援のように見えた山下を正治は後押ししてみせたが、山下は少しもありがたがらない。山下はやがて本性を見せはじめる。正治に、はっきりと物申すようになるのだ。

山下は「柿（正治）が熟して落ちるまで待つ」（同前）作戦をとったといっていいかもしれない。山下の身上は我慢強さにある。

「正治に50億円を渡して引退させてくれ」

岩瀬達哉は『ドキュメント　パナソニック人事抗争史』をこう書き出している。

〈皮肉なことに、パナソニックの今日の凋落を招いた人事抗争は、元をたどれば「経営の神様」とたたえられた創業者松下幸之助の〝遺言〟に起因するところが大きかった。

幸之助が他界したのは平成元（１９８９）年だったが、その９年前、当時の社長山下俊彦にこう命じていたからだ。女婿で、取締役会長の松下正治をなるべく早い時期に経営陣から引退させるようにと――。

山下と特別親しかった元副社長が証言する。

「幸之助さんは、山下さんに、ポケットマネーで50億円用意するから、これを正治さんに渡し、引退させたうえ、以後、経営にはいっさい口出ししないように約束させてくれ、とまで言うとるんですな。この話、私、山下さんから直接聞きました」〉（前出注４）

９年前というと、山下が社長に就任して、バッサ、バッサと古参の役員のクビを切っていた時期だ。幸之助が、山下に正治のクビを切れと命じていたことが、これではっきりした。

山下は、この当時としては非常に合理的な考えをする経営者だった。幸之助との〝契約〟は、きちんと守るが、「契約に期限があるとは、言われていない」（山下の元側近）とうそぶいていた。

30歳年下の「世田谷夫人」と4人の婚外子

幸之助は、晩年、家族との亀裂(きれつ)が深まっている。幸之助の妻、むめのにとって正治は、ひとり娘幸子の夫であり、かわいい孫の正幸の父親である。将来、正幸に社長を継がせるためにも、正治が、できるだけ長く社長の座にとどまっていることを強く望んだ。

丁稚奉公からの叩き上げの幸之助は、〝商売ファースト〟、仕事が趣味の人だった。事業がなによりも大事というリアリストである。正治の経営者としての能力には、早くから見切りをつけていた。

じつは、幸之助は世襲にはこだわっていなかったのである。正幸を取締役にすることにも二の足を踏んでいた。「経営者の器なら、役員にしてもいい」という考え方をしていた。家族より事業のほうが大事だから、当然の帰結である。山下の考えと平仄(ひょうそく)が合っている。

「経営の神様」と謳われた幸之助だが、家庭での発言力は強くなかったのは皮肉なことである。たしかに、それにはそれなりの理由があった。幸之助が起業した当時、むめのの淡路島の実家が、カネの面倒をみた。実家の資金の支援がなければ、とっくに倒産していた。これは冷厳たる事実である。

それだけではない。「世田谷夫人」の存在が大きいというのが、関係者の一致した見方だ。

１９８９年4月、幸之助は94歳で死去した。遺産総額は２４５０億円と高額遺産のトップ。ほとんどが松下電器の株式である。相続税も８５４億円と歴代トップだった。

遺産の相続者は妻のむめの、娘の幸子、娘婿の正治ら7人。幸之助が認知していた4人の子供のうち男性1人が90億円、男性2人と女性1人が80億円ずつ相続した。当時の税法では、遺産の課税総額が5億円を超える相続人は実名を公表することが義務づけられていた。

これで、それまで関係者のあいだでタブー視されていた「世田谷夫人」の存在が明るみに出て、週刊誌が一斉に飛びついた。

幸之助は30歳年下の世田谷夫人とのあいだに、4人の子供をもうけ、認知していた。当初は、大阪に住まわせていたが、子供ができたことがバレてしまい、むめの夫人が激怒。東京の世田谷に住まわせるようになったのだという。以来、「経営の神様」は、「山の神」のむめのに頭が上がらなくなったそうである。

世襲には断固反対を貫く

幸之助が亡くなり、松下家の人々にとって、後継者問題が差し迫ったものとなった。会長の松下正治は、長男で幸之助の直系の孫にあたる松下正幸を社長に据えることを悲願としていた。実父である正治と、母親である幸之助のひとり娘の幸子には、この思いがことのほか強かった。

山下俊彦は、これまで書いてきたとおりだ。世襲には、断固反対だった。松下電器ほどの大企業で、創業家という理由だけで世襲が許されてはならない、というのが山下の基本的な考え方である。こうした山下の態度は、終始一貫し、変わらなかった。これが、山下が社長時代の後半に、正治との軋轢を生む原因となった。

世襲に反対する、こんなエピソードが残っている。

〈財界人との付き合いゴルフが終わった帰り道のことである。(車に)同乗していたある財界人が山下に向かって、正幸の役員昇格を打診した。

「正幸さんは、今度の株主総会で役員になりますやろ」

山下の答えはただ一言。

「まだ、早いです」
「じゃ、次ですか」
「まだ、早い」
「次の次ですか」
「まだまだ、早いです」
すっかり、その場が白けきってしまい、その財界人はバツの悪そうな表情だったという〉（前出注3）

筆者は何度も山下俊彦に取材したが、山下は正治と対立することは厭わなかった。社内に不協和音が広がることにならないかと苦慮していたのは確かだが、正治の真正面に立って、はっきりと物申す姿勢は変わらなかった。

正治排除に関して、こんな逸話がある。

〈山下は、常務会を開くにあたって、会長である正治への出席要請はしなかった。意思決定のスピードを落とさないため、常務会は、社長、副社長、専務、常務のみの出席としたのである。重要事項を協議する常務会の様子が皆目わからないことに、正治は苛立ちを隠さなかったという。

「客員会」（引用者注：理事以上のOBで構成する親睦会）のひとりによれば、「正治さんは、ひょっとして自分は無視されているのではないかと心配になりだした。それで、自分も常務会に出席したいと言うんですが、山下さんは、『いや会長は出ていただかなくても大丈夫です』と断っている。すると今度は、当時の人事担当副社長だった安川洋さんに、自分の出席を認めるよう山下に言ってくれと頼んでるんですね」

この時、安川が、正治の意向を伝えたところ、山下は、そうですか、わかりました。じゃ、出席して下さい。そのかわり、僕は、常務会に出ませんよと返していた〉（前出注4）

話はまだつづく。
〈これには、当の安川さんが面食らいましてね。そりゃ、いかんがな。そうか、そのくらいの決意だったら、わしが、正治さんを説得しようということになって、ついに、正治さんの常務会への出席はなくなった〉（同注4）
山下は、幸之助との〝契約〟をきちんと守ったのである。

未完の「山下革命」を引き継いだ4代目・谷井昭雄

2017年からのモリ・カケ問題で、安倍政権への忖度（そんたく）ぶりが耳目（じもく）を集め、「忖度」が流行語大賞にノミネートされるようになった。

『岩波国語辞典』を引くと、「忖度」はこうである。〈他人の気持をおしはかること〉。新村出編の『広辞苑』（第五版）は〈(「忖」も「度」も、はかる意) 他人の心中をおしはかること。推察。「相手の気持を――する」〉とある。

山下は創業家の意向をいっさい忖度しなかったといわれている。そもそも山下の辞書に「忖度」という言葉は載っていなかった。

幸之助の番頭たちのクビを次々と切る、あまりの過激ぶりに幸之助を怒らせた。正治を常務会から排除することも躊躇（ちゅうちょ）しなかった。忖度ゼロである。

山下は自分がサラリーマン社長であることをわきまえていた。在任期間は短い。その期間、全力投球することが、幸之助との〝契約〟にかなうことだった。「山下跳び」の成功を担保するためにも、山下はやるべきことをやった。やらなければならなかった。

山下の社長室には、幸之助から贈られた直筆の色紙「大忍」が飾られていた。

山下時代の一連の改革をとらえて、経済ジャーナリズムは「山下革命」と呼んだ。

松下電器を世界のエレクトロニクスメーカーにするためには、番頭による旧態依然とした経営ではダメである。いまでいう、株主主権のガバナンス（企業統治）体制を築くことを目指したわけだ。だが、当然のことだが、壁は高くて厚かった。

山下俊彦は１９８６年2月、社長を退任した。任期を1年残しての突然の退任だった。山下のために用意されたといわれた副会長のポストを断り、相談役に退いた。

この年、松下正幸が取締役に昇格した。あれほど世襲に反対していた山下が退くと同時に、正幸の取締役就任が実現した。

それでも山下は、何もせずに討たれたわけではなかった。世襲阻止の種を植えつけ、後継者に谷井昭雄を指名した。


山下は幸之助の番頭たちをバッサ、バッサと切った後釜に、昭和生まれの若い幹部を登用した。谷井はそのひとりであった。

谷井昭雄は１９２８（昭和３）年生まれ。神戸高等工業学校（現・神戸大学工学部）精密機械科卒業。敷島紡績（現・シキボウ）、東洋金網（現・トーアミ）をへて、１９５６年松下電器に入社。１９７２年にビデオ事業部長に就任した。松下電器のＶＨＳビデオ事業を成功させた功労者である。

山下が社長時代の１９７９年に取締役に就任した。山下は後継者を選ぶにあたって、自分が経験したような大抜擢人事は二度と松下電器のような大企業はおこなうべきでないと考えていた。

自分の経験からしても、選ばれたほうも困るし、そうした異常な人事が軋轢を生み、結局、その後の企業経営に支障が出ることを痛いほどわかっていたからだ。そのため、山下は、自分の後継者を副社長のなかから選ぶことにして、若手幹部を副社長に引き上げていった。

山下は数字にも明るかったが、工程表をつくるのが得意だった。自分の次の社長を山下プランに沿って選ぶ心づもりで、周到に準備していた。

だからなのであろう。谷井は81年に常務、82年に専務、83年に副社長とトントン拍子で出世階段を駆け上がっていく。山下は、経営体質のさらなる強化と、海外事業の拡大に取り組んだ。そのための中期経営計画「ACTION（アクション）61」の推進役を、副社長の谷井がつとめた。

「アクション61」をさらに発展させ、松下電器を総合エレクトロニクスメーカーに脱皮させるべく、谷井を社長に指名した。この説明は間違っていないが、谷井は、もうひとつの重要なミッション（使命）を帯びていた。

松下家と松下電器の関係に明確な一線を引くこと。山下は、自分ではなし得なかった大仕事を谷井に託した。具体的には、正治に引導（いんどう）を渡して、引退させることだった。

正治に退任を直談判

1989（平成元）年4月27日、松下幸之助が入院先の松下記念病院で94歳の生涯を終えた。

幸之助の死去を境に、谷井は行動を開始する。「正治に辞めてもらう」という山下俊彦から引き継いだ課題の解決に全精力を注ぐようになる。

谷井にも何度か取材したが、愚直なほど生一本（きいっぽん）の性格であった。山下が谷井を評価した最大の利点がこれだった。谷井は正治のもとをひとりで訪ね、直接「退任するように」と申し入れた。だが、正治は谷井に頼まれた、いや退任を懇願されたと受け取ったことは想像に難（かた）くない。

この大仕事は新社長の谷井には荷が重かった。前出の『ドキュメント　パナソニック人事抗争史』から引用する。

〈平成3（1991）年3月期の決算が、過去最高の連結純利益2589億円を計上し、自信を深めた谷井は、ひとり正治に面会した。そして会長から相談役に退くよう直談判（じかだんぱん）に臨んだ。

当時の事情をよく知る谷井の元側近の証言。

「創業者は、創業55周年を迎えた1973年、数え年で80歳になったのを機に、会長から相談役に降りられた。すでに正治さんも数え年で80歳になられたわけですから、そろそろ相談役にお下がりください、と谷井さんは申し出たわけです」

谷井の説得は数度に及んだが、正治は決してクビを縦に振ろうとはしなかった。

最後は4副社長を引き連れての談判となった。これに対し正治は「会長外し、松下家外し」と憤（いきどお）り、「幸之助の経営理念を受け継ぐのは自分だ」と反発を強めたという。

4副社長のひとりだった水野博之（みずのひろゆき）が解説する。

「正治さんは心外だったでしょうね。わしは、何も悪気があって経営に口出ししとるんじゃない。ちょっと気がついたから、言うとるんで、なんでお前らそんな大挙して来るんだ、と言うから、会長、ちょっと違いますよ。会長の言葉は重いんです。あなたが思ってるどころの重さじゃない。だから、大騒ぎになるんで、発言は慎重にしてくださいと申し上げた」

正治は、自分なりの論理をもとにせっかちに話す方だが、納得すれば、相手の主張を素直に受け入れた。この時も、「それならわかる。わしも、ちょっと考えよう」ということになり、谷井たちは会長室をあとにした。

谷井が、社長室に戻ると、デスクの上の電話がけたたましく鳴った。受話器を受け取るや、正治の興奮した声が堰（せき）を切ったように流れてきた。

「君らは、謀叛をくわだてて、わしのところに来たんか。わしは、水野君を一番評価しとった。あれの言うことは、みな受け入れて、一度も反対したことがない。その水野君が、わしに文句を言うたということは謀叛の証拠や」

このあと谷井は、すぐさま水野に電話を入れている。「水野君、いま、会長からこういう電話があった。そっちに行くかもしれないので、その際はよろしく」ということだったが、正治から水野への電話はなかった〉（前出注4）

筆者も正治に取材したことがあるが、他人の話を黙って聞くタイプではなかった。批判には耳を傾けない人種だ、と感じている。

「ナショナルリース事件」を利用して追い落とし

谷井は、山下が廃止した副社長を復活し、4人の副社長との合議制に意思決定の方法を変えていた。

4人の副社長は、営業部門担当の佐久間昇二、財務・管理部門担当の平田雅彦、技術部門担当の水野博之、製造技術部門担当の村瀬通三であった。平田は、松下の大番頭、高橋荒太郎の秘書だったことがある。

佐久間昇二は大阪市立大学大学院経営学科修了。入社2年目のとき、副社長の高橋荒太郎に「毎朝、全員で社歌を斉唱するような松下の朝会は直すべきだ」と直言。逆鱗に触れ、以後、冷や飯を食ってきた。山下は、そんな異端児の才能を認めて経営企画部長に引き上げた。佐久間は山下のブレーンとして「アクション61」のシナリオライター役をつとめた。

平田雅彦は一橋大学商学部卒の経理出身。水野博之は京都大学理学部物理学科卒のエンジニア。村瀬通三は大阪市立大学理工学部卒。谷井がビデオ事業部長のとき、村瀬はビデオ技術部長としてVHS方式のビデオ事業を成功に導いた立て役者だ。谷井の右腕として映像・オーディオ（音響）の技術戦略をになった。

「神の一族」である松下家の人々にとって、松下電器の社長や副社長といえども、番頭、いや使用人でしかない。谷井と４副社長による引退勧告は、正治にしてみれば、飼い犬に手を噛(か)まれたようなものだった。使用人が松下家の当主に楯突(たてつ)いたわけだ。正治の怒りは凄(すさま)じかっただろう。

正治は谷井ら経営陣に対して反撃をはじめる。経営陣を追い落とす武器にしたのが、子会社ナショナルリース事件である。

ナショナルリースはもともと松下電器製品のリース会社だった。製品を月賦(げっぷ)で買う消費者にファイナンスをおこなっていた。だが、バブルの時代に、ノンバンクとして不動産会社や建設業に貸し込んだ。１９９１年８月、日本興業銀行（現・みずほフィナンシャルグループ）などによる大阪の料亭の女将(おかみ)・尾上縫(おのうえぬい)への不正融資事件が発覚したことから、その尾上に融資していたナショナルリースも５００億円の不良債権を抱え込んだ。

ナショナルリース事件の勃発(ぼっぱつ)で、会長の正治と社長の谷井は、攻守所(ところ)を変えた。正治はここぞとばかりに谷井の経営責任を追及して追い込んだ。１９９２年３月、関連会社担当副社長の佐久間昇二を解任、経理部門トップだった副社長の平田雅彦もヒラ取締役に降格になった。

同じ年、松下電器の大型冷蔵庫の欠陥が発覚した。正治の執拗(しつよう)な経営責任の追及に、とうとう力尽きた社長の谷井は１９９３年２月、任期途中で社長の椅子を投げ出した。

残念なことだが、谷井は、やるかやられるかの権力闘争には向いていなかった。正治のほうが一枚も二枚も上手だった。

平田について少し書いておく。松下の子会社だった日本ビクターは、ＶＨＳ方式のＶＴＲを開発して、一世を風靡(ふうび)したが、その後、絵の出るレコードVHDで大失敗して経営が傾いた。平田は、このビクターの金庫番だった。ビクターの経営を立て直して、松下本体の役員に凱旋(がいせん)したのである。

5代目・森下洋一を操る正治の院政

1993年2月、5代目社長に営業畑出身の森下洋一(もりしたよういち)が就いた。会長は正治が続投した。

森下洋一は異色な経歴の持ち主だ。関西学院大学商学部を卒業した森下は、バレーボールの選手として、松下の実業団チームに入った。選手を引退した後、特機営業という産業用機器を販売する部門で実績を積んだ。松下電器の本流はテレビなど家電営業で、特機は傍流(ぼうりゅう)であった。

〈正治の指示やその内容を熱心に聞いては、必ずきちんと報告した。どんな事情であれ、正治への報告を怠(おこた)るようなことはなかった。そうした森下の姿勢を正治が評価し、気に入っていたことも谷井の後継社長にすんなり決まった理由のひとつであろう〉（注5）

正治が大好きなゴルフをするときに、ゴルフ場の手配から、一緒に回るメンバーへの連絡から、正治の送迎など、社長になってからも森下が細かく部下に指示していた。

正治と森下は大福餅がとりもつ縁でもあった。正治はゴルフ場のクラブハウスで大福餅を頬張(ほおば)る習慣があったが、森下は、その大福餅がちゃんと準備できているかどうか、事前にきちんと、みずからチェックしていた。

森下は正治にとって、従順な羊のような存在だった。

森下は正治の意向を忖度し、正治も森下を意のままに操った。会長の正治は社長の森下を差し置いて、人事まで差配した。正治が首を縦に振らなければ、部長クラスの人事まで決まらない事態となった。松下電器のガバナンスは死んでしまった。

森下政権は、正治の院政の時代であった。幸之助に無視され、日陰の身をかこっていた正治が、初めて松下電器の最高権力者になったのである。人事権を掌握した正治に対して、役員たちは、テレビドラマの『ドクターX』の医者たち同様に、「御意」と頭をたれるしかなかった。

正治は権力者の醍醐味を堪能し尽くしたといっていい。正治は、正幸の世襲に反対する勢力の一掃に乗り出した。

役員たちの面前で中山素平を電撃解任

正治が、谷井昭雄の次に追放するターゲットに選んだのが、松下の社外重役で日本興業銀行の特別顧問・中山素平だった。

「財界の鞍馬天狗」の異名をもつ中山は、財界の重鎮として目覚ましい活躍をしていた。その縁で幸之助の知己を得て、松下電器の社外取締役をつとめるようになっていた。

中山は、幸之助が正治を会長から辞めさせたがっていたことは、以心伝心で承知していた。正治の首に鈴をつける役割を期待されていたといっていいかもしれない。

その中山を激怒させたのが、正治による谷井降ろしの策動である。ナショナルリース事件で会社は深手を負い、経営陣が力を合わせて、信用回復につとめねばならないときに、スキャンダルを利用して正治が谷井の追い落としをはかった。私利私欲のおぞましさを中山は許せなかった。

森下が社長になると、中山は社外取締役の辞任を申し出た。中山を慰留したのが山下俊彦である。山下から説得されて、中山は辞任をとどまった。

ところが正治は、中山素平を電撃解任した。前出の『ドキュメント　パナソニック人事抗争史』は、元側近の話を載せている。

〈「その日の取締役会が終わって、やれやれと、みんなが雑談はじめた時ですわ。議長席に座っていた正治さんが、中山素平さんを見据えて、おもむろに口を切った。もう、実にご苦労さんでした。22年の長きにわたり、まことにありがとうございました。さすがにもう、これ以上お願いでけん。この度は、退任の手続きをさせてもらいます、とピシッと言わはった。これには皆、唖然としましたわ」

和やかな雰囲気は、一瞬にして凍りついた。しかし正治は、かまわず畳み掛けた。

「一昨年は、ご意向に反して取締役に留まっていただき、この2年間、実にご迷惑をおかけしました。心より感謝いたします。そう言うと、深々と頭を下げた。そうなると、素平さん、まだやるとは言えないですよ」

（中略）この日、取締役会に出席していた役員たちは、「あの素平さんが、してやられた」とのちのちまで語り継ぐことになる〉（前出注4）

引用を続ける。

〈正治が、中山素平をなかば強引に辞任させた理由について、「客員会」のメンバーは、こう解説する。

「正治さんが、数え年で80歳になった時、谷井さんが、そろそろ会長をお退きになったらどうですかと、引退勧告した際に、素平さんも同調していたんですな。以来、正治さんは、素平さんが疎ましくて仕方がない。ただ、本人の申し出であっても、ナショナルリース事件の渦中に、素平さんを切ると、正治さんのところにも責任論が巡って来る可能性があった。素平さんが辞めたんだから、正治さんも会長を辞任すべきやという動きが起こりかねないわね。それで、この時は引き留めておいて、事件の騒動がおさまったあとでの、満を持しての解任ですわ。あの方は、自分の役に立たない人間を外す技術については天才的でした。そら上手でしたわ」

正治の権謀術数を、あざやかに見せつけられた役員たちは、一様に、以前にも増して正治に睨まれな

いよう、その思いを忖度しながら発言するようになっていったという〉（同注4）

目の上のたんこぶだった中山素平を電撃解任した正治にとって、目障りな存在は山下俊彦ひとりだけとなった。

大政奉還までのカウントダウン

会長の正治にとって、悲願としてきた松下家への大政奉還の道が、あと少しで開かれようとしていた。

世襲に大反対していた山下俊彦が社長を退任したのと入れ替わるかたちで、長男の正幸は40歳の若さで取締役に引き立てられた。谷井昭雄政権下で、正幸は4年後に常務取締役、さらに2年後には専務取締役へと昇進した。谷井は、正治を退任させたあと、松下家に一定の処遇をすべく、正幸を無任所の副会長に棚上げすることを狙っていた。

正治による谷井の追い落としが成功し、風向きが変わった。森下洋一は、社長就任3年目の1996年5月、正幸を副社長に昇進させた。森下が正治の意向を忖度して、副社長に引き上げたのはいうまでもない。正幸副社長の誕生以降、松下電器の社内で「御曹司の社長就任」が公然と囁かれはじめた。先物買いで、正幸のまわりには、取り巻きの親衛隊が形成された。

大政奉還の雰囲気に冷や水を浴びせたのが、3代目社長から相談役に退いていた山下俊彦である。正幸が副社長に就任した翌年の1997年7月15日、山下は自分が会長をつとめる関西日蘭協会のパーティーの席上、大勢の記者を前に正幸の副社長昇格を痛烈に批判した。

「今の松下はおかしくなっている。孫というだけで、（松下）正幸氏が副社長になっている。（役員陣の）8割が正治派。しかも、若い人ほど世襲への批判が少ない。困ったことや」

山下の爆弾発言を受け、マスコミ各社は翌16日の夜に、大阪・吹田市内にある山下の自宅に駆けつけた。そこでも、山下はあらためて、前年の正幸の副社長就任から、今後予想される社長就任の可能性を含めて大々的に世襲批判を展開した。

「大きな会社でオヤジが会長、長男が副社長というのはおかしい。幸之助さんの孫というだけで副社長になる能力がない人が副社長になってしまった。会長も80歳を過ぎた。そろそろ辞めてもらわなければならない。幸之助さんも世襲には反対していた」

山下の世襲批判に、社長の森下は「創業家の人間だから、副社長にしたわけではない。平取締役、常務、専務時代の働きを見て実力を評価したのだ」と反論した。苦しい弁明であった。

山下の爆弾発言から4日後、会長の正治は、産経新聞の紙面で「山下氏の功績は認めるが、（今回の発言は）覆水盆に返らずだ」（１９９７年７月19日付朝刊）と、山下との訣別を宣言した。

山下の世襲批判はマスコミを賑わせたが、社内を動かすことはできなかった。山下が引き立てた役員たちは、ことごとく粛清されていたからだ。山下の捨て身の反撃は不発で終わった。

正治の権威をバックにした森下の恐怖政治のもとでは、物言えば唇寒しで、だれも批判の声をあげようとはしなかった。

反抗は許されない。山下は、それから2年後、社長の森下から相談役の退任を迫られ、特別顧問という肩書の閑職に追いやられた。さながら、遠島（島流し）である。松下電器の社内には、世襲批判をできる人物はひとりもいなくなった。

山下俊彦、谷井昭雄、中山素平――。正治は、世襲を批判する役員を、ことごとく追放した。

正治は、正幸政権誕生の大願成就を目の前にしていたが、掌中から運がこぼれ落ちた。

正幸は社長になれなかった。

なぜなのか？

瀬戸際で封印された世襲経営

世襲問題に終止符を打ったのは、松下家の資産管理会社・松下興産の経営危機だった。松下興産は１９５２年に幸之助個人の出資で設立された倉庫会社だった。その後、マンション分譲などに事業を広げる一方、松下電器や松下電工（のちにパナソニック電工をへてパナソニック本体に吸収）の株式を保有する松下家の資産管理会社となった。幸之助は１９８３年まで社長をつとめた。

幸之助が社長を退くと、事業は娘婿の正治の一家が引き継いだ。会長は正治、後任社長は正治の長女・敦子の娘婿、関根恒雄が就任した。

関根は埼玉県の建設会社の三男で、資産管理会社だった松下興産をデベロッパーに大変身させた。１９９０年代前後から不動産開発事業を本格的に展開し、オーストラリアの高級ホテルや高級ゴルフ場など海外の大型案件を次々と買収した。

同時に国内では、新潟・妙高高原や北海道・夕張のスキーリゾート、和歌山県のリゾート施設・マリーナシティなど矢継ぎ早に建設していった。その結果、過剰なリゾート投資でピーク時には有利子負債は１兆円に膨（ふく）れ上がった。

松下興産はその後、優良不動産の売却を進め、１９９９年には住友銀行と松下電器から１５００億円規模の支援を受けた。しかし、２００４年に不動産売却損が積み上がり、連結決算で７７００億円の有利子負債を抱え、１４００億円の債務超過におちいった。松下電器主導で松下興産の清算が進められた。２００５年３月、松下興産は清算、外資系投資ファンドが支援したＭＩＤ都市開発が、マンションなど優良事業を引き継いだ。ＭＩＤは現在、関西電力の連結子会社となっている。

関根について一言。関根は正幸の家庭教師をしていた男である。その縁で正治ファミリーの一員に成り上がったといわれている。

正治が、というより幸之助の長女、幸子があれほど執念を燃やした正幸の社長就任を、松下家が断念したのは、松下電器に松下興産を支援してもらうための窮余の一策だった。松下家が破産する瀬戸際である。正幸の社長就任も大事だが、松下家を潰しては元も子もない。この結果、世襲経営は封印された。

６代目・中村邦夫の「破壊と創造」改革

２０００年６月、正治は会長から相談役名誉会長に退いた。副社長の正幸は副会長という中二階ポストに棚上げされた。なんら権限のない名誉職である。

森下洋一に代わって、中村邦夫が松下電器の６代目社長に就任した。

中村は１９３９（昭和14）年生まれ。大阪大学経済学部卒業し、１９６２年に松下電器に入社。１９８7年から10年間に米英の現地法人のトップをつとめ、海外生活が長かった。

中村は「破壊と創造」をスローガンに掲げ、聖域なき構造改革に取り組んだ。中村が下した号令はわかりやすい。

「創業理念以外はすべて破壊してよし」

大量生産・大量消費を前提とした硬直した組織を、ことごとく破壊してみせた。松下電器のシンボルといわれた事業部制を解体した。幸之助が築き上げ、ピーク時には全国に5万軒あった「あなたの街のでんきやさん」ナショナルショップにもメスを入れ、共存共栄路線を覆し、「たくさん売る店には手厚くサポートする」成功報酬型に変えた。松下電器の街のでんきやさんとの連邦経営は、終わりを告げた。

２００８年10月1日、松下電器産業はパナソニックに社名を変更した。社名から創業家の「松下」の名前が消えた。中村がスローガンに掲げた「破壊」の総仕上げを意味した。中村邦夫は「幸之助神話を壊した男」といわれた。このとき、創業家の呪縛から、完全に解き放たれたのである。

中村は海外勤務が長く、松下家の人々の息遣いに気を使ったことがなかった。もともと松下家とは距離をおいていた。役員就任時に松下家に挨拶に行ったこともないのかもしれない。

中村には幸之助について、こんな思い出がある。

課長時代だったと思う、と中村。たまたま、エレベーターで幸之助と顔を合わせた。幸之助は、あったかいオーバーを着ていた。「私にもそんなあったかいコートを着ることができますか」と中村が尋ねると、幸之助は「がんばりなはれ。がんばれば着られますがな」と言った、というのだ。

中村は伊藤忠商事、丸紅、日本生命、東洋紡績、髙島屋、西武鉄道など幾多の創業者を生み出した近江商人の里、滋賀県の出身だ。生家は彦根市の代々の造り酒屋。大阪大学経済学部の卒業論文は、いかにも近江商人の末裔らしく「近江商人による複式簿記発明の経緯」だった。

松下電器に入社した直後に、家電不況に見舞われ、松下幸之助が営業の前線に復帰した。神様・幸之助の経営哲学に引き寄せられた中村は、問題にぶつかるたびに「創業者ならどうしただろうか」と考えた。

幸之助の著書をそらんじるほど読み、思索し、その哲学を体得した。そして、世の中には、いつの時代にも変わらない真理と、環境の変化に即応して改革を迫られるテーマがあると悟った。

不変の理念を基盤に不断の改革に挑戦すること。中村が幸之助の気持ちになって下した結論である。幸之助の哲学に対するゆるぎない信頼が、中村を幸之助イズムの破壊者に変えたといっていい。

「神様」の呪縛が終生解けなかった2代目・正治

「破壊と創造」――中村が掲げた目標は、硬直化した体制の破壊である。幸之助が築き上げたビジネスモデルは、一言でいうなら、ライバルメーカーが開拓した市場に、類似商品を低価格で大量に投入し、市場を押さえ込むことだった。「マネシタ電器」と揶揄（やゆ）されるこの手法は、大量生産・大量消費を前提としていた。事業部制や系列ショップは、「マネシタ」を実現できる最も効率的な組織であった。

しかし、90年代に入り、戦後の日本の産業の成功モデルと賞賛された幸之助方式は機能不全におちいった。画期的な商品をいち早く投入した者が圧倒的なシェアを握り、市場を支配する独創性の時代になったからだ。

オリジナリティのない後発メーカーは敗れ去る。過去の成功体験を捨て去り、情報時代の世紀を生き抜く体制をいかに早く構築するかが中村の責務であった。

「松下はクビを切らない」という神話も破壊した。昭和恐慌（きょうこう）に見舞われたとき、幸之助が「従業員は家族や。クビは切れん」と語って従業員の雇用を守った逸話は、日本の終身雇用制の原点であった。その神話を否定し、国内で1万3000人を削減し、業績が浮上しても人員の絞り込みの手を緩（ゆる）めなかった。

松下家とのしがらみにとらわれることがなかったという意味で、中村は山下より有利な立場にあった。

2012年7月16日、パナソニック名誉会長の松下正治は、老衰のため大阪府守口市の松下記念病院で死去した。99歳だった。

正治は「経営の神様」の呪縛が解けることはなかった。「毎晩のように夢を見るが、70％は幸之助が出てくる」とメディアとのインタビューで語っている。自尊心をズタズタにされ、ほとんど憎悪（ぞうお）の感情しか抱いていない幸之助の悪夢に、最後まで苦しめられたということだ。

偉大な創業者を越えることができない、2代目経営者の悲哀を背負った人生だった。

締めくくりの言葉を書く。次は正幸の取締役退任であろう。名目だけの副会長の肩書は残るかもしれないが、それも永遠ではない。

相談役か特別顧問の椅子が待っているが、この椅子の座り心地は、さほどよくはないはずだ。

プラズマテレビから撤退を決断。家電から電気自動車（EV）向けのリチウムイオン電池を切り札にした、BtoB（企業間取引）の会社に変貌させようと奮闘中の現社長、津賀一宏がパナソニックを率いているあいだに、松下家との関係が完全に途絶えることになるかもしれない。

大きな時代のうねりが、それを示唆している。

ポイント▼資本と経営を分離せよ

経営トップの交代がうまくいく会社は栄える。それがうまくいかない会社、後継争いでゴタゴタする会社や無能な人をトップに選んだところは衰退に向かう。無能な経営者ほど寝首を掻かれることを怖れる。するとどうなるか。自分より器の小さい人間を後継者に選ぶ。これが2代つづいたら、どんなにエクセレントカンパニーであっても、アウトである。

松下幸之助は「経営の神様」と呼ばれ、傑出した企業経営者であったことは論を俟たない。この神様が犯した最大の誤りは、自分の後継者に、無能な女婿の松下正治を選んだことである。あれほどの経営者でありながら、安易に世襲を選択した。

世襲や実力なき経営者への禅譲は、やってはいけない。しかし現実は、創業家というだけの世襲や、親分から子分への禅譲があとを絶たない。とりわけ、創業者は世襲へのこだわりが強い。血の承継をどうしても意識するからだ。

松下電器は世襲経営で失敗した典型例である。創業者の幸之助と、娘婿の正治の対立が、経営陣の内紛を引き起こし、これが松下電器の衰退を招く最大の原因となった。

松下電器の内紛から、何を教訓として引き出せばいいのか。創業家は「資本と経営を分離せよ」ということである。株式会社は、株主が会社を所有する。経営は株主総会によって選ばれた取締役に委任されている。これが資本と経営の分離の原則である。

創業家の一族と経営者が同一であるべき、とするのが世襲である。「開かれた会社」という座標軸の対極にある考え方だ。

創業者は上場するにあたって、資本と経営の分離の覚悟のほどを、問われることになる。

第8章　ダイエー――創業者が引き際に失敗し会社消滅

ダイエー王国の総本山「神戸三宮店」

２０１７年２月24日、神戸の玄関口であるＪＲ三ノ宮駅前の総合スーパー、ダイエー神戸三宮店は、食や雑貨、健康など約50の専門店を揃えた都市型ショッピングセンター「三宮オーパ（ＯＰＡ）２」に生まれ変わった。

「三宮オーパ２」は月末の金曜日の仕事を早く終えることで消費を喚起（かんき）する、プレミアムフライデーの初日に開店日を合わせた。売り場は地下２階〜地上９階。売り場面積は１万８２５４平米。２階が和カフェや衣料・雑貨のセレクトショップ、３階にオーダーメードの枕や寝具、４階は低価格志向のアパレルやシューズ、５階には家具や生活雑貨が入る。８〜９階の飲食店フロアは吹き抜けの構造で開放感がある。

神戸三宮店はダイエー王国の総本山であった。

ダイエーによる神戸三宮の店舗のスタートは「プランタン神戸」である。創業者の中内㓛（なかうちいさお）は、悲願としていた百貨店に進出するためフランスの百貨店「オ・プランタン」を誘致。１９８１年３月、日本における１号店「プランタン三宮」（のちの「プランタン神戸」）を国鉄三ノ宮駅（現・ＪＲ三ノ宮駅）の駅ビルに開業した。神戸・三ノ宮は国鉄、阪急電鉄・阪神電気鉄道、神戸市営地下鉄などが乗り入れる西日本有数のターミナルだった。

さらに1990年4月、「プランタン神戸」の新館として「プランタン神戸Part2」を開業。その後、旧館をヤング館、Part2の新館を「プランタン神戸」の本館とした。

当時、ダイエーは三宮センター街に専門店街を形成しており〝ダイエー村〟と呼ばれていた。「プランタン神戸」はダイエー城下町の居城となった。

1995年1月17日、阪神・淡路(あわじ)大震災が起こった。神戸を発祥(はっしょう)の地と位置づけるダイエーグループの施設は、三宮、新神戸、ハーバーランドに11あったが、いずれも被害を受けた。

震災直後の中内功の対応はすばやかった。震災から3ヵ月がすぎた4月22日、「プランタン神戸本館」は「ダイエー三宮駅前店」に変わった。9階建てのうち地下2階から地上1階まで、食料品の売り場が3フロアにおよぶ斬新(ざんしん)な試みは、ダイエーとして初めてだった。

ダイエー村がになっていた専門店などを引き継ぐため、「プランタン神戸」を百貨店からファッションビル「三宮オーパ」に、「プランタン神戸Part2」を百貨店から総合スーパー「ダイエー三宮駅前店」に業態転換した。

巨大な売り場面積をもつ店舗の出現は、駅前の人の流れを変えた。

「ダイエー」の店名は生き残った

イオンは2014年9月24日、連結子会社のダイエーを完全子会社にすると発表した。

完全子会社にするため、ダイエーの株主にイオン株式の割り当てを実施した。交換比率はダイエー1株に対しイオン株０・１１５株。ダイエーはイオンの10分1の企業価値しかなくなったことになる。

ダイエーは同年11月26日、発祥の地である神戸市の神戸ポートピアホテルで臨時株主総会を開催。ダイエーの株主にイオン株式を割り当てる株式交換を提案し、賛成多数で承認された。一般株主が参加するダイエー最後の株主総会には、６８０人の株主が出席した。東京証券取引所1部に上場していたダイエー株は、12月26日付で上場廃止となった。

２０１５年1月1日、ダイエーはイオンの完全子会社に組み込まれた。

イオン社長の岡田元也（おかだもとや）は、２０１４年9月24日の記者会見で、「ダイエーの法人格は残すが、２０１８年度までにダイエーの屋号（店舗ブランド）をなくす」と発表した。ダイエーの事業を首都圏と京阪神エリアの食品スーパー「グルメシティ」に特化し、それ以外の地域ではイオンとの統合・再編を進めるとの方針を示した。

この方針に沿って、全国の「ダイエー」と「グルメシティ」の店舗はイオンの子会社へ運営を移管。「イオン」と「マックスバリュー」にそれぞれ変更、順次、看板をかけ換えていった。

関東・関西地方のダイエーの店舗はイオンリテールがオペレーションをおこなう。国内最大級の集客力を誇っていた旗艦店の「ダイエー碑文谷店（ひもんや）」（東京・目黒区）は２０１６年12月、都市型ショッピングセンター「イオンスタイル碑文谷店」として再スタートを切った。

ところが、イオンは朝令暮改（ちょうれいぼかい）。２０１７年、方針を再度、転換した。２０１９年度までに首都圏と近畿圏の90店の食品スーパー「グルメシティ」の店名を「ダイエー」に戻すことにした。「ダイエー」という看板が持つ集客力を無視できなくなった結果である。ダイエーは腐っても鯛（たい）だった。

ダイエーは従来、衣料品や家電もそろえた大規模総合スーパー（ＧＭＳ）は「ダイエー」、食品スーパーは「グルメシティ」と二枚看板でやってきた。

イオンが経営を引き継いでからも、両事業は赤字から抜け出せないでいる。イオンの２０１８年2月期連結決算によると、関東・近畿・名古屋の旧ダイエーのGMSであるイオンリテールストアは72億円の営業赤字、九州の旧ダイエーのGMSを引き継いだイオンストア九州は14億円の営業赤字だった。旧ダイエーの食品スーパーの営業赤字は52億円と、依然、水面下の状態がつづく。

イオン社長の岡田元也は、「ダイエーの名前を一掃する」と明言していたが、発祥の地・神戸からダイエーの名前を消すことを断念した。ダイエーの創業者・中内㓛の神戸における圧倒的な存在感（プレゼンス）を認めざるを得なかったからであろう。

中内は毀誉褒貶相半ばする人物だったが、阪神大震災のとき、中内・ダイエーが取った行動に神戸市民は感謝していたのだ。

阪神大震災直後の救援作戦

１９９５年1月17日午前5時46分。兵庫県淡路島北部を震源としたマグニチュード7・３の直下型地震が発生した。阪神・淡路大震災である。死者６４３５人、行方不明者２人、負傷者4万３７９２人、全半壊家屋24万９１８０棟、焼失家屋７５７４棟、避難者31万人、停電２６０万戸、ガス停止86万世帯、断水１３０万世帯。インフラ被害は道路７２４５ヵ所、橋梁３３０ヵ所、河川７７４ヵ所、崖崩れ３４７ヵ所。被害総額は10兆円規模に達した。

大震災に際して、村山富市内閣は対応の遅さを批判された。だが、コンビニエンスストアやスーパーを中心に、生活用品や食料品の物流網・補給体制は迅速に整備された。あれだけのカタストロフィ（大変動）のなかで治安が維持された理由のひとつが、これだった。

この救援作戦を指揮したのが、ダイエーの中内㓛だった。阪神大震災直後の中内の行動を再現してみる。

〈中内が東京・田園調布の自宅で阪神大震災の第一報に接したのは、一月十七日午前五時四十九分に流れたＮＨＫテレビの臨時ニュースでだった。朝一番のテレビニュースで、その日の売り上げに大きく影響する天気予報をみるのは、中内の創業以来の日課となっていた。

中内はただちに、同じ敷地内に住む長男の潤（じゅん）を電話でたたき起こし、災害対策本部の設置を命じた。副社長の中内潤をヘッドクオーターとする災害対策本部が、東京・浜松町オフィスセンタービル十一階の販売統括本部内に設けられたのは、政府が対策本部設置を決定する三時間前の午前七時だった。同時に、三百六十名の応援部隊を、東京と福岡から神戸入りさせることが決まった。

応援部隊はその後、第六陣までつづき、自転車やオートバイを総動員して休業店の復旧支援にあたった。

まだ現地からの情報が混乱していた午前八時には、ヘリコプター、フェリー、タンクローリー、トラックなど陸海空運搬手段の確保に入り、現地対策本部長に専務取締役の川一男（かわかずお）を送りこむことを決めた。川を筆頭とする十人の現地対策本部メンバーは、おにぎりなど千食分の食料を積みこみ、午前十一時、新木場のヘリポートから神戸ポートアイランドに向かった。

ヘリコプターには、浜松町のオフィスセンターに勤務する社員全員からかき集めた携帯電話も積みこまれた。

出発前、中内は川に対し、ただ一言、

「ダイエーは何屋なのか、それをよく考えて行動してくれ」とだけいった〉（注１）

「街のあかりを消したらあかん」

商品の供給をつづけ、人々に安心してもらうことが流通にたずさわるものの使命――。

中内は生活必需品の供給のために、地震発生当日の午前7時半には被災地に全店オープンを厳命。兵庫県49店舗中、倒壊の危険のない24店舗が早朝から店を開けた。

翌18日の午前9時には、福岡からタンクローリー2台分の飲料水やおにぎり、カセットコンロが泉大津港に到着、神戸へピストン輸送された。

19日には50台のトラック部隊が大阪・茨木市の食料センターで救援物資を積み込み、陸路は大渋滞していたため、船でトラックを運ぶことにした。神戸港は接岸できないため、大阪南港から加古川経由で商品を搬送した。

ローソンも地震発生当日午前7時半には対策本部の設置を決定し、その日の夕方には水15万ケース、ラーメン10万ケース、おにぎり30万個が東京、名古屋、岡山から特別輸送された。ローソンは、この当時は、ダイエーの傘下だった。

「街のあかりを消したらあかん」

コンビニ事業の最高顧問を兼ねる中内は、地震当日に24時間営業の継続を指示した。閉店を余儀なくされている店も、あかりだけは終夜灯しつづけろと、号令をかけた。

真っ暗な廃墟の中、ローソンのあかりだけはずっとついていた。この、わずかなあかりが被災者をどれだけ勇気づけたことだろう。

太平洋戦争で過酷なフィリピン戦線を経験した中内は、兵站（後方）の物流網がどれだけ大事か、身体でわかっていた。

だからこそ、流通業者の責務として、まず物流網を復活させ、適切な値段で必要なものが買えるようにした。平時と同じように、欲しいときに欲しい物が手に入るよう、安心をつくりだそうと懸命に努めた。

これが「ダイエーは何屋なのか、それをよく考えて行動してくれ」の真意だった。

知の巨人といわれた思想家の吉本隆明（よしもとたかあき）は、中内の行動を「現在の日本の高度な消費社会で、いちばん成功裏に消費者の動向を察知し、最も鋭敏に消費大衆の願望に対応している」と手放しで絶賛した。

〈日本のマフィアという仇名（あだな）の山口組は、ただで物品を配った。「ダイエー」はそれなのに必需品を安価であっても金をとって売った。それを批判する者もあったが、商人は売るのが当然だ。それをくずしてタダで配っても被災者三十万人にゆきわたる力があるわけでもないし、混乱を招くことになる。

また市民個人の尊厳を冒瀆（ぼうとく）し、市民社会の契約に反することを経済人としてはできない。安い値段で必需品を提供しつづけ、便乗値上げをしないで補給しつづけるのが大切だ〉（注２）

吉本のこの指摘は、中内の行動の意味を的確にとらえていた。

神戸には随所にダイエーの夢の跡がある。

高度成長期、神戸市は「山、海へ行く」と名をはせた開発手法で成長路線をひた走った。ダイエーも市の開発地域に相次いで進出した。スーパー、レストラン、ホテル、大学……。ダイエーは神戸が輝いた時代の象徴であった。

しかし、大震災は神戸市とダイエーに決定的な打撃を与えた。ダイエーの被害総額は約５００億円にのぼり、ダイエーグループ全体の死者はパート・アルバイトを含め21人、親族の死亡は88人に達した。大震災が、ダイエーの膨脹（ぼうちょう）主義に対する頂門（ちょうもん）の一針（いっしん）となった。

震災からの再建が、経営に重くのしかかり、打つ手打つ手が一歩、二歩、三歩遅れとなった。ダイエーが解体へと突き進む遠因が、阪神・淡路大震災にあった。

とはいえ、阪神・淡路大震災におけるダイエーの水際立った救援作戦は、流通の巨人、中内㓛が最後に輝いた一瞬であった。

地獄を見たフィリピン戦線の飢餓体験

〈イリサン（フィリピン）でアメリカ軍の投げた手榴弾が破裂した瞬間。最後の時に、電球の赤い光があって、そこにすき焼き鍋があって、家族六人ですき焼きを囲んでいる。そこでハッとしてもういっぺんすき焼きを食わないといかんな。このすき焼きを食べたいという一心で生きて帰ってきた。今、スーパーマーケットやっているのも食い物の恨みでやっている。好きなものを食べられることは幸せだ。これからは飢えのない社会を作らなければならない〉（注３）

商売人としての中内の原点は、フィリピン戦線で地獄を見た飢餓体験である。

１９４３（昭和18）年1月に応召した中内は、満州国（現・中国東北部）とソ連（現・ロシア）の国境に駐屯した。44年7月、酷寒のソ満国境から一転して、温度差が80度もある灼熱のフィリピン戦線へと転戦命令を受けた。伍長から軍曹に昇進。所属する比島派遣第14方面軍直轄の独立重砲兵第４大隊は、ルソン島北西のリンガエン湾を防衛すべく布陣した。第14方面軍司令官は、〝マレーの虎〟と恐れられた陸軍大将、山下奉文だった。

ここで、中内は本当の地獄を見ることになる。

１９４５年1月7日、突如、リンガエン湾に大艦隊が出現した。敵艦隊は８５０隻にもおよんだ。艦載機グラマンの昼夜を問わぬ攻撃によって、完全に敵に制空権を奪われた。機銃掃射から逃げ回る日々がつづいた。バギオのイリサン谷では戦車特攻隊が編制され、敵戦車を待ち伏せして特攻を敢行した。

大艦隊がリンガエン湾に姿を現してから5ヵ月後の6月6日、中内はルソン島北西部のバンバン平地にいた。ここが中内の最後の切り込みの舞台となった。

〈軍曹として部下を指揮し、山上の敵塹壕へ切り込みを決行。敵の投げた手榴弾が目の前に転がってくる。爆発まで三秒。拾って投げ返そうにも体が金縛りにあって動かない。鼓動が高鳴り、思考は止まる。その瞬間、手榴弾がさく裂。バットで全身を殴られたようだ。

背中の飯ごうは穴だらけ、突撃の動作で背中の軍刀を抜く姿勢を取っていた。もう十センチ体を起こしていたら、全身に破片が突き刺さっていた。傷は大腿部と腕の二カ所。ドクドクと血が噴き出し、出血多量で眠くなる。

「これで一巻の終わりだ」。走馬灯のように子供のころからの記憶がよみがえる。裸電球がぼーっと照り、牛肉がぐつぐつ煮え、家族がすき焼きを食べている。（中略）死ぬ前にもう一度すき焼きを腹いっぱい食べたいと、来る日も来る日も願った。その執念がこの世に私を呼び戻した〉（注4）

季節は雨期。蒸し暑い。傷口にはウジがわき、腐った肉を食う。ウジが腐食部分を食ってくれたおかげで、手も足も切断せずにすんだ。その後は、いっそう悲惨な敗走がつづく。

〈「芋の葉っぱ」さえ食えず、アブラ虫、みみず、山ヒル……。食べられそうなものは何でも食う。靴の革に雨水を含ませ、かみしめたこともあった。人間の限界を問う飢餓。まさにあの『野火』の世界……〉（同注4）

『野火』は大岡昇平のフィリピン戦線、レイテ島の戦争体験にもとづいた作品である。

中内の反骨エネルギーの原点

中内が敗戦を知ったのは、8月15日から2～3日後のことだった。投降した中内は、そこから無蓋車に乗せられて、マニラ郊外にある日本人俘虜収容所に送られた。彼は敗戦国の国民の屈辱というものをつくづくと思い知らされた。

〈女の将校が着ているものをすべて脱ぎ捨て、それを洗っとけ、と日本人俘虜に命じる。それも犬でも扱うように、土足で日本人俘虜のケツを蹴とばしながらの命令だった〉（前出注4）

１９４５年11月、中内はフィリピンから鹿児島の加治木港に復員した。重砲兵６１１人のうち復員兵は１１８人にすぎなかった。フィリピン決戦にはのべ63万人が投入され、48万人が戦死した。

戦争とそれにつづく俘虜体験が、戦後の中内の行動の原点となった。

人間の底知れぬ残虐さ、卑劣さ、弱さであり、権力というものが持つ、法の名を借りた不条理。中内の反骨エネルギーの源泉は、すべてこの体験にあった。

一言でいえば、憤りである。

中内㓛は１９２２（大正11）年8月2日、大阪府西成郡伝法町（現・大阪市此花区伝法）に父・秀雄、母・リエの長男として生まれた。父は大阪薬学専門学校（現・大阪大学薬学部）を卒業後、商社の鈴木商店（日商岩井の前身、現・双日）に入社した。

鈴木商店は、大番頭の金子直吉が買収を重ね、一時は、売上高が三井物産や三菱商事を上回る巨大商社となった。神戸製鋼所、帝人、ＩＨＩ、サッポロビール、日本製粉など錚々たる企業の母体となった総合商社だ。

秀雄は退社後、大阪で小さな薬屋「サカエ薬局」をはじめた。母は神社の宮司の娘であった。祖父・栄は高知県矢井賀村（現・中土佐町）の士族に生まれ、大阪医学校（現・大阪大学医学部）に学び卒業後、神戸で眼科医となった。

サカエ薬局は大通りから逸(そ)れた脇道にあり、立地には恵まれなかった。生活は貧しく、その日その日の米を買うのが精一杯だった。中内は神戸三中（神戸第三中学校、現・兵庫県立長田(ながた)高等学校）をへて、同県立神戸高等商業学校（新制神戸商科大学の前身、現・兵庫県立大学）に通った。

１９４１年12月、太平洋戦争が勃発(ぼっぱつ)。学級閉鎖となり、繰り上げ卒業した。商業学校生にもかかわらず、簿記も会計も成績が悪かった。大学へ行けば兵役を免れるという理由で神戸商業大学（現・神戸大学）を受験したが失敗した。51人中落ちたのはわずか３人。その中に中内は入ってしまった。

仕方なく翌42年４月、日本綿花（のちのニチメン、現・双日）に入社したものの、その年の12月に召集を受け、43年１月に出征(しゅっせい)した。サカエ薬局の前に、家族や近所の人が集まり、軍服姿の中内を見送った。中内はいやいやながら万歳三唱に和した。

「女と麻薬以外は何でも売った」神戸の闇屋

出征してから３年。中内は復員した。極限の飢餓状態を生き抜いた戦争体験は、人生観に大きな影響をおよぼした。

「人の幸せとは、物質的な豊かさを満たすこと」

そう考えた中内が目を向けたのは、異様な熱気と活気にあふれていた三宮や元町の闇市(やみいち)だった。日綿に戻る気はなかった。

父の店「サカエ薬局」は、砂糖の代用品であるズルチンを販売し、大繁盛していた。それを手伝うかたわら、全国の医療機関から放出される医薬品を扱う闇のブローカーをはじめた。後述する「友愛薬局」である。

「女と麻薬以外は何でも売った。いざこざも日常茶飯事(さはんじ)。危ない目にも何度も遭(あ)った」「ハジキを真ん中に中国人ブローカーと取引したこともある。度胸が据わった」と中内は述懐している。

この頃、神戸三中、神戸高商で同期だった大森実に声をかけられた。彼は闇市を取材に来ていた。その後、大森は毎日新聞の国際事件記者として名を馳せる。

〈「ところで、キミはいま何やっとるんや」

そうたずねる大森に、中内はいった。

「うん、オレはキミの取材しとる闇屋をはじめようと思うとるんや」

驚く大森に、中内はギラギラした目でつづけた。

「大森、俺はな、こんな姿で神戸の三宮や元町が朝鮮人、台湾人に占領されているのを黙ってみておれんのや。いまに必ずこのヤミ市を一掃してみせる！」

「山口組みたいなことというなよ」

「いや、必ず俺の手で掃除してやるねん！」

「あの連中の裏には共産党がいる。注意した方がええで」

大森は中内にそんな忠告をして別れたが、特攻隊の飛行服に白いマフラーを巻き、軍用長靴で雑踏のなかに消えていった中内の背中に、殺気めいた迫力を感じた〉（前出注1）

学生時代の中内は目立たない存在で、俳句同好会に属していた。大森は中内の変貌ぶりに驚いた、

「神戸から二つの大企業が生まれた。ダイエーと山口組だ。どちらも焼け跡から這い上がって、ナショナルチェーンになった」

中内の口グセだ。ダイエーの中内にとっても、山口組三代目の田岡一雄にとっても、その〝事業〟の原点は欲望が渦巻く神戸の闇市だった。

1948年には元町高架通りに「友愛薬局」を開店し、駐留軍からの横流しや香港、台湾からの密輸品であるペニシリンやストレプトマイシンを扱う闇商売に手を染めた。結核の特効薬は飛ぶように売れた。しかし、社会が落ち着きを取り戻すとともに、闇商売にも先が見えはじめた。パチンコ屋や風俗業をやらないかとの誘いが盛んに中内にあったようだ。

「どれをやっても、金は儲かったと思うね。パチンコ王とか、ソープランド王とか、サラ金王になっていただろう。しかし、僕はいちばん儲からんスーパーを選んだ。他の事業に心がまったく動かなかったといえばウソになるが、でも、それではあまりにもロマンがないやろ。それと、死んだ戦友に対して、なにか後ろめたさがあってね」

雑誌の対談で中内は、こう語っている。

「主婦の店ダイエー」を開業

闇屋稼業から足を洗い、父の秀雄と次弟の博が設立した医薬品の現金問屋「サカエ薬品」に勤めた。ひとりがお客の相手をしているあいだに、もうひとりが、お客から預かった現金を持って医薬品問屋に駆け込んで、お客から注文された医薬品を手に入れるという、文字どおりの自転車操業である。

サカエ薬品に勤め出した1952年11月、岡山県後月（しつき）郡の旧家の二女、妹尾萬亀子（せのおまきこ）と見合い結婚した。新婚旅行は1週間かけて別府（べっぷ）、阿蘇（あそ）を回る予定だったが、ほったらかして、取引先を回ったり、ホテルで薬の商談をした。旅の途中で「ここにおってもしょうがない。帰ろう」と汽車に飛び乗り、神戸へ引き返した。

闇市の修羅場（しゅらば）をくぐり抜けてきた一匹狼の激情家である㓛が、弟の博が社長の会社で働くことに我慢（がまん）できるわけがなかった。サカエ薬品を飛び出した。

1957年4月、末弟の力と一緒に、薬品メーカー、大栄薬品工業（のちのダイエー）を設立した。

会社を立ち上げた時点では薬品メーカーだったが、35歳のとき、小売業に転進した。家賃とその土地の集客力を天秤にかけて、大阪の京阪電鉄千林駅前の商店街に店を出すことを決めた。

同年9月23日、13人の仲間とともに30坪の店を開いた。当時、「主婦の店運動」がはじまっており、屋号を「主婦の店ダイエー薬局」とした。ダイエーは大阪の大と祖父の栄を合わせた大栄を、当時としては珍しいカタカナ書きにした。

取り扱うのは薬品、化粧品、日用雑貨。目玉商品は薬で定価の3〜4割引。薄利多売の商法である。初日の売り上げは28万円。損益分岐点が日商6万円だったから、予想外のよい結果となった。創業当時の社員のひとりは「その頃から『全国制覇をやるんだ』といっていて、大きなことをいうなぁと内心驚いた」と語っている。

千林店のオープンの翌年の58年12月、神戸・三宮にチェーン化した第1号店を開いた。このときから、三宮がダイエーの本拠地となる。既成概念を次々と打ち破り、価格破壊を仕掛けていった。

価格破壊に挑み松下電器と「30年戦争」

中内の安売り哲学は、「いくらで売ろうと勝手」というインパクトのある言葉に込められている。それまで価格決定権はメーカーに握られていた。中内は「価格はわれわれがつくるんだ」「消費者がつくるんだ」と連呼した。

彼は、消費者主権の考え方を背景に、寡占化するメーカーに挑んだ最初の流通人だったといえる。「暗黒大陸」と呼ばれた流通の世界の部厚い扉をこじ開ける流通革命だ。流通革命の一丁目一番地が「価格破壊」であった。

価格破壊の革命児として中内の名前が全国に轟いたのは、天下の松下電器産業（現・パナソニック）の価格カルテルに異議を申し立て、〝経営の神様〟と評された松下幸之助に戦いを挑んだときである。松下との対立は「30年戦争」と呼ばれた。

　1960年代、家電製品の花形はカラーテレビで、なかでもナショナルブランドの人気は高かった。中内が松下製品の安売りを開始したのは、東京オリンピックが開幕した1964（昭和39）年10月のことである。安売りされた松下製のテレビに客が殺到した。

　松下電器はこの年の7月、熱海にナショナル系列の販売会社・代理店の代表約200人を集めた。赤字が続出した販社からは、松下本社へ痛烈な批判が浴びせられた。幸之助は一地区一販社制度を打ち出し、「系列店に対して、リベートをはじめとする優遇措置を約束する代わりに、松下が提示する適正価格を維持してくれ」と訴えた。これが世にいう「熱海会談」である。（第7章参照）

　代理店、販売店の再建を約束した会長の幸之助は、営業本部長代行に復帰して、陣頭指揮を執る。

　幸之助が矛先を向けたのは松下製品の20％引きという、当時とすれば、きわめて大きな値引き率で販売していたダイエーだった。松下の本社（大阪・門真市）の勢力圏内にある神戸で大々的に安売りをされては、系列の小売店への示しがつかない。

　当然の流れだが、ダイエーへの納入をストップした。ダイエーのバイヤーたちは現金を懐に、松下の製品を求めて東奔西走した。ダイエーが松下製品を買い漁ったバッタルートは次々と松下側に発見され、流通経路は潰されていった。

　中内が反撃に出たのは1967年のことだ。参議院物価対策特別委員会の議員団が兵庫県を視察したとき、安売りを阻止する松下側の実態をわかってもらうために、中内はテレビの製品番号を特殊照射機で浮かび上がらせた。

驚く国会議員たちに向かって、「これはメーカーが安売りを防止するため、すべての製品につけているものです。この番号を見れば、その製品がどの代理店、どの問屋から出荷されたのかがわかる仕組みになっている」。

中内の告発に驚いた国会議員一行は、参議院で徹底糾明することを約束した。

新聞各紙は、松下側がこれにどう反応するかに注目した。当時、松下電器の社長だった松下正治は、中内の主張を、こう突っぱねた。

「あの番号は製品の品質を管理するためのもので、ヤミ再販に利用しているなど、とんでもない誤解だ。品質不良の製品が見つかったとき、その製品の流通経路や生産過程をチェックして、その原因を追及する手がかりにしている」

幸之助「水道哲学」vs.中内「安売り哲学」

松下側から和解の動きが出た。戦後の日本の経済界を代表する2人の巨人が直接対峙した。

中内は『私の履歴書』でこう書く。

〈松下との対立がいよいよ深まったある日、私は松下幸之助さんの京都の別邸である「真々庵」に招かれ、茶室で「お茶」をごちそうになった。

松下さんからは「もう覇道はやめて、王道を歩むことを考えたらどうか」と言われた。「…………」。私はしばらくして「そうですか」とだけ答えた。

松下さんは「水道から水が出るように、豊富に、世の中の人たちに電化製品を供給したい」という立派な「水道哲学」をお持ちである。「安売りをやめて、松下の言う通りに売ってくれたら、アフターサービスも全部する。だから流通経路を破壊するようなことはやめてくれ」と言いたかったのだろう。

しかし、私には「安売り哲学」がある。価格決定権に関して妥協できなかった。「ひとたび市場に出た商品の価格は、需要と供給の関係で決定されるべきである」。そう反撃しようと思ったが、私はぐっと言葉を呑み込んだ。互いに相手の言い分はよく分かる。だが絶対に同意できない。だから「そうですか」とそっけなく答えるしかなかった。

会談が物別れに終わり、「真々庵」を出ると、雨が降っていた。松下さんが傘を自分で差して、私を送ってくれた。それを最後に、再び会うことはなかった〉（前出注４）

１９９４年２月、ダイエーと忠実屋の合併を機に、忠実屋の松下との取引を継承するかたちで和解が成立した。歴史的和解といわれ、30年戦争は幕を閉じた。

松下電器との闘いでポイントを稼いだのは、明らかにダイエーのほうだった。それまでダイエーは神戸の安売り屋でしかなかったが、〝経営の神様〟にケンカを売って、一躍、全国ブランドとなった。

一方、戦後日本の奇跡的な復活を象徴する幸之助の「今太閤」神話は、この後、消えることになる。公正取引委員会が、松下電器の系列店への価格の締めつけを問題にしたことから、幸之助と松下電器に消費者が抱いていたクリーンイメージに翳りがさした。

こうした背景のなかで起きたのが、第二次家電ブームを牽引するカラーテレビのダンピング問題である。対米輸出価格より国内価格が高いのは、メーカーがカラーテレビの国内価格を水増ししているのではないかとの批判が続出した。この消費者の不満はエスカレートし、消費者５団体による松下製品の不買運動に発展した。

松下商法が消費者から批判されたわけだ。１９７１年１月、松下電器はカラーテレビなどの家電製品の二重価格の解消を打ち出した。〝経営の神様〟が消費者に完敗したのである。

中内兄弟、骨肉の争い

世にいうところの、中内3兄弟の骨肉の争いが起きたのは、ダイエーが上昇気流に乗ろうとする、まさにそのときだった。1967（昭和42）年8月、中内が日本チェーンストア協会の初代会長に就任した直後のことだ。68年から69年にかけて火を噴いた。

中内家の4人兄弟は、それぞれ異なる性格の持ち主だ。長男の㓛は、弟たちからはトラブルメーカーと見られていた。二男の博は勉強家で、三男の守は体育会系のスポーツマン。四男の力は数字で詰めていくタイプで、激情家の㓛とは相容れない部分があった。

二男の博は当時、医薬品の現金問屋「サカエ薬品」をスーパー「サカエ」に転換していた。日の出の勢いのダイエーに対して、サカエの業績は悪化する一方だった。このままではサカエの倒産は避けられなかった。このとき、四男の力がダイエーとサカエの合併を提案した。父の秀雄も賛成だった。

力が提起した2社合併構想は、㓛社長、博副社長、力専務の布陣（ふじん）となっていた。しかし、株式の持ち株比率で対立した。最初は、㓛40％、博と力がそれぞれ30％だったが、㓛は51％を主張して譲らず、合併の話はお流れとなった。

1951年に父・秀雄がつくった医薬品の現金問屋「サカエ薬品」は博が社長で、闇稼業から足を洗った㓛が一時、勤めていたことは前に書いたとおりだ。闇屋の修羅場をくぐり抜けてきた㓛には、弟の博が社長の会社で働くことは屈辱（くつじょく）以外のなにものでもなかったのだろう。サカエ薬品時代のつもりつもった怨念（おんねん）が、51％の株をよこせという横車（よこぐるま）に近い主張になって現れたと見る向きが多い。サカエは結局、73年5月、ダイエーに呑み込まれた。

力が中心になって進めてきたサカエとの合併話が㓛の横車によって潰れたことで、今度は㓛と力との抗争が起きた。

力は神戸商業大学の卒業。東京銀行（現・三菱ＵＦＪ銀行）をへて、１９５７年に兄の功と一緒に「主婦の店ダイエー薬局」を開店した。当時、力は専務として財務を握っていた。２人が激突したのは、１９６８年春、西宮本部で開かれた役員会の席上だった。

ダイエーは、〝首都圏レインボー作戦〟と名づけた、本格的な東京進出プランを策定中だった。都心から30キロから50キロ圏内の人口急増地帯に、「虹をかける」ように店舗を配置する構想である。

このときの兄弟の軋轢（あつれき）について、中内は『私の履歴書』でこう記している。

〈弟（＝力）は「一店ごとの採算を重視すべきだ」と主張。それに対し私は「利益はチェーン店全体で出せばいい。今は積極的な出店が必要」と反論した。年末になっても意見の食い違いは埋まらない。とうとう父に裁断をゆだねた。

父はダイエーの東西分割を提案した。全国を、これまで重点的に展開してきた関西以西と、それより東の未開拓地域とに分けて、兄弟でそれぞれ責任を持ってやったらどうだというのだ。

分割すれば戦力は低下し、規模の利益を得るために急成長を続けてきた意味が無くなる。しかしチェーンストアに対する基本的なコンセプトが違う以上、肉親といえども一緒にビジネスをすることはできない。

私は父の裁定に従う決心をした。一から出直してもよいと考えると、経済成長著（いちじる）しい関東を思う存分攻めてみたいという野望がふつふつわいてきた。

だが数日後、弟は「東西分割はお客さんと社員のためにならない」と話し、ダイエーを去る決心をした。昭和四十四（一九六九）年一月、弟はその決意を父に伝え、ダイエーの分割は回避された〉（前出注4）

アクセルの切、ブレーキの力

佐野眞一著『カリスマ』に力の言い分が書かれている。切の言い分とかなり違う。

兄弟の不仲を案じた父親の秀雄は、「切、55歳になったら社長の座を力に譲ってくれんか」と提案した。このとき、切は46歳、55歳まであと9年間ある。それまで社長として存分に腕を振るえれば、お前も気がすむだろうといった、秀雄の親心だった。

しばらくすると切は「60歳までやる」といい、その次には「65歳までやる」に変わり、最後には「終身社長」を宣言した。

父親は、いったん言い出したら後には引かない切の性格を知り抜いていた。ダイエーの東西分割案が出てきたのは、こうした経緯からだ。関東ブロックに四国と九州を組み入れ、関西ブロックに中部と中国をくっつけるというアイデアだった。

しかし、力は「社会の公器である会社を、兄弟ゲンカによって、二つに割るのは、どう考えてもおかしい。社員も消費者も不在だ」と気付く。それでダイエーから身を引く決心をした。1969年1月、力はダイエーを去った。

力の持ち株を買い取るために、切は住友銀行（現・三井住友銀行）の〝天皇〟堀田庄三に融資を申し込み、30億円を借りた。これを機に、住友銀行がダイエーのメーンバンクとなる。

力は、ダイエー株式を売却した資金で神戸ポートピアホテルをつくった。自分の目の黒いうちに子供たちを一致団結させたいという願いを果たせなかった父・秀雄は、力がダイエーを去った翌年の1970年3月に亡くなった。

切が、中内4兄弟のなかでいちばん温厚だといわれた三男の守を呼び寄せたのは、その直後だ。守は、兄弟3人が参加したサカエ薬品に加わらず、神戸商業大学を卒業すると、東亜紡織に入社し、この当時、営業課長をしていた。守は本部の役員ではなく、関連子会社の紳士服のロベルトの社長に就いた。ダイエー本体の経営という観点から見る限り、最後まで兄弟４人が力を合わせることはなかったのである。

中内兄弟の性格や経営手腕を「アクセルの功、ブレーキの力」と金融機関は評していた。ブレーキの力がいなくなり、功はアクセルを強く踏み込んだ。ダイエーは猛スピードで爆走していくことになる。

熾烈な「出店戦争」を繰り広げ全国制覇

１９７０年代はダイエーの黄金時代だった。１９６８年11月、日本初の駐車場のある郊外型ショッピングセンターを大阪・寝屋川市の香里にオープンした。これが小売業のモータリゼーションのはしりとなった。

千林店のオープンからわずか15年目の１９７２年、小売業の王者・三越の売上高を抜き、ダイエーは日本一の小売業の座を射止めた。ダイエーは売上高３０５２億円をあげ、創業３００年の歴史を誇る三越の売り上げ２９２４億円を１２８億円上回った。

「小売りの王者」となる前年の１９７１年3月1日、大阪証券取引所の第2部に上場を果たした。スーパー業界初の上場だった。初日の商いは買いばかりで寄りつかず、最終的には、公開価格の４５０円を８割以上も上回る８２０円で最初の売買が成立した。

「スーッと現れてパーッと消える」と揶揄されたスーパーが、産業としての地位を確立した。

「次は売上高１兆円！」

小売業初の年商３０００億円を突破すると、中内は「チェーンストア元年」を宣言して、「70年代末には年商1兆円を達成する」とぶち上げた。とてつもない高い目標を掲げた中内は、75年にコンビニエンスストアのローソンを開店したのを皮切りに、グループ内の企業群の立ち上げに奔走する。他方、スーパーでは出店攻勢をつづけた。

ダイエーが出店する先々で、地元商店街の反対運動に遭った。〝首都圏レインボー作戦〟は必然的に、西友ストア（現・西友）を抱える西武流通グループや、当時勢力を伸ばしつつあったイトーヨーカ堂らライバルとの熾烈な出店合戦を繰り広げることになった。

当時、東を代表していた西友ストアの地盤である東京・赤羽に、西の代表選手ダイエーが殴り込みをかけた。激烈な低価格競争は〝赤羽戦争〟と呼ばれた。埼玉・所沢、神奈川・藤沢、千葉・津田沼など、ダイエーが出店するたびに同業他社との闘いとなり、そのさまは〝戦争〟と称されるほど苛烈を極めた。

価格競争の果てに、「1円豆腐」や「3円バナナ」が登場した。ついには無料進呈の目玉商品まで現れた。もはや意地と意地とのぶつかりでしかなかった。

この頃、中内はこう言っている。

「オレの仕事にゴールはない。これは途中でペースをゆるめられるマラソンとは違うんだ。いつも1番で突っ走らなければだれかにやられる。2番はビリと一緒なのだ」

その言葉どおり、ダイエーは凄まじいまでの出店攻勢で、その規模を拡大していった。

新規出店の際、中内はオープン前の店内を巡視するのが習わしとなっていた。中内の目から見て、品揃えが気に入らなければ、売り場責任者を怒鳴りつけた。モヤシが新鮮でないと、モヤシをザルごと頭からぶちまけられた野菜売り場の責任者もいた。中内は怒ると手がつけられないほどの激情家であった。

スーパーという商売に賭けた中内の執念は、不可能を可能にした。公約から1年遅れとなったものの1980年2月、日本で初めて小売業界の売上高1兆円を達成した。

流通革命の旗手は自らの手で、「流通王」の称号を力で奪い取ったのである。

奈落の底から奇跡の復活「Ｖ革作戦」

１兆円達成。業界に金字塔を打ち立てた中内は、次なる目標として４兆円構想を公表した。名実ともに流通業の覇者となるには、小売業の華である百貨店事業への進出が必要不可欠と考えた。

１９８０年３月、フランスの百貨店オ・プランタンと提携しオ・プランタン・ジャポンを設立した。とはいえ、スーパーと百貨店は商品の品揃えがまったく違う。百貨店の問屋ルートの確保が課題だった。百貨店経営のノウハウを得るため81年１月、髙島屋の株式10・７％を取得し、提携を迫った。

だが、乗っ取りを警戒する髙島屋は首を縦に振らなかった。髙島屋の株買い占めは、東急グループの盟主で東急百貨店会長の五島昇から「公家と野武士の戦い」と評された。いうまでもなく、公家は髙島屋で、ダイエーは野武士である。

百貨店の有力な問屋ルートを確保できないまま、プランタンは神戸・三宮、札幌、大阪・千日前、そして東京・銀座へと立てつづけに出店する。しかし、商品力の弱さは致命的だった。百貨店事業への進出が、ダイエーの躓きのはじまりとなった。

破竹の快進撃をつづけてきた「流通王」が奈落の底につき落とされたのは、１兆円達成からわずか３年後の83年のことだ。１９８３年２月期の連結決算で初めて65億円の最終赤字に転落した。翌84年同期は１19億円、翌々85年同期は88億円と、３期連続で最終赤字を出した。もう４兆円構想どころではなくなった。

ここから、奇跡の復活といわれたダイエーの〝Ｖ革作戦〟がはじまる。Ｖは勝利（Victory）から取り、業績をＶ字型に回復させることを意味する。中内は『私の履歴書』でＶ革についてこう書く。

〈ダイエーグループ全体の手術が必要である。私はそれを前の年にスカウトした河島博副社長に全面的に任せた。河島さんは日本楽器製造（現・ヤマハ）の社長として活躍したばかりでなく、海外での販売経験もあり、レジャー関係や音響機器にも詳しい。その腕を見込んだ。入社したてのころ、「ドライブが好き」という話を聞いたことがあるが、趣味の話をしたのは、その一回だけである。

「イケイケドンドン」型が多い当社のマネジメント層の中で数字に強く、論理的思考のできる米国型ビジネスマンとして河島さんは異彩を放っていた。その河島さんが大卒一期から三期までの若手幹部を指揮して再建のための三カ年計画、いわゆる「V革」を練（ね）った。ポイントは子会社の構造改善と本体の収益力向上である〉（前出注4）

しかし、佐野眞一の前掲書『カリスマ』の描写は、かなり違う。
〈中内は八三年度の連結赤字が明らかになったとき、浜松町オフィスセンタービルの十四階会議室に集めた幹部社員の前で、ひざまずいて床に頭をすりつけ、号泣しながらいった。
「どうかもう一度、オレを男にしてくれ。みんなでオレを助けてくれ」
これが、前年五月、日本楽器（ヤマハ）の社長からダイエー入りした河島博を総指揮官とし、業績をV字型に回復する〝V革作戦〟のはじまりだった〉（前出注1）
中内は〈過去の「ワンマン中内」を知る人には信じられないだろうが、私はこのとき、計画の立案から実行までのすべてを若手に任せた〉。（前出注4）
V革の時期、㓛は経営に口を挟むことがなかった。ダイエーは初めて組織体となった。
河島は売り上げを重視した経営から利益を重視した経営へと、根底から軌道修正をした。業績の足を引っ張った百貨店のプランタンは銀座店以外の店舗をダイエー本体に移管、不採算事業からの撤退、在庫管理の徹底により3年後の1986年2月期決算で黒字転換し、V字型の業績回復をなし遂げた。

V革の功労者を追放し、自らが復権

問題はV革が成った後だった。V革が成功すると、中内は経営の第一線に復帰した。元の中内商店に戻ってしまった。

中内は〈この成功はダイエーグループ全体の診断書を書き、大胆な手術を冷静に実行した河島副社長の手腕に負うところが大きい〉（前出注４）と書くが、その言葉とは裏腹に、その河島を１９８７年２月、再建を引き受けたミシンメーカーのリッカーに社長として追いやった。

ダイエー本体からの事実上の追放である。河島シンパの大卒１〜３期生のV革戦士たちは、経営中枢から次々と地方の関連会社に出され、多くは社外に去った。

代わって、長男の潤を31歳の若さでダイエー本体の専務に抜擢した。皮肉にも、V革の３年間が、功が経営者としての度量を見せた最後の時代となった。

「V革がつづいていれば、ダイエーがバブルにのめり込むことはなかった。V革の成功とバブルの到来を好機として、自らの復権と長男・潤への後継レールを敷こうとした。これがダイエーが解体される最大の原因になった」と元役員は証言する。

中内自身の復権の野望、河島の追放、潤の抜擢をもたらした〝V革の悲劇〟が、先々のダイエーの解体につながった。流通業界の歴史に残る、中内の大きな判断ミスである。

これは、イトーヨーカ堂オーナーの伊藤雅俊が取った行動と対照的だった。

伊藤は日本経済新聞の『私の履歴書』のなかで、中間決算の減益が確定した１９８１年の会議で、〈我々が気付かぬうちに世の中が変わり、大変なことが起きているのではないか〉（注５）と不吉な予感を口にしたと書く。

ダイエーより１年早い１９８２年、当時副社長の鈴木敏文を総指揮官として、イトーヨーカ堂は業務改革に取り組んだ。この〝業革〟に伊藤は一度も出席しなかった。業革が成果を上げると、伊藤は社長の椅子を鈴木にバトンタッチして、経営の第一線から一歩退き、後継者と見られていた長男も退社した。

その後、コンビニエンスストア、セブン‐イレブンの生みの親である鈴木敏文に率いられたセブン&アイ・ホールディングスは、日本最大の流通グループに変貌（へんぼう）を遂げる。

経営危機に直面した2人のオーナーの対応の違いが、ダイエーが流通のチャンピオンの座から滑り落ちる原因となった。

「流通王」の尊称は、スーパーの中内から、コンビニの鈴木敏文に移った。

バブルに踊り、５００億円の巨額赤字に転落

〈私は経営者というより、事業を次々起こす事業家である。それが自分の本性である〉（前出注4）

中内は関西の若手経営者を集めた「井植学校」の校長である井植歳男（いうえとしお）（元三洋電機会長。三洋電機はのちにパナソニックに吸収）の「事業欲と性欲は持って生まれたものだから抑えがたい」という教えにもとづき、「事業性欲論」を実践（じっせん）した。

時はバブルの時代。中内は次々と新たな事業を展開していった。１９８８年、私財を投じ学校法人中内学園流通科学大学を設立。同年、南海ホークスを買収して福岡ダイエーホークス球団（現・福岡ソフトバンクホークス）を誕生させ、さらに東京ドームをしのぐ大きさの福岡ドーム（現・ヤフオクドーム）を建設した。

神戸の名門ホテル、オリエンタルホテル、紳士服のロベルト、ファミリーレストランのフォルクス、ハンバーガーチェーンのウェンディーズ、建設のイチケン、情報誌のリクルート……を買収した。その事業欲は、スーパー業の枠から大きくはみだした。

倒産した三光汽船も買収しようとしたが、さすがに全役員が猛反対したので諦めた。
当時、乗っ取り屋と恐れられていた秀和が保有していたスーパー・百貨店株の処分に全面的に協力して、中堅スーパーのマルエツ、忠実屋も手に入れた。闇社会に食い込まれていた大阪・新歌舞伎座を経営する日本ドリーム観光を合併。戦後最大の経済事件といわれたイトマン・住友銀行事件では、闇社会に乗っ取られたKBS京都（近畿放送）にダイエーファイナンスが巨額融資をしていた。中内は、裏社会にも顔が利く巨魁であった。

1990年1月には、財界の総本山である経済団体連合会（経団連）の副会長に選ばれた。かつて経団連会長の稲山嘉寛が公定歩合の引き下げを主張するなかで、「スーパーみたいな第三次産業の設備投資は歓迎できない。国全体の利益にならない」と発言した際に、中内は「時代の変化についていけない人」と稲山を痛烈に批判し、流通を軽んじる人はダメだ、と言い切った。

その、因縁浅からぬ経団連の副会長に就任したため、「勲章が欲しくなった中内は牙を抜かれた」と酷評された。重厚長大企業のトップが牛耳る経団連の副会長に就任した効果は絶大で、1993年、流通業界初の勲一等瑞宝章を受章した。

時代は確実に変化していた。1990年、バブルが崩壊した。ダイエーはバブル期の過大な投資とM&Aにより有利子負債を膨らませていた。バブル崩壊後の地価下落で、ダイエーの経営は一気に傾いていった。

中内の行動の原点となっていた「地本主義」は簡単な発想にもとづいている。出店を決めるのに際して、必要な土地の少なくとも2倍は手当てする。出店計画を公表して、その土地が急騰すると、半分の土地を売って、建設費に充てる。極論すると、タダで店をつくる方程式といえた。

ダイエーが自前で土地を買い、店をつくったのに対して、イトーヨーカ堂は賃貸物件が主で、設備もリース方式。身軽な経営に徹していた。

とどめになったのは、1995年1月17日に発生した阪神・淡路大震災であった。神戸が発祥のダイエーの被害は甚大(じんだい)だった。1995年2月期連結決算の売上高は3兆2238億円をあげ、初の3兆円の大台に乗せたが、最終損益は506億円の巨額赤字に転落した。

これ以降、ダイエーは坂道を転がり落ちていく。

長男の大失敗を不問に付した世襲人事

中内㓛は血の継承にこだわった。ダイエーの後継者を長男の潤に決めた。潤は1955(昭和30)年3月、㓛と萬亀子の長男に生まれた。「主婦の店ダイエー薬局」を開店する2年前だ。慶應義塾大学法学部を卒業、慶應義塾大学院経営管理研究科修士課程を修了、1980年4月ダイエーに入社した。84年5月、入社4年で取締役に昇進。V革で息を吹き返した社長の㓛は86年5月、潤を31歳の若さで代表取締役専務に就け、89年1月には同副社長に引き上げた。

96年2月、ダイエーはカンパニー制を導入。副社長の潤を、各カンパニーを統括する最高執行責任者(COO)に据えた。カンパニー制は事業部制に比べて独立性が高く、責任も重くなる。会長兼社長の㓛は、最高経営責任者(CEO)としてダイエーグループの基本方針や新規事業を担当。総合スーパーのGMSカンパニー、大規模ディスカウントストアのハイパーカンパニーなど、新設されたカンパニーの案件の決裁権は、COOの潤に委譲された。

この組織改革は㓛から潤へのバトンタッチの布石(ふせき)であると同時に、「ハイパーマート」で失敗した潤を傷つけないための救済策でもあった。

潤が意固地になって進めてきたハイパーマートは巨額の赤字を抱え、大失敗したことはだれの目にも明らかだった。このままいけば、潤が経営責任を問われることは避けられない。

しかし、カンパニー制を導入することによって、ハイパーマートのプレジデントに業績不振の責任を押しつけることができる。組織の活性化というよりも、潤にハイパーマートの失敗の責任を取らせないための親心にほかならなかった。部下に厳しい功は、潤にはことのほか、甘かった。

ハイパーマートは欧米に多く見られる倉庫型の低価格の小売業態を、そのまま日本に移植したものだ。店舗にかけるコストを徹底的に削減し、低価格を実現する。低価格というイメージを強調するため、天井はあえて鉄骨むき出しとし、床もコンクリートの打ちっぱなしの無機質な店づくりを基本コンセプトにしていた。倉庫のような大きなスペースに商品を山積みする。

消費者は大型のショッピングカートに商品を載せて、出口ゲートを兼ねたレジで代金を支払う。売り場ごとにレジがある総合スーパーとは、この点が大きく違っていた。

潤は「安くすれば買ってくれる」という功の考えの信奉者だった。香川県坂出(さかいで)市につくったハイパーは男子トイレに便器を置かず、コンクリートに段差をつけ溝をつくり、そこで小便をするようにした。傾斜をつけた溝を小便は流れ、汚水槽(おすいそう)に入る。

中国の田舎ではいまでもこうしたトイレが見られる。中国の場合は女子トイレにもドアがなく、溝にお尻を突き出して用をたすこともあって、日本からの女性観光客を驚かせることがあった。潤が考えたトイレはこんなものだったと想像していただきたい。

こうすることが父の理念にかなうと潤は思い込んでいた。ほかの幹部社員がトイレをこんなふうにすれば、功は即刻、つくり直しを命じたろう。だが、そうしなかった。潤のやり方を擁護(ようご)し、支持した。

しかし、ハイパーは日本の消費者に受け入れられなかった。消費者は、広大な土地・建物に安い品物を並べてあるだけの安易な商法に、見向きもしなかった。潤（いや切）は、日本の流通市場が消費者のニーズをいかに満足させられるかという〝買い手市場〟になっていることに気づかなかった。ハイパーマートの失敗は、顧客満足度の低さにあった。

店の第一線で働く人たちの生の声が届かないような仕組みになっていたことが、致命的だった。90年9月、慶應義塾大学で商学博士号を取得した潤が提唱したチェーンストア理論は、本部が一元管理するというものだった。マネージャーをはじめ現場の声がトップにあがらなかった。上意下達の一方通行のシステムだった。

店舗運営の自由度を奪ったから、現場は本部の指示にしたがうだけ。自分の頭で考えない集団になってしまったのである。ダイエーの辞書から創意工夫の四文字が消えた。

潤はハイパーマートを猛烈な勢いで出店していった。36店をオープンしたが、いずれも巨額の赤字を垂れ流しつづけた。

ハイパーに資金を注ぎ、既存店の設備を更新することを怠ったため、ダイエーの既存店はみんなボロボロになった。あっという間に既存店が競争力を失ったのである。学者タイプの潤は、商売にはまったく向いていなかった。

上場来初の経常赤字、有利子負債1兆円

１９９８年2月期決算で、単体で２５８億円、連結で97億円の経常赤字を計上した。１９７１年に株式上場以来初めて、単体、連結とも経常赤字に転落した。しかも、前年の97年2月期もわずか6億円の経常黒字（単体）という結果で、2年連続の業績不振だった。大型店の売り上げが減り、不採算店のテコ入れ

も遅れた。

深刻なのは、売り上げの7割を占める総合スーパー事業の不振だった。３７０店のうち総合スーパーは２４０店を数えたが、既存店の大半は売り上げが前年割れとなった。総合スーパー以外では、潤が注力したハイパーマートの赤字が山積していた。

上場以来、初めての経常赤字決算を受け、経営再建の3ヵ年計画を発表した。２００２年3月期までに外部への事業・売却を通して有利子負債を1兆円削減する。出店を抑制して投資を店舗の改装に振り向ける一方、これまで手つかずだった赤字店の閉鎖や本部経費の圧縮を進めるというのが骨子（こっし）だった。

この財務改革路線を指揮したのが、鳥羽董（とばただす）である。味の素の元社長で、公認会計士の資格を持つ「財務のプロ」だ。96年12月、中内は三顧（さんこ）の礼をもって顧問に迎え入れ、グループの財務を任せた。

鳥羽が手がけた有利子負債の削減計画の第1弾が、グループの消費者金融会社ディックファイナンスの米金融会社への売却である。これで８００億円の資金を得たほか、ディックに貸し付けていた５００億円も同時に返済され、１３００億円ものキャッシュを手にした。

１９９８年5月28日に開かれたダイエーの株主総会とその後の取締役会で、鳥羽は代表取締役副社長に就いた。創業者の中内㓛、長男の中内潤とともにトロイカ体制が発足した。

〈鳥羽が内示を受けたのは、株主総会の一週間前のことだ。東京・浜松町のダイエー本部で中内から「副社長をお願いしたい。今後は私と潤副社長とのトロイカ体制でやっていきたい」と言い渡された。

一見、順当な人事に映るが、実は時間のいたずらが働いていた。鳥羽を顧問で迎え入れた当初、中内は副会長に就任させる意向だったが、その後一年半の間に、ダイエーを取り巻く状況が激変した。九七年二月期の実質赤字に続き、九八年同期も創業以来初の経常赤字に転落した。加えてディックファイナンス売却で手腕の評価を上げたことが、「財務を中心に副社長として第一線で実務を見てもらいたい。副会長だと一歩下がった印象を与える」（中内）との判断に傾かせた。
「二〇〇二年二月期までに有利子負債一兆円を削減することが私の使命」と言い切る鳥羽は当時、「副会長より副社長の方がやりやすい」と語った。そしてこうも漏らしている。「主力銀行の頭取からも、会社のラインに連なる副社長でよかった、という言葉をいただいた」。財務の参謀（さんぼう）として鳥羽が参画（さんかく）するトロイカ体制は主力行を中心とする金融機関が望んだ筋書きでもあった〉（注6）
鳥羽の動きはすばやかった。副社長に就任して2ヵ月後の98年8月、新たな資産売却計画を打ち出した。グループが運営する全米最大級のアラモアナ・ショッピングセンター（米ハワイ州）のほか東京・銀座にあるダイエー銀座ビルと銀座ＯＭＣビル（旧リッカービル）の売却で、負債削減のスピードを速める計画を立てた。不採算店舗の閉鎖にも着手し、売り上げ至上主義からの脱却と小さくとも利益がとれる体質への転換をはかる。
だが、消費不況という強烈な向かい風に直面。本業の総合スーパーやハイパーマートの収益は、いっこうに改善しなかった。

中内辞任、42年目のトップ交代の意味

そのときは突然やってきた。ダイエーは１９９９年1月20日、会長兼社長の中内が代表権のある会長に専念し、鳥羽が社長に昇格する人事を決め、同日付で発令した。

設立以来、42年目で初のトップ交代となった。

中内は代表権のある会長にとどまったものの、経営の第一線を退いた。後継者として育てられた長男の潤も、代表取締役副社長から無任所の取締役に降格になった。中内父子の、社長、副社長の相次ぐ辞任は「中内王国」の落日を印象づけた。

「社長の座に汲々としているわけではない。その覚悟はできている」

中内は上場来初めての経常赤字に転落した98年2月期と、下方修正をおこなった98年8月中間期決算の発表のたびに、こう語っていた。今回は3度目の正直となった。

〈主力行の意見も揺れた。考え方は三つ。①危機であるがゆえに中内社長留任、②鳥羽副社長に任せたリストラ内閣をつくる、③人心一新で若い世代から抜てき人事――。もっとも、カリスマ性のある中内の首に鈴を付けられるはずもなく、主力行の頭取でさえ「三つのうち中内さんがご自分でご決断ください」と言うのがやっとだった。

結果として、中内の背中を押したのは、間近に迫った決算だった。九九年二月期の経常利益予想は五十億円という低いハードルだが、九九年一月中旬を過ぎた時点でも下方修正の懸念が消えない状況だった。もし、赤字なら二期連続、下方修正なら三期連続だ。経営責任を問う声が出る前に、(中内は)自ら決断したとみることができる〉（前出注6）

中内が選んだのは、鳥羽による〝リストラ内閣〟だった。鳥羽を社長に就けることで二匹目のドジョウをねらったのだ。80年代の経営危機の際、日本楽器社長の河島博をスカウトして業績のV字回復に成功した。鳥羽に再建を託し、その後、長男の潤に引き継がせることをねらったと囁かれた。

リクルート株の売却をめぐり、中内と鳥羽が対立

主力行の全面的な支援を取りつけた鳥羽は、財務リストラを一段と加速させた。着手したのはグループのコンビニエンスストアであるローソン株式と、35%を保有していたリクルート株式の一部売却である。有利子負債の1兆円削減が鳥羽の使命だった。両社ともダイエーにとっては〝虎の子〟ともいえる優良資産であった。

年が明けた２０００年1月、ローソンは三菱商事が、リクルートの株式は25%をリクルート・グループが買い戻すことで決着した。ダイエーは両社の株式売却で２７００億円の資金を得、借金返済の原資にした。

だが、中内が会長をつとめるリクルート株の売却をめぐって、鳥羽と中内が対立した。リクルート事件の最中に手に入れたリクルートに対する中内の思い入れは、ことのほか強かった。

リクルートの創業者、江副浩正（えぞえひろまさ）は、１９８４年から１９８５年にかけて、自社の政治的・財界的地位を高めようと、有力政治家、官僚、財界、マスコミ、通信分野の実力者たちに、関連のマンション会社、リクルートコスモスの未公開株を多数ばらまいた。１９８６年にコスモス社が株式公開をしたため、彼らは莫大（ばくだい）な利益を得た。江副は贈賄（ぞうわい）の容疑で逮捕された。大物たちが「濡れ手で粟（あわ）」の荒稼ぎをしたリクルート未公開株事件である。経営責任を取り、江副は保有するリクルート株を売却すべく中内に打診した。

ダイエー時代、秘書や企画担当として中内に仕えたM&A助言会社レフコ会長の恩地祥光（おんじよしみつ）は、買収現場に立ち会い、次のように回想している。

〈面会の日（１９９２年5月2日）、江副さんの目が充血していたのを覚えています。私は応接室の端で2人が何を話すのか聞いていました。江副さんはリクルート事件の被告の身で、「このまま（リクルートの）筆頭株主でいるのはよくないと思います」とおっしゃいました。中内さんは「それは大変やなぁ。だったら預かっとこか」と話し、決まったのです。この間、30分〉（注7）

リクルートの社員たちにとっては、リクルート事件よりも、ダイエーの傘下（さんか）に入ったことのほうがショックは大きかった。リクルートの社員はダイエーの店舗に配属されるとの噂が飛び交った。

そんな折、中内は都内のオフィスにリクルートのマネージャーたちを集めて、こう語った。

〈ワシはリクルートのような若くて元気な会社が大好きや。しかし、あんたらは世間から『いかがわしい』と言われてシュンとしておる。ワシのところもそうやったが、若い会社というのは、たいがいいかがわしいもんや。それでええんや。おまえら、もっといかがわしくなれ！〉（注８）

この一言で、場内は拍手喝采だったという。中内が、一瞬にして、リクルートの社員の心を鷲掴みした伝説的なスピーチとして語り継がれている。

中内にとってリクルート株は、江副から緊急避難として「預かった」ものだ。江副が裁判を終えてリクルートに戻ってくるときに、戻すつもりでいた。それなのに、鳥羽がリクルート株式を第三者に売却しようした。中内が激怒した理由は、ここにある。

最終的に、ダイエーが保有する35％のうちリクルート・グループが25％を１０００億円で買い戻し、残り10％はダイエーが継続保有し、中内がリクルートの会長にとどまることで決着した。

ローソンやリクルートは、中内のいわば聖域である。鳥羽が聖域に手を突っ込んだことで、中内との関係はおかしくなった。

リクルート株式の売却をめぐり、亀裂を深めたことが、次の「お家騒動」の伏線となったのだから皮肉である。

インサイダー疑惑を利用して鳥羽を追い落とし

ダイエーはグループの根幹を揺るがす大きな問題に直面した。２００1年2月期から導入が義務付けられている新連結会計制度である。その衝撃の大きさは、はかり知れなかった。

〈「一体どういうことだ。なぜ、こんなにひどいのか」

二〇〇〇年五月、ダイエーの財務担当者から持ち込まれた資料に主力行の幹部は愕然とした。

新連結会計制度は子会社を持ち株比率だけでなく、資金の流れや経営陣の体制など、実質支配力で決める。ダイエーグループに、これを当てはめると、グループ全体で千七百八十億円の債務超過に転落することを示していた。グループ内持ち株会社、ダイエーホールディングコーポレーション（ＤＨＣ）、不動産企業ダイエー・リアル・エステート（ＤＲＥ）など、中内のファミリー企業などが密接に絡み合う、グループの本当の姿がそこにあった。ＤＨＣやＤＲＥが抱える企業の多くは債務超過に陥っており、連結すれば株主資本が大きく毀損する〉（前出注６）

中内ファミリー企業の整理に踏み込まなければ、ダイエーは生き残れない。そう確信した鳥羽は、中内の退任も含めた抜本的なグループの再建策を、主力行と錬りはじめた。

整理の対象になる中内ファミリー企業にとっては死活問題だ。当然、反撃を開始する。

２０００年10月、鳥羽が保有しているカード会社ダイエーオーエムシー（ＤＯＭＣ、現・セディナ）株式のインサイダー取引疑惑が突如浮上した。鳥羽はＤＯＭＣが不良債権処理を検討していた１９９９年５月、同社株10万株を個人で購入、その後、弁護士のアドバイスにより、全株を売却していた。利益は寄附したという。

鳥羽の中内ファミリー企業などの整理をこころよく思っていなかった中内一派が刺した、と取り沙汰された。鳥羽は「インサイダー取引に当たるとは思っていない。辞任するつもりはまったくない」と明言したが、中内は鳥羽をかばうことはしなかった。

ここから中内と鳥羽の対立が表面化。社内は大混乱におちいる。鳥羽につづいて、営業担当のトップである副社長の川一男にも同様な株取引が発覚し、営業の指揮を執ることができなくなった。さらに、販売担当副社長の佐々木博茂は、鳥羽の処遇をめぐって中内と対立し、辞表を提出した。

こういう大混乱のときには、いくども修羅場をくぐり抜けてきた中内のほうが、役者が一枚も二枚も上手だ。

〈「鳥羽さんには株取引の責任を取ってもらわないといけない。ダイエーを守るために頼む」。中内は東京・芝公園のオフィスに経営幹部を個別に呼び、強力に事態収拾を進めた。鳥羽は「いざとなれば役員の多くが僕についてきてくれるのでは」と期待していた。自分は金融機関のバックアップがあるという自信もあった。だが、「大粒の涙を流し、頭を下げた」（ダイエー幹部）中内の姿に、経営陣の間に「鳥羽さんは少なくとも社内外を混乱させた責任を取るべきだ」との空気が醸成されていった。中内のカリスマ性が発揮された最後の局面となった〉（同注６）

中内が83年の経営危機の際に、浜松町オフィスのセンタービルの14階会議室に集めた幹部社員の前でひざまずいて床に頭をこすりつけ、号泣しながら「どうかもう一度、オレを男にしてくれ。みんなでオレを助けてくれ」と叫んだことを彷彿させるような場面だ。泣き落としは効果的であることを十分に認識していた、中内流のパフォーマンスで勝負はついた。

２０００年10月10日、鳥羽は社長を引責辞任した。同時に中内は代表取締役会長を辞任し、代表権をもつ取締役最高顧問に退いた。

〈東京・大手町で開かれた退任会見の終了間際にカメラマンから「お二人で握手を」との声も飛んだが、鳥羽は「いまさらもういいでしょう」と述べて席を立ち、中内も鳥羽と目を合わせようとはしなかった〉（同注６）

インサイダー疑惑と直接関係ない中内の会長辞任は、「鳥羽を辞めさせるために刺し違えたのだ」と解説された。

自らが放逐したＶ革幹部を呼び戻す

中内は、肩書こそ会長を外れ代表取締役最高顧問となったが、人事権は手放さなかった。

中内はダイエーOBの中から後継者を探すことにする。候補に挙がったのは、かつてのV革戦士の高木(たかぎ)邦夫(くにお)である。

高木邦夫は1966（昭和41）年にダイエーに入社。中内のもとでおもに経理・管理畑を歩み、86年、ダイエー取締役、90年に常務に昇格。92年、ダイエーが買収したリクルート常務を兼務、94年にはダイエー専務に昇格した。99年7月、兼務していたダイエーの取締役を辞任、リクルート専務に移籍した。このときも、「中内の逆鱗(げきりん)に触れ、切られた」という噂が流れた。

中内から社長含みの顧問として復帰することを打診された高木は、「鳥羽、川の株取引のけじめをつけること」を条件に顧問を引き受けた。

高木が株主総会で社長に就くまでのあいだは、辞表を撤回し職務に復帰していた副社長の佐々木博茂が唯一(ゆいいつ)の代表権者として、社長代行をつとめることになった。

しかし、会長・社長不在という異常な経営体制になったことに変わりはない。市場はダイエーの先行きを不安視し、株価は上場来安値を更新する日がつづいた。

中内は2000年10月13日の役員会で、会社創設以来握りつづけていた代表権を返上。高木を中心とする新経営陣に経営を譲る姿勢を見せた。中内が代表権を返上したことについて、長男の潤は、こう語っている。潤は父親の㓛をボスと呼んでいた。

〈代表権を返上した時などは、発表日の朝まで知らなかった。そもそも（99年1月に）ボスが会長兼社長の立場から、会長職に専念することになった経緯も、私は知らない。以前から、出処進退については、私が事前に相談を受けるようなことはありませんでした。

ただ、今回については、川一男副社長（現在取締役に降格）が（系列企業のダイエーオーエムシー）株を売買していた件と、佐々木博茂副社長が辞表を提出した件（佐々木氏はその後復帰し、社長代行に就任）は、本人（中内）にはかなりショックだったと思います。何と言っても、２人とも古い時代からボスを支えたメンバーでしたから〉（注９）

崩れ去った王位継承のシナリオ

中内が代表権を返上した10月13日、潤も本体の取締役を辞任した。１９９９年、副社長を辞任し中間持ち株会社ダイエーホールディングコーポレーション（ＤＨＣ）社長に就いていたが、ダイエー取締役とＤＨＣ社長を、ともに辞任。ダイエーグループの一切の役職から身を引いた。

ダイエーを去った潤は、副社長の辞任を申し出た理由について、こう語っている。

〈（副社長を）辞めようと考えたのは（ハイパーマートなどの）カンパニープレジデントの人たち（当時）が辞表を出そうという動きを止めたかったからです。（中略）ダイエーに構造改善委員会を組織して後方のコスト削減を指揮しました。営業は各カンパニープレジデントに任せていたのですが、利益の目標が社内外に公表していた水準に達しなかったため、彼らが責任を取ると言い出したのです。彼らは改善を成し遂げたのだから、責任を取る必要はありません。それでも社内的な批判が強かったので、僕が責任を取れば収まると思ったのです〉（前出注９）

潤は先頭に立って推進してきたハイパーマートの大失敗を、彼なりにケジメをつけたかったのだろう。これで㓛が描いた王位継承のシナリオが完全に崩れた。㓛は、潤にハイパーで手柄を立てさせ禅譲を考えていた。鳥羽董をワンポイントリリーフにした後も、潤へのバトンタッチを諦めていなかった。

ハイパーの大失敗で「無能な若殿」という評価が社内にでき上がってしまった。親の期待を一身に背負った潤は「僕には、ダイエーのトップになろうという気はありませんでした」と語っている。巨大企業グループを率いていくトップの器（うつわ）ではないことを、本人がいちばんわかっていたのである。そんな潤を強引に後継者に育てようとしたことに、功の最大の失敗があった。

潤が主導したハイパーマート事業から2002年に完全に撤退した。銀行団が「ダイエーの最も大きな穴」と認定し、早期の敗戦処理をダイエーに申し入れていたからだ。ハイパーは、海外で成功した業態をそのまま日本に輸入して行き詰まってしまった典型例となった。潤が事実上、トップとして率いた時代は、ダイエーの「失われた10年」だった。

ダイエーを去った潤は2003年4月、父が創設した学校法人中内学園流通科学大学の理事長に転じた。

剛腕の副社長を中内封じ込め役に起用

2001年1月30日、神戸市郊外にある神戸市西神(せいしん)のオリエンタルホテルで、臨時株主総会が開かれた。高木邦夫の社長就任と通産省（現・経済産業省）出身の雨貝二郎(あまがいじろう)の会長就任が承認された。創業者で40年以上にわたり実権を握りつづけてきた最高顧問の中内功は取締役を退任、経営から完全に退くことが株主に報告された。

中内のダイエー最後の日がやってきた。

〈新役員の紹介が終わり、壇上にいた中内はおもむろに壇中央にあるマイクの前に立った。「創業以来、流通革命を掲げ、生活者の暮らしの向上に努力してきましたが、力及ばす申し訳ありませんでした。ダイエーが必ず復活することを信じています」。中内は淡々とした口調で株主に語りかけた。そして、自分の席に戻らず、まっすぐ舞台裏に退場した。

高木が総会の閉会を宣言しようとすると、一人の株主が「中内さんを拍手で送りたい」と発言。ほかの株主も同調し、中内が再び壇上に立った。会場は大きな拍手に包まれ、中内は株主に一礼し、手を振って、再び姿を消した〉（前出注6）

ときに78歳。かつて生涯現役を宣言していた中内が、血の継承に終止符を打ち、それと引き替えに、最後の賞賛を浴びたシーンである。

臨時株主総会とその後の取締役会で、平山敞(ひらやまたかし)が営業部門を統括する副社長に就任した。平山の副社長就任に中内は反対した。中内は代表権を返上し取締役最高顧問に退いていたが、次期社長の高木が平山を副社長として復帰させることに「反対」を口にした。

平山はV革戦士のメンバーだ。V革時代は近畿地域事業本部長をつとめていた。65年、ダイエーに入社。口八丁手八丁の平山は、中内の商人魂(だましい)の信奉者だった。だが、V革の指揮官である河島博の薫陶(くんとう)を受けて「河島さんは経営のプロ中のプロだ」と心酔するようになる。V革が成功すると、本部から出された。

87年、ダイエーが買収したユニード（福岡市）の社長として、4年間で90億円の累積赤字を一掃した。ダイエー本体が潤シフトを強めていることに反発してダイエーを辞め、91年ローカルスーパー、ニコニコ堂（熊本市）の再建社長に就いた。

平山はダイエー退社後、中内批判ともとれる経営書を書き上げるなど、反中内の急先鋒(きゅうせんぽう)だった。自分に叛旗(はんき)をひるがえした平山を、中内が許せるわけがなかった。

とはいえ、人事権は新社長に内定していた高木に移っていた。新体制を築くには中内色を払拭(ふっしょく)することが必要だ。高木は、剛腕の平山を中内封じ込めのガード役として起用した。

株主総会後、中内と高木ら新経営陣が揃って記者会見に出席した。グループの名誉職であるファウンダーに就く中内は「私はいま（経営を退いて）ホッとしているところだ」と漏らした。

副社長に就いた平山は「この10年でどうしてこんなに悪くなるかと思えるほど悪くなってしまった」と、中内がいるそばで昂然(こうぜん)と言い放った。平山は中内潤が進めたハイパーマートが残した、死屍累々(ししるいるい)ともいえる惨状（さんじょう）を痛烈に批判した。

5200億円の金融支援を受け銀行の管理下に

高木新体制は多難な船出となった。2001年2月期の連結有利子負債は2兆5640億円。1年前の1兆1596億円から1兆4044億円増えた。新連結会計制度が導入され、中内ファミリー企業も連結対象になったからである。

社長の高木邦夫は銀行との関係を重視し、ダイエーの財務体質の改善を急いだ。就任後、ローソンやプランタン銀座などの広告宣伝費を削るなどの経費削減を進めた。副社長の平山敞は営業の立て直しに乗り出したが、それも負債の圧縮を最優先するなかで思うにまかせなかった。営業力を強化しようにもカネがない。ない袖は振れないのである。

2002年1月18日、新3ヵ年再建計画が発表された。骨子は①主力3行、UFJ銀行（現・三菱UFJ銀行）、三井住友銀行、富士銀行（現・みずほ銀行）による3000億円の債権放棄と1200億円の優先株減資をあわせた4200億円の金融支援。②業績不振の50店の閉鎖、③普通株式の50％減資、④3万2000人いる正社員のうち6000人の削減、というものだった。しかし、本業の収益力強化策の決め手はなかった。

金融庁は主力行に計画の見直しを求めた。

同年2月27日、見直された新3ヵ年計画が発表になった。当初の計画では3000億円の債権放棄が提示されていたが、1000億円の支援額を上積みするため、債権のうち2300億円を株式化し、そのうえで1700億円の債権放棄をおこなうことが決められた。

主力行が保有するダイエーの優先株1200億円の全額減資とあわせて、金融支援は5200億円にのぼった。一般株主が保有する５２０億円の普通株は、99％減資して5億円にまで目減りさせることが盛り込まれた。

これで中内一族はダイエーの大株主ではなくなった。高木は中内と、名実ともに訣別（けつべつ）した。

ダイエーが銀行管理会社になったことで、高木が呼び戻したV革戦士たちが１人、２人と、また去っていった。債権放棄を含む総額５２００億円の金融支援を受けたとき、平山は専務に降格。さらに販売不振の責任を問われ、02年９月、営業の統括職を解かれた。

高木がリクルート、平山がニコニコ堂からダイエーに復帰した当初は「再建ドリームチーム」としてメディアにもてはやされた。しかし、銀行管理下で高木は財務リストラを加速する必要に迫られた。新店の出店や改装などへ投資を求める営業部門の平山との対立を深め、彼を斬り捨てた。

平山はローソンの売却にも反対した。仕入れ価格を安く抑えるには売り上げ規模が大切で、ローソンを手放せばグループの商品調達の交渉力が落ちると考えたからだ。だが、ローソンは三菱商事へ売却された。

平山が副社長を引き受けたのは、古巣を「再建したい」一心からだった。だが、資産売却で負債を減らすのが精一杯で、営業部門の強化は、結局はかれなかった。「あれも駄目、これも駄目。再建するつもりはあるのか」。腹を立てた平山は２００３年６月の株主総会を最後に、ダイエーを去った。

経済産業省vs.主力銀行＝金融庁の代理戦争

ダイエーの新３ヵ年計画が発表される直前の01年12月と、02年1月の2回にわたって、ダイエーの経営陣を痛烈に批判するメモが流出した。このメモは、現役のダイエー会長である雨貝二郎が、主力３行に示した私案だったことから「雨貝メモ」と名付けられた。

「雨貝メモ」は、高木社長体制の刷新のために書かれたものだった。現役の会長が社長の更迭（こうてつ）を望むという厳しい内容だった。

〈現在、見直し中の新三カ年計画についても、小幅修正か抜本修正かで、両者の意見は食い違う。

「雨貝メモ」が『現実的な利益目標』『福岡事業＋十字屋の抜本的処理＋α、リストラの追加など新三カ年計画の抜本的な見直しを打ち出しているのに対して、高木社長の考えは、利益目標の下方修正程度はやるものの、『新しい施設、支援は手直し程度』と小幅修正にとどまっていた。

「雨貝メモ」は、『こうした決算の取り繕（つくろ）いを続ける結果、営業の現場に無力感が強まっている』と指摘。『高木体制に抜本的の現状改革は期待できず、営業に熱意のある（高木社長に代わる）新社長を中心とした任期二年の新執行部体制を至急に築き、現状を根っこから否定して、抜本的な計画修正を覚悟し、再建に取り組む必要がある』と高木体制の刷新を提言していた〉（注10）

雨貝は通産省出身で、2000年にダイエーの顧問に天下り、高木が社長に就任した01年、同時に会長の椅子に座った。現役の会長が社長の退陣をうながすメモを策定するなど、前代未聞（みもん）の出来事である。

会長と社長の路線の対立は、経済産業省対主力3行＝金融庁の代理戦争であった。ダイエーの経営は銀行管理下に置かれ、銀行が実権を握った。ダイエーを所管する経産省は、産業再生法を活用した再建を主張していた。経産省出身の雨貝は主力行から主導権を取り戻すべく、経営陣の更迭を主張したわけだ。

これは、産業再生機構（現・産業革新機構）の活用をめぐる金融庁と経産省の抗争へと発展していく。

新3ヵ年計画の初年度の2003年2月期決算は、満足のいくものではなかった。単体売り上げは前期比10％減の1兆4988億円で、イオンに抜かれ総合スーパー首位の座から滑り落ちた。単体経常利益は145億円（の黒字）で、目標の200億円に届かなかった。

初年度の不振を受けて、再建計画の見直しが再度おこなわれた。ダイエーとマルエツ、オーエムシーの

3社統合案が出された。マルエツとの合併も協議されたが不調に終わった。

それでも、有利子負債の削減は進んだ。２００１年2月期に2兆５６４０億円あった連結有利子負債は、03年同期に1兆６４４３億円まで減った。しかし、目標の９１５０億円を達成するには、一段の事業リストラが必要だった。

ダイエーの不良資産の象徴が福岡事業であった。プロ野球球団・福岡ダイエーホークス、福岡ドーム、ホークスタウン（シーホークホテル＆リゾート、ホークスタウンモール）を福岡事業の3点セットという。

最大の不良資産は次男・正の福岡事業

中内㓛は長男の潤をリテール（小売り）部門のトップに、次男の正をホテル・球団などサービス部門のトップに、長女・綾の夫で建設会社イチケン社長の浅野昌英をデベロッパー部門のトップに据えて、「中内王国」を磐石なものにするグランドデザインを描いていた。

長女の綾は神戸の名門商事会社、近藤忠の御曹司と結婚したが、まもなく離婚。85年に三井不動産につとめるサラリーマンの浅野昌英と再婚した。浅野は旧浅野財閥と旧三井財閥の血筋を引く名門の出であった。

次男の正は１９５９（昭和34）年8月の生まれ。長男・潤より4歳年下、長女・綾より2歳年下の末っ子だ。父の㓛は仕事に忙しく、家に帰ってこなかった。家で言葉を交わした記憶といえば、「高校を受験したい」といったときの「ああ。そうか」という父親の返事ぐらいだった。芦屋高校から青山学院大学経済学部に進んだ。大学を出て「米国に留学したい」といったときも「ああ、そうか」だった。

南カリフォルニア大学大学院経営学研究科に留学。2年間、それこそ寝食を忘れて猛勉強して、ＭＢＡ（経営学修士）を取得した。地元カリフォルニアで有名な流通業に就職も内定していたが、「お前、勘違いしていないか。海外で通用するわけがないだろう。ダイエーに（帰って）来い」と父親に怒鳴られ、連れ戻された。84年10月、ダイエーに入社した。

功が溺愛したのは、「主婦の店ダイエー薬局」1号店を開店した年に生まれた長女の綾だった。女性ということで後継者は無理である。それで期待は長男の潤に集中した。次男の正には、流通以外のサービス業をやらせることにした。

1988年、正が率いるホークス選手一行はJALのチャーター便で福岡空港に降り立った。この年、ダイエーは南海ホークスを買収、福岡にフランチャイズを移したのだ。

正の事業は福岡ダイエーホークスとともにあった。功の名代として福岡に送り込まれた正の頭の中には、ホークスタウンの構想があった。パ・リーグでは球団の経営だけでは食べていけない。周辺ビジネスで儲けて、球団の赤字を補塡していくしかないと考えた。

93年に開閉式の福岡ドームが完成。95年には1052室のシーホークホテル＆リゾートが竣工。その後、商業施設を併設してホークスタウンができ上がった。総事業費は1400億円にのぼった。

社長の高木邦夫は福岡事業の売却に乗り出す。福岡事業のうちドーム球場、ホテルの関係会社を連結から切り離すのが狙いだ。これによりダイエーの帳簿から、福岡事業が抱えている1270億円の有利子負債を消すことができる。

ホークス球団株1円譲渡事件

高木は「中内一族を一掃する。けじめが必要」として、中内一族をグループ企業のすべての役職から退任させることにした。この過程で、世にいう「球団株1円譲渡事件」が起きた。

「ホークス株1株1円で譲渡」

２００２年２月28日の新聞各紙に、こんな見出しが躍った。プロ野球球団、福岡ダイエーホークスのオーナーの中内正が、前オーナーの中内㓛から２０００年９月に球団株式を譲り受けた際の価格は、１株１円だったという内容である。

ホークス球団の発行済み株式数は72万株で額面は５００円。このうち㓛が保有する40％分の28万８０００株を１株１円で、当時オーナー代行だった正が譲り受け、２００１年１月、代表取締役オーナーに就任した。㓛が社長を引責辞任して、会長に就任したときである。

ダイエー（＝高木社長）にすべてを巻き上げられる前に、せめて球団だけは正に遺してやりたかったのだろう。残る60％はダイエー本社が保有していた。

ダイエー社長の高木邦夫は、この問題について「新聞報道を見て初めて知った。（これが事実なら）釈然としない。（私なら）ホークス株を１株１円なんて安値で売るつもりはない」と発言し、不快感を露にした。

高木は中内家を排除するために、正を東京のダイエー本社に呼び出し、グループ企業のいっさいの役職の返上、所有する球団株式40％の供出を求めた。

このとき、助け舟を出したのが球団社長の高塚猛だった。

高塚はリクルートの出身。リクルート創業者・江副浩正の命を受けて29歳で、リクルートが経営再建を引き受けた盛岡グランドホテルの総支配人として赴任。わずか１年で黒字にし、年商３億５０００万円のホテルを、７年後の85年には売り上げ21億９０００万円の超優良企業に変身させた。

つづいて安比高原リゾートホテルを立て直した。91年、盛岡グランドホテルなど６社を統括する岩手観光ホテル（現・岩手ホテル＆リゾート）の代表取締役に就任した。高塚は、リゾートホテルを再生させた辣腕の実業家との名声を博した。

リクルートを傘下（さんか）においていたダイエーの中内㓛は、その手腕を見込み、99年4月、高塚を福岡事業に迎え入れた。ドームやホテルの運営会社、福岡ドームの副社長に就いた高塚は卓越した経営手腕を発揮し、わずか2年で42億円の営業赤字を営業黒字に変えた。

２０００年に球団社長に就任。２００１年には、福岡ドームの観客数を、巨人に次ぐパ・リーグ新記録３０８万人を達成。「平成の再生請負人」と話題になった。

高塚は「オーナーの正が辞めるなら自分も辞める」と社長の高木にねじ込んだ。福岡事業を黒字にした高塚に辞められては、それこそ困る。福岡ドームの代表取締役社長などすべての役職は辞任するだけにとどめ、株式の供出要請は撤回した。

正は代表権のない福岡ダイエーホークスのオーナー兼取締役にとどまることができた。これ以来、正は高塚に頭が上がらなくなった。

正は01年、㓛に代わって代表取締役オーナーに就いていたが、実権は何もない。お飾りでしかなかった。球団社長の高塚が02年に、球団オーナー代行になった。

高木は追い討ちをかけた。２００３年10月、ダイエーは球団への貸付金約80億円のうち60億円を株式化した結果、ダイエーの持ち株比率は98％に達し、正の持ち株はわずか２％に低下した。これによって、中内家による球団経営は終焉（しゅうえん）した。

２００３年12月、ダイエーは米投資会社、コロニー・キャピタルに福岡ドームとシーホークホテルを売却した。

ダイエーの２００４年2月期の連結有利子負債は1兆６３８億円となり、目標としていた額より１４９億円多く削減できた。ダイエーホークスのパ・リーグ優勝の効果で、売り上げは目標を達成した。連結有利子負債の返済原資となったのは、本業で稼いだ４６０億円と福岡事業のホテル、ドーム球場売却で得た

８４０億円だった。

ソフトバンクへ身売りされたホークス

福岡事業売却と並行して、ダイエーホークス球団の身売りも検討された。球団の売却は他の資産売却とは違い、プロ野球機構の意向に拘束され思うように進まなかった。

主力行は金融支援額を極力、抑えたい。ダイエーは球団を継続したい。この矛盾した問いを解決するための手段が、ホテルと球場を買収する投資会社に「指定する国内企業に球団を売却するようダイエーに請求できる権利」を与える案だった。

「ハゲタカ（外資）による球団支配は断じて許さない」

プロ野球界の盟主を自負する読売巨人オーナーの渡邉恒雄は怒りを爆発させた。渡邉が問題視したのは、外資が球団経営に関与することだった。「オーナー会議の承認を得ずに、勝手に参加資格を他に譲渡することはできない」という野球協約を楯に、他のオーナーを巻き込んで反対を表明した。

主力銀行は投資ファンドに示した条件のなかから、「売却先を指名できる権利」を削除した。

ホークス球団が外資系に乗っ取られるという危機が発端となり、これが、２００４年のプロ野球再編騒動に発展する。大阪近鉄バッファローズとオリックス・ブルーウェーブの合併を契機に、１リーグ10チームの構想が飛びだした。千葉ロッテマリーンズが福岡ダイエーホークスを合併して10チームにするというものだった。

球団が減ることに猛反対する日本プロ野球選手会は、初のストライキを敢行。団体交渉で「２００５年はセパ12球団」とする方針で決着をみた。

福岡ダイエーホークス球団社長の高塚猛とスター選手の小久保裕紀の確執は、地元では有名だった。

「高塚社長のセクハラに球団の女子職員やマスコットガールたちは泣かされていた。主将の小久保選手が高塚社長にセクハラを注意したことから、両者は抜き差しならぬ対立になった」（地元関係者）

高塚との感情的対立から、小久保は同じ青山学院大から入団した井口忠仁同様、メジャーへの移籍を青学の先輩である正オーナーに直訴した。入団以来、後ろ盾になってきた正は、条件付きのOKを出していた。だが、高塚は小久保を自由契約にして解雇すると強硬に主張した。

窮地に立たされた正が泣きついた先が、巨人のオーナー、渡邉恒雄である。トップ会談で小久保の無償トレードが決まった。解雇させないために、有力選手を無償トレードに出したわけである。

03年11月3日、小久保を巨人軍に無償でトレードすることを発表した記者会見の席上、球団オーナーの正の目から涙がこぼれ落ちた。思いもよらぬ涙に、さまざまな臆測が飛び交った。あの涙は何だったのか――。

父・切も兄・潤もダイエーを去り、正だけが残された。オーナーの肩書があっても社長の高塚を諫めることもできず、まったくの非力である。後年、小久保問題で噴き出した涙について、「（私は）不器用な人間で、小久保と同じ。だから記者会見のとき、彼が自分に見えたのです」（注11）と語っている。

ホークスの看板選手、小久保の無償トレードに選手やファンが激怒。高塚の追放運動が盛り上がり、高塚がセクハラを告発され失脚する原因となった。巨人にトレードに出されていた小久保は、06年11月、FA権を行使。ファンの歓呼に迎えられて、ホークスに戻ってきた。

２００４年11月、ダイエーは福岡ダイエーホークスの株式98％を、ソフトバンクに50億円で譲渡した。2％の株式を保有している正は、ソフトバンクホークスの非常勤名誉顧問にとどまっていたが、06年1月に保有株式を球団に譲渡し、名誉顧問を辞めた。球団創設からつづいてきた福岡球団との関わりに終止符を打った。正を拾ったのが、巨人の渡邉恒雄で、06年2月、読売ジャイアンツオーナー顧問に就任した。

ソフトバンクの孫正義は、中内㓛に一矢を報いた。中内と孫とのあいだには、因縁があった。ダイエーの経営が悪化した１９９７年、孫は中内のもとを訪れて、「リクルート株の譲渡」を申し入れた。中内は言下に断った。中内はリクルートの創業者である江副浩正から譲られたリクルート株の35％を持ち、同社を支配していた。

自分はゼロから巨大流通企業をつくり上げたベンチャー起業家の元祖である。株式市場でかき集めたカネで、リクルートの買収をもちかけてくる孫に対して、「10年早い」との思いが中内にはあった。

門前払いを喰らった孫は、中内の仕打ちを終生忘れなかった。ダイエーの解体にともない売り出された球団を、躊躇なく買収した。

国策によって決まったダイエー解体

２００４年10月13日、ダイエーは自主再建を断念し、産業再生機構入りした。ダイエーが産業再生機構入りした顛末について書いておこう。

ダイエー問題は、ひとえに政治問題であった。金融庁対経済産業省、つまりは旧大蔵省と旧通産省という2つの中央官庁の主導権争いである。この争いに竹中平蔵金融・経済財政担当相と中川昭一経済産業相が参戦した。裁定したのは小泉純一郎首相である。

ことのはじまりは、ＵＦＪホールディングス（現・三菱ＵＦＪフィナンシャル・グループ）の経営危機。傘下のＵＦＪ銀行が抱える不良債権処理に、金融庁は産業再生機構の活用を画策した。その最終ターゲットがダイエーであり、竹中はダイエーの処理を想定して再生機構を創設したといわれている。

２００２年9月に金融担当相に就任した竹中は、大手行の不良債権問題を解決するために「金融再生プログラム」を策定。大手行の不良債権比率を半減させるという目標を掲げた。その実現のためには、不良債権を銀行から切り離す必要がある。そこで不良債権化している企業の債権を銀行から買い取る受け皿として、公的機関が必要になる。

再生機構はこうした時代背景から生まれた。バブル期の不良債権処理の象徴として、知名度抜群のダイエーはもってこいの〝獲物〟だった。

省庁間の抗争が火を噴いたのは２００４年8月3日、ダイエーの主力行であるＵＦＪ銀行、みずほコーポレート銀行、三井住友銀行の３行が、ダイエー再建について再生機構の活用を検討中との報道が流れた。ダイエーの自主再建案では不良債権は減らない。ＵＦＪ銀行の不良債権を減らすにはダイエーを再生機構に送らなければならない。金融庁の隠された狙いは、ここにあった。

一方、経産省は所管官庁として、ダイエー再建の主導権を握りたいと考えていた。ダイエーが再生機構送りになれば、金融庁がダイエーの生殺与奪権を握る。主導権を奪われるのは絶対に阻止したい。金融庁も経産省も、ダイエーの再生を本気で考えていたわけではなかった。

「介入は即刻、やめろ」

小泉首相の鶴の一声で、ダイエーに対する再生機構活用が決まった。経産省の抵抗も、もはやここまで。

ダイエーは、国家によって引導を渡された。

中内は「無念という一言しかありません」とのコメントを関係者に送った。最後に残っていた肩書である名誉職のファウンダー（創業者）も辞め、ダイエーグループとの関係は完全に切れた。それから11ヵ月後、中内は83歳の生涯を閉じた。

「中内さんは『敵』をつくるひと」

2005年12月5日。故・中内㓛を偲ぶ「お別れの会」が、東京都千代田区のホテルニューオータニで開かれた。日本チェーンストア協会など流通関連の11団体の共催。長男の元ダイエー副社長の潤・流通科学大学理事長が喪主をつとめた。

「お別れの会」は、イオン創業者の岡田卓也名誉会長、イトーヨーカ堂創業者の伊藤雅俊・セブン&アイ・ホールディングス名誉会長、堤清二・元西武百貨店会長、チェーンストア理論を日本に持ち込み、スーパーマーケットの〝育ての親〟として知られる渥美俊一など、戦後の流通業界の黎明期を築いた盟友たちが発起人になり、一堂に会した。肩書は当時のものだ。

日本チェーンストア協会の佐々木孝治会長（ユニー社長）は、「偉大なる企業家、情熱と進取の精神にあふれる先導者、永遠の師であり、好敵手だった。本当にお疲れさまでした」と哀悼の意を捧げた。会場には、小泉純一郎内閣を代表して安倍晋三官房長官や二階俊博経済産業相をはじめ、政財界から約2000人が献花に訪れた。

中内は脳梗塞で倒れ、療養中の神戸市立中央市民病院で2005年9月19日に死去した。東京・田園調布の自宅、兵庫・芦屋の別宅が差し押さえられていたため、一度も中内の亡骸を自宅に戻すことができずに、大阪市此花区の中内家の菩提寺の正蓮寺にそのまま搬送され、近親者だけで密葬をすませた。

11月3日、中内が創立した神戸市西区の学校法人中内学園流通科学大学で学園葬がいとなまれた。学園葬は午前9時から午後6時までに遺影の前に花を捧げるだけの質素なもので、遺族らの挨拶などはなかった。約4000人が参列した。

ダイエーの林文子会長ら経営陣は学園葬に参列したが、ダイエーは社葬をおこなわなかった。ダイエーは産業再生機構入りし、林文子会長、樋口泰行社長の体制で経営再建に着手していた。２００５年12月にはロゴを30年ぶりに一新し、〝脱中内〟を推進している最中だった。産業再生機構の管理下で、社葬をやれる状況にはなかった。

財界本流をして野武士集団の巨魁といわしめた巨星を送るには、これでは、あまりも寂しい。イオンの岡田元也、イトーヨーカ堂の伊藤雅俊らかつてのライバルたちが発起人となり、流通業界を挙げて流通革命の旗手を偲ぶ「お別れの会」がおこなわれたのである。

スーパーマーケットの育ての親・渥美俊一の勉強会（渥美が主宰した「ペガサスクラブ」）で学んだ者たちは、チェーンストア理論を信奉する同志であると同時に、ライバルであった。

価格破壊を旗印に流通革命を起こしたダイエーの中内㓛と、イトーヨーカ堂の創業者である伊藤雅俊は、スーパーの成長期を疾駆した巨人として絶えず比較されてきた。

中内と伊藤はお互い、顔を見るのも嫌がっていたのは有名な話だ。佐野眞一は『カリスマ』で、出店の手法に2人の経営者としての気質の違いがはっきり表れていると書く。

〈中内の出店はひたすら戦闘的である。「踏みつぶしたるわ」といって出店し、「逆らうモンはみんな息の根とめたる」といって出店するのが中内の流儀である。

これに対し伊藤は「おさわがせしてスミマセン」といって出店し、「地元の皆様のおかげです」といって出店する。その態度は、ひたすら恭順的である。中内はいわば雷親父だが、伊藤は実はそれより恐ろしい鬼姑である。「羊の皮をかぶった狼」というのが、伊藤をよく知る人が決まって口にする人物評である〉（前出注1）

中内は覇権を競い合っていたイトーヨーカ堂の伊藤雅俊と西武の堤清二に対し対抗心をむき出しにした

が、イオン創業者である岡田卓也（イオン社長の岡田元也の父親）とはライバルであり、友でもあった。岡田は中内との思い出を、こう語っている。

〈（中内さんとは）イオンが岡田屋時代からの仲でした。スーパーの経営者たちの勉強会を重ねていたのですが、いつも宿泊は、わたしといっしょの部屋でした。将来のことなどを語り合いました。

じつは、名古屋に共同でビルをつくって、いっしょに店をつくろうよ、という話もしていました。（中略）結局、おたがいにわが道をいくことになり、幻に終わりました〉（注12）

もし、一緒になったとしても両雄並び立たず、内紛で空中分解したことだろう。岡田の言葉を借りれば、〈中内さんは、「敵」をつくるひと〉だったからだ。

岡田卓也は、最終的に、ライバルであったダイエーを傘下に組み入れた。

兵庫県芦屋市六麓荘町。日本一のお屋敷町である。大きな敷地を所有していないと、家を建てることができない。敷地面積は400平米以上、高さは10メートル以下という制限がある。高層マンションは見当たらない。高台に広がるお屋敷町の広大な敷地（6600平米）に、うっそうとした森にかこまれた中内邸の大豪邸（2階建て761平米）が建っていた。

これとは別に、中内は東京大田区田園調布3丁目に、ベージュ色の外壁でかこまれた大豪邸（敷地面積1841平米、2階建て855平米）を構えていた。東と西の高級住宅街に大邸宅を建てたのは、当時、中内以外にいない。無一文から流通王にのぼりつめた中内の、夢の砦だった。

ここで中内にまつわる憶い出を書く。

中内はメモ魔であった。筆者が取材メモを手に取ると、彼もテーブルにメモ用紙を置き、その折々のやりとりや、質問された言葉を書き残していた。膨大なメモが残されただろうに、メモはどこへ行ったのだろうか。メモったことが、経営に生かされた痕跡は残っていない。

中内は記者や媒体を利用することに長けていたが、記者と腹を割って話すタイプではなかった。セブン&アイ・ホールディングスの鈴木敏文〝帝王〟のように、日経の記者の人事にまで干渉してくることはなかったと聞く。唯一、公私ともにつき合った記者がいた。

「日経流通新聞」（現・日経MJ）が〝中内機関紙〟と化した時期が数年間あった。ダイエー担当の豪腕記者が中内に密着して、彼の考え、言い分をすぐさま記事にしていた。どこよりも早く、詳細に。ダイエーのM&Aのニュースは、この記者がほぼ独占していた。

その後、この記者は流通経済部（当時）から産業部（同）に移ってきて、今度は日産自動車に食い込んだ。日経の産業部（自動車担当）には〝トヨタの裏の広報部長〟と呼ばれる記者（その後編集委員）がいた。トヨタに日産をかませるという思惑が編集幹部にあったのだろう。2人は、ことあるごとに対立した。

そうそう、こんなこともあった。この中内番の記者は、銀座のクラブの子連れのママと再婚した。日航ホテルの近くにあったこのクラブは、中内の夜の応接室と呼ばれていた。

この中内番の記者の母親は別れた妻（前妻）と一緒に暮らしており、「なんで、こんなばかなことをしたんだろうね」と嘆いていたと伝わってきた。「殿からの拝領妻」（日経のこの記者の後輩）などという、品のない陰口が編集局内に流布したが、筆者には真偽のほどはわからない。この偉丈夫で〝怪人〟と呼ばれていた記者は、早死にした。家族のその後の消息は知らない。

「流通王」の夢のあと

闇屋から「流通王」に駆け上がった中内は、元の文無しに戻った。東京・田園調布の豪邸、兵庫県芦屋市六麓荘の2つの大邸宅、軽井沢の別荘、ダイエー株式など、中内名義の数百億円の財産は、ことごとく大手銀行にカタとして取り上げられた。

中内の唯一の収入は、２００３年4月に就任した、みずから創設した流通科学大学の理事長として月々支給される30万円程度の給料だけになってしまった。

中内の本質は、フィリピンでの戦場で地獄を見た強烈な飢餓体験に根ざしている。中内は一度握ったものを絶対に放さない強欲の人だったが、これも飢餓が中内にもたらした業である。

兄弟間の軋轢については縷々書いてきた。兄弟といえども、自分が一度握った地位を渡そうとしなかった。博、力との骨肉の争いに懲りた功は、血族を溺愛した。東京・田園調布の大豪邸の近くに、長男の潤、長女の浅野綾、二男の正のために住居を建て、中内ファミリーが住む一帯は〝ダイエーの天領〟と呼ばれた。

血の継承にこだわった。長男の潤は、33歳でダイエーの副社長に就けた。二男の正にはプロ野球球団・福岡ダイエーホークスの株式を1株1円で譲渡し、オーナーの座を与えた。長男を流通部門、二男をレジャー部門に据えて、中内王国を盤石なものにしようとしたのである。

そのため有力幹部を次々と放逐。晩年には、血の業の深さをのぞかせ、ダイエーには中内一家以外、だれもいなくなった。人肉食いの噂がつねにつきまとうフィリピンの地獄の戦場から奇跡的に生還してきた中内は、終生、他人を信用できなかった。

「キャッシュレジスターの響きは、この世の最高の音楽である」

あまりにも有名な、中内のこのセリフは、人間不信の裏返しだ。社長退任の記者会見で、「40年間、楽しいことは何ひとつ、何もなかった」と発言して物議をかもしたが、彼の事業人生を貫いてきた飢餓体験の業の深さを噛みしめていたのかもしれない。煮えたぎるような憤怒は死ぬまで鎮まることはなかった。

ダイエーから創業者一族は追放された。ダイエー副社長だった長男の潤は、中内家の遺産として唯一残された学校法人中内学園流通科学大学の理事長に就いた。現在、同学園の理事長兼学長として、ベトナムの流通近代化への支援活動をおこなっている。

福岡ダイエーホークスのオーナーだった二男の正は、財団法人中内育英会の理事長になった。

その後、正は不名誉なことでスポットライトを浴びた。２０１０年6月3日、正は相続税法違反容疑で、さいたま地方検察庁に逮捕された。正は２００５年8月、東京・田園調布の邸宅を売却した際、父親の切から生前贈与された約5億５６００万円を申告せず、贈与税約2億７５００万円を免れた相続税法違反容疑に問われた。

さいたま地裁は２０１０年11月11日、正に懲役1年6月、罰金５０００万円、執行猶予（ゆうよ）3年の有罪判決を言い渡した。正が納付した金額は、相続税約2億７５００万円、延滞税や重加算税約1億６０００万円に罰金５０００万円が加わり約4億８５００万円にのぼり、生前贈与を受けた約5億５６００万円の大半が消えた。父親の遺志を継いだ中内育成会の理事長の職は、11年4月に退任した。これ以降、表舞台から消えた。

中内切が一代で築いた巨大流通グループ、ダイエーは、産業再生機構の支援を受けて実質的に国家管理に置かれ、解体された。ダイエー本体は丸紅に売却されたが、流通のノウハウのない丸紅は立て直せなかった。迷走の果てに、イオンが買収して完全子会社とした。

中内の最大の功績は、価格決定権をメーカーから流通側に奪取したことにある。中内の流通革命がなければ、いまや小売業の主役となったコンビニエンスストアやカジュアル衣料のファーストリテイリング（ユニクロ）、ディスカウントストア、家電量販店、ドラッグストアがわが国に根づくことはなかったかもしれない。

ポイント▼賞味期限切れを自覚したとき、引退できるか

日本が貧困から抜け出し、高度成長へと突き進んでいた時代、ダイエーは小売業のトップランナーであった。価格決定権をメーカーから奪取したことで、ダイエーの低価格の商品は消費者から圧倒的に支持された。

やがて豊かな高度消費社会が出現する。総合スーパーは１９９０年代半ばあたりから、売り上げが落ち込み、勢いを失った。ユニクロやしまむらといった専門店に客が流れていったからだ。家電はかつて、スーパーの稼ぎ頭だったが、ヤマダ電機のような家電量販店との競争に敗れ撤退した。

ライバルであるイトーヨーカ堂はコンビニに、イオンはショッピングセンターに軸足を移していく。小売りの業態の変化に、ダイエーはついていけなかった。「何でも売っているけど、欲しいものは何もない」「店は古いし暗いし、汚い」と酷評されるようになる。

時代に対するアンテナが錆びついてしまい、まったく機能しなかった。その代表的な例が、ハイパーマートの大失敗である。中内自身も晩年「消費者が見えなくなった」と嘆いている。

消費者が見えなくなったとき、イトーヨーカ堂の伊藤雅俊は、経営の第一線を退いた。だが、ダイエーの中内㓛は最後まで血の継承にこだわりつづけた。

㓛は、息子たちが経営者として不適格であることを、だれよりもわかっていたはずだ。それなのに血の継承に執着した。これは、理性を超越した、子孫に自分の会社を継がせたいという動物的な本能なのかもしれない。

社会の変化が見えなくなったということは、経営者として賞味期限が切れたことを意味して

いる。

賞味期限切れを自覚したとき、引退を決意できるのか。

創業者に投げかけられている、永遠の命題である。

■第7章　パナソニック

注1　井植敏『私の履歴書』(日本経済新聞社、2003年9月1ヵ月連載)
注2　有森隆『創業家物語』(講談社＋α文庫)
注3　立石泰則『復讐する神話　松下幸之助の昭和史』(文藝春秋)
注4　岩瀬達哉『ドキュメント　パナソニック人事抗争史』(講談社＋α文庫)
注5　立石泰則『パナソニック・ショック』(文藝春秋)

■第8章　ダイエー

注1　佐野眞一『カリスマ　中内㓛とダイエーの「戦後」』(日経BP社)
注2　吉本隆明『超資本主義』(徳間書店)
注3　中内潤・御厨貴編著『中内㓛　生涯を流通革命に献げた男』(千倉書房)
注4　中内㓛「私の履歴書」(日本経済新聞2000年1月1カ月連載)
注5　伊藤雅俊「私の履歴書」(日本経済新聞2003年4月1カ月連載)
注6　日本経済新聞社編『ドキュメント　ダイエー落城』(日本経済新聞社)
注7　恩地祥光「仕事人秘録　中内・江副会談の現場　リクルート買収、30分で即決」(日経産業新聞2017年3月8日付)
注8「日本経済新聞」2012年4月16日付朝刊
注9「中内潤が語る『中内王朝の最後』」(日経ビジネス2000年10月23日号)
注10　大木由美子「『会長メモ』流出　ダイエー高木社長体制　批判の深層」(週刊ダイヤモンド2003年3月8日号)
注11　岩切徹「現代の肖像　中内正　福岡ダイエーホークスオーナー」(AERA 2004年4月5日号)
注12　岡田卓也「証言そのとき　商人魂燃ゆ1　流通、より安く追求」(朝日新聞2014年1月13日付)

ー 2017年12月28日付）

■第5章　クックパッド

注1　上阪徹「クックパッドを作り上げた佐野陽光の事業哲学と技術論」（Tech総研 2010年1月13日付）
注2　宮内健「クックパッド『起業家優先、中卒OK』型破り採用で利益4倍！」（プレジデント2013年8月12日号）
注3　入山章栄対談「クックパッドはまだ『一発屋芸人』レベル、いつかタモリさんになりたい」（ダイヤモンド・オンライン2015年9月25日付）
注4　染原睦美「クックパッド騒動は最初から異種格闘技戦だった」（日経ビジネスオンライン2016年1月25日付）
注5　岩倉正和「監査報告書　監査委員岩倉正和の補足意見」（クックパッド「第12回定時株主総会招集ご通知」）
注6　山田泰弘「スクープ!クックパッド、社内大混乱の真相」（東洋経済オンライン2016年3月31日付）
注7　関田真也「クックパッドは企業統治の選択を誤っていた」（東洋経済オンライン2016年5月19日付）

■第6章　みずほFG

注1　「伊藤忠、みずほFG、JAL…『社長交代』なぜあの人が選ばれたか　人事は実力だけでは決まらない」（週刊現代2018年2月10日号）
注2　菊池雅志「巨艦みずほ失敗の本質」（文藝春秋2003年1月号）
注3　有森隆＋グループK『無法経済の主役たち　「頭取・社長」という名の不良債権』（講談社＋α文庫）
注4　高杉良「メガバンクの迷走と再生を克明に描く実名小説　みずほの軌跡　続銀行大統合2」（現代2004年12月号）
注5　宮尾攻「崖っ淵の1兆円増資」（プレジデント2004年2月2日号）
注6　「緊急特集　みずほ　なぜ過ちを繰り返すのか」（週刊ダイヤモンド2013年11月2日号）
注7　真野響介「当局、マスコミを巧みに使い『一強支配』を確立 みずほ佐藤『権力闘争』の醜悪舞台裏」（ZAITEN 2017年12月号）
注8　佐藤康博「特別インタビュー　みずほフィナンシャルグループ　新体制発足の成否」（週刊ダイヤモンド2009年4月25日号）
注9　野村明弘「金融庁が目を光らす『銀行支配』からの脱却」（週刊東洋経済2017年8月5日号）

辞任。捜査のメスはどこまで入るか」（週刊東洋経済 1998年11月7日号）
注8　硲宗夫「列伝　先輩社長を斬った男たち」（プレジデント 2001年8月13日号）
注9　有森隆＋グループK『日本の闇権力　人脈金脈の構図』（だいわ文庫）
注10　関本忠弘インタビュー「引き際が大切、自ら退くべし」（日経ビジネス 2003年1月27日号）
注11　「街宣車まで登場　『NEC』社長と前会長のホットな内部抗争」（週刊新潮 2002年11月21日号）
注12　関本忠弘「関本相談役が恥をしのんで初めて語った　西垣NEC『内紛』の原点」（週刊朝日 2002年9月13日号）

■第3章　三越伊勢丹

注1　特集「社長解任　誰がクーデターを起こすのか」（日経ビジネス 2017年7月10日号）
注2　「三越伊勢丹『社長クビ』の裏にある醜悪な社内抗争」（週刊現代 2017年4月8日号）
注3　有森隆『日本企業モラルハザード史』（文春新書）
注4　大下英治「女帝・竹下みちの野望と金脈」（文藝春秋 1982年9月号）
注5　有森隆『創業家物語』（講談社＋α文庫）

■第4章　野村證券

注1　「野村『渡部CEO』に退陣圧力」増資インサイダーをめぐって畑中金融庁、佐渡証券監視委と全面戦争。これは無傷では済まない」（FACTA 2012年6月号）
注2　読売新聞社会部『会長はなぜ自殺したか　金融腐敗＝呪縛の検証』（新潮文庫）
注3　横尾宣政『野村證券 第2事業法人部』（講談社）
注4　外村仁『野村證券 グローバルハウスの火種』（きんざい）
注5　有森隆『社長力』（草思社）
注6　永井浩二「野村證券の社長を決めるのは前任者ではない、『時代が選ぶ』」（ダイヤモンド・オンライン 2017年8月7日、28日付）
注7　辻広雅文「野村證券・渡部賢一新社長は『改革者』になれるか」（ダイヤモンド・オンライン 2008年5月1日付）
注8　有森隆『非情な社長が「儲ける」会社をつくる』（さくら舎）
注9　永井浩二「支店長から法人営業へ、金融辞典頼りに苦闘」（日本経済新聞 2017年10月24日付朝刊）
注10　永井浩二「野村HDを根底から作り直すために永井CEOが壊した3つのこと」（ダイヤモンド・オンライン 2017年8月14日付）
注11　永井浩二インタビュー「米の投資銀行業務の強化へ、体制整備急ぐ」（ロイタ

参考資料

■第1章　大塚家具

注1　真城愛弓「崖っ縁の大塚家具、見えない『復活への道筋』」（東洋経済オンライン2018年2月10日付）
注2　「赤字が続く大塚家具、現預金が激減」（東京商工リサーチ「TSR情報全国版」2017年11月20日付）
注3　代慶達也「苦境の大塚家具　『かぐや姫』社長に光はさすか」（NIKKEI STYLE 出世ナビ2017年11月10日付）
注4　「IDC大塚家具の歴史」（大塚家具ホームページ）
注5　曲沼美恵「ドジな銀行員だった『家具や姫』大塚家具の久美子社長」（NIKKEI STYLE 出世ナビ2016年7月21日・28日付）
注6　大塚勝久「匠大塚会長が"父娘げんか"を経て語る『事業承継ここを誤った』」（ダイヤモンド・オンライン2018年1月9日付）
注7　冨岡耕「スクープ　大塚家具、経営大揺れ　父に解任された娘が反旗」（週刊東洋経済2015年1月24日号）
注8　磯山友幸「大塚家具　長男の大塚勝之専務が語った『父と姉』骨肉の争いの深層」（現代ビジネス2015年3月9日付）
注9　磯山友幸「大塚家具『ワンマン』会長に、社外役員6人が突き付けた『改善要求6カ条』を公開。父娘対立の裏に深刻なガバナンス欠如があった」（現代ビジネス2015年3月4日付）
注10　大塚勝久「独占手記　創業者・父勝久氏『親として久美子を大塚家具に残すわけにはいかない』」（週刊朝日2015年4月3日号）
注11　冨岡耕「決着！大塚家具、前代未聞の株主総会の全容」（東洋経済オンライン2015年3月28日付）

■第2章　NEC

注1　小林宏治『C&Cは日本の知恵　21世紀への道を拓く』（サイマル出版会）
注2　立石泰則『復讐する神話　松下幸之助の昭和史』（文藝春秋）
注3　松岡功『新企業集団研究　NECグループ』（日本実業出版社）
注4　佐々木正インタビュー「シャープの全盛期を支えた『独自性』とは？」（東洋経済オンライン2014年11月28日付）
注5　飯塚昭男『幹部の情報学』（ウェッジ）
注6　「『中興の祖』の功罪　実権なき社長の悲劇　ケーススタディ日本電気『小林・関本抗争』」（日経ビジネス1989年10月9日号）
注7　「NEC再生には"院政打破"が不可欠　防衛庁問題で関本忠弘会長が『けじめ』

著者略歴

経済ジャーナリスト。早稲田大学文学部卒。三〇年間全国紙で経済記者を務めた。経済・産業界での豊富な人脈を生かし、経済事件などをテーマに精力的な取材・執筆活動を続けている。

著書には『日銀エリートの「挫折と転落」－木村剛「天、我に味方せず」』（講談社）、『経営者を格付けする』（草思社）、『世襲企業の興亡』『海外大型M&A 大失敗の内幕』『社長解任 権力抗争の内幕』『社長引責 破綻からV字回復の内幕』『住友銀行暗黒史』『巨大倒産』（以上、さくら舎）、『実録アングラマネー』（講談社+α新書）、『ネットバブル』『日本企業モラルハザード史』（以上、文春新書）、『創業家物語』（講談社+α文庫）、『強欲起業家』（静山社文庫）、『異端社長の流儀』（だいわ文庫）などがある。

社長争奪
——世襲・派閥・策謀

二〇一八年七月八日　第一刷発行

著者　有森 隆
発行者　古屋信吾
発行所　株式会社さくら舎　http://www.sakurasha.com
東京都千代田区富士見一-二-一一　〒一〇二-〇〇七一
電話　営業　〇三-五二一一-六五三三　FAX　〇三-五二一一-六四八一
編集　〇三-五二一一-六四八〇　振替　〇〇一九〇-八-四〇二〇六〇
装丁　石間 淳
写真　アフロ
印刷・製本　中央精版印刷株式会社

ISBN978-4-86581-158-2